हठयोग प्रदीपिका

하타요가 프라디피카

몸의 에너지 흐름을 바꾸는 요가 경전

하타요가 프라디피카

हठयोग प्रदीपिका

HAṬHAYOGA PRADĪPIKĀ

박지명 원전주해

신지연 그림

東文選 文藝新書 396

東文選 文藝新書 396

하타요가 프라디피카

초판 발행 2019년 3월 25일
재판 발행 2023년 2월 23일

지 은 이 박지명
그 린 이 신지연

펴 낸 곳 東文選
제10-64호, 1978년 12월 16일 등록
서울 종로구 인사동길 40 [110-300]
전화 02-737-2795
팩스 02-733-4901
이메일 dmspub@hanmail.net

ISBN 978-89-8038-937-7 94000
ISBN 978-89-8038-000-8 (세트)

정가 29,000원

저자 서문

요즈음 요가가 시대의 흐름과 유행을 타면서 많은 사람들이 요가를 수행하고 있다. 인도의 요가가 서구로 건너가, 특히 미국에서 다양하게 개발되어 세계적으로 퍼져 나갔다. 그러한 요가들은 통합 요가(Integral Yoga), 빈야사 요가(Vinyasa Yoga), 크리팔루 요가(Kripalru Yoga), 시바난드 요가(Sivanand Yoga), 아쉬탕가 요가(Ashtanga Yoga), 비니 요가(Vini Yoga), 비크람 요가(Bikram Yoga), 쿤달리니 요가(Kundalini Yoga), 지반묵티 요가(Jivanmukti Yoga), 필라테스 요가(Pilates Yoga), 파워 요가(Power Yoga), 힐링 요가(Healing Yoga), 플라잉 요가(Flying Yoga), 핫 요가(Hot Yoga), 인 요가(Yin Yoga) 등으로 시중에서 행하고 있는 하타 요가의 동작이나 호흡법은 바로 이 《하타요가 프라디피카(Hatayoga Pradipika)》가 가장 중심된 경전인 것이다.

《하타요가 프라디피카》는 스와미 스와트마라마(Swami Swatmarama)가 저술한 경전인데, 명상 요가인 라자 요가를 수행하는 사람이나 하타 요가를 수행하는 사람이 공부해야 할 중요한 경전이다. 스와미 스와트마라마는 하타 요가의 위대한 스승들의 맥락인 마첸드라나트(Matsyendrnat)의 제자 스와미 고락사나트(Swami Goraknath)의 제자이다. 이 《하타요가 프라디피카》 또는 《하타프라디피카(Hatapradipika)》는 라자 요가(Raja Yoga)의 경전이며, 파탄잘리(Patanjali)가 저술한 《요가 수트라(Yoga Sutra)》와 함께 요가와 명상 수행자들에게는 중요한 경전이다.

이 경전은 네 가지 장으로 나뉘어 있으며, 첫째 장은 아사나(Asna)인 자세를 말하였고, 둘째 장은 프라나야마(Pranayama)인 호흡을 말하였으며, 셋째 장은 무드라(Mudra)와 반다(Bandha)인 독특한 자세를 말하고, 넷째 장은 사마디(Samadhi)인 삼매 또는 초월 의식을 말하였다. 이 《하타요가 프라디피카》는 일반적으로 하타 요가 수행자들에게는 시바 삼히타(Siva Samhita)나 게란다 삼히타(Geranda Samhita)처럼 하타 요가를 수행하고 공부하는 이들에게는 필수적인 경전인 것이다.

하지만 《하타요가 프라디피카》에서도 말하듯이, 라자 요가인 명상 요가를 수행하기 위한 아주 중요한 과정을 말하고 있는 경전이다.

하타요가 프라디피카의 산스크리트 뜻은, 하(Ha)란 에너지 체계인 프라나(Prana)이자 태양을 말하기도 하며, 타(Tha)란 아파나(Apana)이자 달을 말하기도 한다. 하타(Hatha)는 시바(Siva)와 삭티(Shakti), 즉 음(陰)과 양(陽)의 조화를 이루게 한다는 뜻이기도 하다.

《하타요가 프라디피카》는 몸과 호흡과 에너지를 통한, 삶의 궁극적 목표인 삼매(三昧) 또는 사마디(Samadhi)를 통한 진정한 자유와 해탈인 묵티(Mukti)를 향해 나아가게 하는 것이다.

이 경전은 아주 친절하게 요가 동작인 아사나를, 호흡법인 프라나야마를, 독특한 자세인 무드라를 통해 자신의 몸과 마음을 정화하는 다양한 방법들을 가르쳐 주고 있다. 특히 현대인들이 공해와 스트레스에 찌들어 있는 몸과 마음을 단순한 몇 가지 방법으로 건강을 찾을 수 있기를 바란다.

《하타요가 프라디피카》 산스크리트 원전을 산스크리트 단어 하나하나를 따져서 풀어 보았다.

라자 요가에 전통을 두고 있지만, 하타 요가 수행자로서 케차리 사마디(Kechari Samadhi)로 큰 깨달음을 얻은 나의 사형 스와미 시바난드 푸리(Swami Sivanand Puri)에게 받은 영감이 항상 이 경전을 번역하여 독자들에게 전달하고 싶었는데 이제야 나오게 되었다. 인간의 몸과 마음을 가장 건강하게 해주는 모든 방법을 하나하나 가르쳐 주고, 라자 요가의 가장 소중한 기반이 되게 하는 이 산스크리트 원전의 《하타요가 프라디피카》가 동문선출판사에서 나오게 된 것을 기쁘게 생각한다.

이 책에 서문과 기초 지식편 및 《하타요가 프라디피카》에 나오는 탄트라 무드라와 아사나 정리 작업을 해주었으며 미국 L.A.에서 에카탈라 요가센터(Ekatala Yoga Center)를 세워 하타 요가와 요가 테라피, 그리고 라자 요가 명상을 체계적으로 가르치고 있는 제자인 보스코(Bosco) 백승철 선생과 그의 여러 제자들인 마이클(Michale) · 김혜영(Hae Kim) · 천세영(Sae Chun) · 크리스(Chris) · 아츠코(Atsuko) ·

제임스(James) 최재원 씨에게 이 책을 바치며, 또한 한국의 여러 제자들과 기업에서나 자신의 센터를 세워 요가과 명상을 가르치는 이정훈 · 남경언 · 김영창 · 정진희 · 이수진 · 김윤정 · 최효겸 · 송의진 · 최정심 · 김지민 · 정서우 · 박혜온 씨에게도 이 책을 바친다. 그리고 항상 요가 보급을 위해 일선에서 힘들게 노력하는 KYF(한국요가연맹) 아카데미의 이승환 대표에게도 이 책을 바친다. 마지막으로 요가와 명상이 모든 요가를 사랑하는 많은 이들에게 도움이 되기를 바라는 마음이다.

백승철 서문

1992년, 내가 만 14세가 되기 전에 서울 강남의 선릉역에서 중국 도가 수련에서 파생된 중화양생익지공을 수련하게 되면서 처음 수련 세계에 입문하였다. 기공 수련으로 인해 편차(偏差-부작용)를 겪는 사람들을 보면서 기공 수련에 대한 한계를 느꼈고, 모든 기공 수련에 처음에 시작하는 일종의 '유연공'-몸을 부드럽게 하는 동작들 및 운동법-을 보면서 요가 동작들에 관심이 생기기 시작했다.

그리고 1996년에 내 존경하는 라자 요가 스승이신 박지명 구루(Guru)를 만나서 북인도 전통의 라자 요가를 수련하고, 1998년부터 한국요가회를 창립하신 고 김현수 스승을 만나서 하타 요가와 요가 테라피를 배웠다. 2003년에 미국으로 이주한 후 파타비 조이스(Pattabhi Jois)와 아이엥가(Iyenger)의 스승인 크리쉬나 마차리아(Krishna Macharya)의 직계제자인 A.G. 모한(Mohan) 스승과 인연이 되어 스바스타 요가(Svastha Yoga)와 요가 테라피(Yoga Therapy)를 배우게 되었다. 또한 요가를 수련하면서 쿤달리니 각성을 터득하고 싶어 추가적으로 1999년부터 진씨태극권(陳氏太極拳)을 수련하기 시작했고, 그 결과 2014년에 태극권의 발원지인 중국 하남성 온현 진가구에서 인정받은 진씨태극권 인간문화재로 선정되었다. 결과적으로 북인도와 남인도의 요가와 일본 요가의 선구자인 '오키 마사히로(沖正弘)'로부터 발전된 한국식 요가까지 세 가지 수련법들을 접하게 되었으며, 중국 문화의 결정체인 태극권까지 수련하게 된 것이다.

수련을 한 지 어느덧 26년이 되었다. 그리고 내가 수련을 시작하게 된 동기는 추간판 탈출증, 즉 허리디스크였다. 아마도 내가 아프지 않았다면 절대 수련 인생을 시작하지 않았을 것이다. 한국과 미국 · 중국 · 인도를 넘나들며 올바른 수련법들과 방식들을 알고 싶어 정말로 많은 시간과 노력 · 돈을 들여 내 10대, 20대, 30대를 보내고 어느샌가 40대 중년으로 접어들었다. 그리고 이젠 모든 수련법들이 깨끗하게 정리되었다.

그동안 많은 인연들이 있었는데, 항상 느끼는 것이지만 선생님을 만약 10명을 만나면 진짜 실력이 있는 선생님은 1명 혹은 2명 정도밖에 되지 않았다. 그만큼 올바른 스승을 만난다는 것은 쉽지 않은 일이며, 올바른 스승 밑에서 수련을 시작하면 누구나 다 눈부신 발전을 이루는 것을 보았다.

요가를 전문적으로 수련하면서 인도 고대 요가 경전들에 관심을 갖게 되었으며, 특히 《요가 수트라(Yoga Sutra)》와 《하타요가 프라디피카(Hatayoga Pradipika)》《바가바드 기타(Bhagavad Gita)》《우파니샤드(Upanishad)》《리그 베다(Rig Veda)》를 공부하면서 딱 한 가지 깨달은 점은 '요가는 경전들로 인해 구성되고 만들어졌다'이다. 다시 말하자면 모든 요가 수련법들은 고전에 의거하여 실현된 것만이 진정한 요가이며, 고전에 없는 요가 수련법들은 검증되지 않은 수련법들이다.

처음 요가에 입문하였을 때는 내 건강 문제로 인해 하타 요가에

굉장히 심취하고 열성이었으며, B.K.S. 아이엥가(Iyengar)의 요가의 빛(Light on Yoga)을 얼마나 열심히 수련했는지 모른다. 그리고 난 아이엥가가 쓴 《Light on Yoga》가 《하타요가 프라디피카》의 원전인 줄 알았다. 아마 현재도 많은 이들이 그렇게 생각할 것이다. 하지만 내가 미국으로 이주 후 읽게 된 《하타요가 프라디피카》의 원전을 보게 되면서 참 당황하지 않을 수 없었다. 그 이유는 《하타요가 프라디피카》를 저술한 스와미 스바트마라마(Swami Svatmarama)가 정리한 하타 요가 동작은 불과 20가지 남짓이고, 이 4가지 구절들은 나를 큰 고민에 빠지게 하였다. 여기 《하타요가 프라디피카》에 수록된 그 4가지 구절들을 소개한다.

1장 1절

하타 요가는 가장 높은 라자 요가에 이르게 하는 단계이다.

하타 요가는 라자 요가로 가기 위한 준비 과정임을 나타내는 구절이다. 너무 간단하게 서술되어 있지만 하타 요가의 존재 이유를 나타낸다.

1장 3절

라자 요가를 모르고 이론에만 앞서 어둠에서 헤매는 이들을 위해 스바트마라마 요가 수행자는 동정심으로 하타 요가의 빛을 밝혔다.

4장 79절

라자 요가를 알지 못하고 다만 하타 요가만을 수행하는 사람들은 내가 고찰하기로 노력의 결과를 얻지 못하는 수행자들이라 한다.

4장 103절

하타 요가와 라야 요가의 과정은 모두 라자 요가를 완성하기 위한 수단에 불과하다. 라자 요가에 통달한 사람은 죽음을 극복한다.

처음 요가에 입문한 사람들은 보통 요가 동작들, 하타 요가 아사나들을 요가 수련이라고 생각하는 것이 일반적이다. 특히 한국에서 거주할 때는 올바른 요가 교재의 부족으로 서점에서 구입할 수 있었던 교재들은 전부 다 하타 요가 아사나만을 보여주는 것이었다. 미국에 넘어올 때는 내가 군복무를 마치고 요가 수련한 지 7년차가 되는 시점이었는데, 아무래도 미국은 모든 문화들이 자유롭게 공유되고 방대한 자료들이 존재하고 있어서 많은 요가 서적들과 자료들을 한국과는 비교할 수 없을 정도로 원하는 만큼 자유롭게 공부하고 연구할 수 있었다.

이 구절들을 읽고 1996년부터 2003년의 7년의 세월, 특히 하타 요가에 대한 전반적인 고찰이 필수적이라는 생각이 내 머릿속을 떠나질 않았다. 이때부터 나는 요가의 '고대 경전'들을 탐구하기 시작하였고, 특히《요가 수트라》를 깊게 공부하면서 라자 요가가 진정한 요가라는 것을 확신하기에 이르렀다. 하지만 라자 요가, 즉 명상 요가는 눈으로 특별히 보여지는 것이 없고, 스승과 제자 간의 일대일 개인 지도 혹은 비슷한 수련 레벨을 가진 소수 정예를 중심으로 가르침이 이루어지기 때문에 대중화가 어려워 세간에서 유행하는 요가는 어쩔 수 없이 육체적으로 화려하게 보여주는 하타 요가가 중심이 되는 것은 어찌 보면 당연한 일이다.

《하타요가 프라디피카》를 연구하면서 아사나는 고전을 중심으로 최대한 간결하고 개인의 몸에 맞게 수련하는 것이 최상의 아사나임을 자연스레 알게 되었다. 그 이유는 모든 사람의 체질이 다르고, 연령대가 다르기 때문이다. 특히 유연성은 체질적으로 타고나는 부분도 있기에 아사나의 수련 목적이 유연할 필요는 없는 것이다. 그 증거로 《요가 수트라》의 저자인 파탄잘리가 이렇게 저술하였다.

요가 수트라 2장 46절

자세는 안정되고 편안해야 한다.

자세, 즉 아사나는 본인의 몸에 맞게 안정되고 편안하면 되는 것이다. 아크로바틱처럼 유연하게 하는 것이 아사나의 목적이 아닌 것이다. 예를 들어 본인이 60대가 넘어 몸에 여러 가지 병이 있거나 유연성이 많이 떨어진 상태이면 20대처럼 유연하게 하는 것이 목적이 아니라 내 몸에 맞게 통증을 다스리고 몸을 바르게 정돈시켜 주는, 즉 아사나가 안정되고 나에게 편안함을 주면 그것이 최상의 하타 요가 아사나인 것이다. 만약 아크로바틱한 유연성이 목적이라면 서커스 곡예나 기계체조를 하는 것이 더욱 빠른 길이다.

또한 파탄잘리는 요가의 목적을 이렇게 정의하였다.

요가 수트라 1장 2절

요가는 마음의 상태를 통제하는 것이다.

요가는 몸이 아니라 마음을 통제하는 것이라고 분명히 밝히고 있다. 《요가 수트라》 자체는 사실 라자 요가의 핵심적인 명상법을 단계적으로 서술하고 있다. 만약 어떤 요가 명상법이 《요가 수트라》에 없는 것이면 그것은 정통이 아닌 것이다. 이것이 바로 고대 경전들이 존재하는 이유이다.

만약 기독교에 《성서》가 없다면, 혹은 한의학에 《동의보감》이 없다면 어찌될 것인가? 《동의보감》에 기재되지 않은 처방은 정통성이 있는가? 《성서》에 기록되지 않는 기독교인의 신앙은 옳은 것인가?

그렇다. 고대 요가 경전에 수록되지 않은 수련법들은 대부분 현대에 만들어졌거나 검증되지 않은 정통성이 없는 것이다. 현대적인 수련 방식은 일시적으로 유행을 할 수는 있으나 절대로 오래가지 못한다. 정통 수련법의 결과는 10명 중에 10명이 수련하면 그 효과가 평균적으로 다 같으며, 비정통 수련법의 결과는 10명 중에 3명만 미미한 효과가 있으며 나머지 7명은 효과를 체험할 수 없다. 고전에 검증되지 않은 수련법은 정통성이 없기 때문이다.

내가 평생을 수련한 두 가지 수련법들, 즉 중국의 태극권과 인도의 요가, 이 두 가지 수련법은 유사점이 상당히 많다. 특히 하타 요가는 태극 음양이론과 같다고 보면 된다. 하타 요가의 '하'는 태양, 즉 양을 나타내고 '타'는 달, 즉 음을 나타내듯이 태극권의 태극음양도에서도 흑은 음, 백은 양을 나타낸다. 이것은 한국의 국기인 태극기에도 나타난다. 단지 음은 청색을, 양은 홍색으로 바뀌었을 뿐이다.

하타 요가를 다르게 표현하면 '양음(陽陰) 요가' 혹은 '음양(陰陽) 요가'인데, 여기에 프라티크리야(Pratikiriya)의 비법이 숨겨져 있다. 한 번 열면 한 번 닫고, 한 번 올라가면 한 번 내려가고, 한 번 왼쪽으로 돌면 한 번 오른쪽으로 돌고, 이렇게 음과 양이 조화되어 아사나를 구성해야 하는 것이다. 마찬가지로 태극권에서 추구하는 음양 평형도 이것과 다르지 않다. 일반적으로 태극권도 느리고 부드럽게만 '음'의 성질만을 수련하는 것을 흔하게 볼 수 있는데, 이것은 반쪽짜리 태극권이다. 그 이유는 태극음양도를 보면 분명 흑과 백이 균형을 이루고 있다. 같은 원리와 이론으로 강하고 빠른 태극권의 '양'적인 수련법도 필수적인 것이다. 하지만 이 단순한 원리를 실천하는 이는 적다. 마찬가지로 수련자가 단 한번이라도 《하타요가 프라디피카》나 《요가 수트라》를 읽어보면 수련의 방향과 요가의 목적이 무엇인지 알게 되는 것은 너무나 명백한 일이다.

올바른 교재를 편찬하는 것은 지도자에게 있어 굉장히 중요한 작업이다. 그리고 가감 없이 전달하는 것이 더욱 중요하다. 이 《하타요가 프라디피카》를 편집하면서 다시 한 번 박지명 스승의 섬세한 번역과 작업에 참으로 감동하고 경탄하였다. 제자로서 스승님의 작업에 조금이나마 힘을 보태고, 참으로 행복하고 기쁘게 작업에 참여하였다.

이 책을 읽는 모든 요가 수련자들이 하타 요가의 목적은 무엇이며, 라자 요가를 왜 수련해야 하는지 꼭 알았으면 한다. 라자 요가를 실제적으로 제일 정확하게 나타내고 있는 경전은 마하리쉬 파탄잘리가 저술한 《요가 수트라》이며, 이미 박지명 구루와 내가 한국어 작업을 마친 상태이다. 하타 요가는 라자 요가를 위한 것임을 잊지 말라.

진정한 요가는 종교를 초월하고, 모든 성별과 연령을 뛰어넘는다. 마치 아주 유명한 쉐프가 만든 정말 맛있는 음식과 같은 것이다. 만약 누군가 요가를 힌두교나 불교의 색깔을 입혀 가르친다면 그는 요가 경전들에서 말하는 요가의 정의가 무엇인지 모르는 사람이다.

요가는 힌두교가 아니다. 그 이유를 최대한 간단히 설명해 보겠다. 요가의 발원지인 인도는 카스트(Caste) 제도가 뿌리 깊은 나라로서, 역사적으로 네 가지 계급 제도(수드라(Shudra)－노동 계급, 바이샤(Vaisha)－상인 계급, 크샤트리야(Kshatriya)－군인 계급, 브라흐민(Brahmin)－성직자 계급)로 세분화되어 철저하게 국가를 지탱해 왔다. 천민 계급인 수드라가 본인의 운명을 담담히 받아들일 수 있는 딱 한 가지의 이론이자 신념은 '내가 전생에 죄를 많이 지어서 현생에 이렇게 천하게 태어났구나'이다. 그리고 승려 계급인 브라흐민은 '전생에 덕을 쌓아 귀하게 태어났구나'이다. 이런 풍토가 인도를 지배해 왔고 근대에 카스트 제도가 폐지되었지만 아직도 그 영향이 남아 있다. 이것은 마치 한국의 예전 양반/상놈 제도와 같다.

또한 시바 신은 제일 쉽게 설명하면 자연신, 마치 한국의 단군설화와 같이 인도 전역에 뿌리내린 일종의 토속 신앙이다. 한국인에게 단군신화는 문화의 한 부분이며 신화로 여겨지는 일종의 드라마 소재처럼 거부감이 크게 없을 것이지만, 외국인들의 눈으로 보면 이상한 이단 종교처럼 보일 수 있다. 이와 같이 영어권 국가나 서구 사회에서 인도의 요가를 힌두교 그 자체로 보는 것은 당연한 일일 수도 있는 것이다.

《리그 베다》나 《우파니샤드》를 보면 분명 인도의 전통 문화인 시바(Siva) 신과 파르바티(Parvati), 전생과 후생, 카스트 제도가 그 밑바탕에 깊게 깔려 있으나 수행적인 측면만을 놓고 보면 오로지 '테크닉' 적인 것들, 즉 기술적인 것들만 나와 있는 것을 알 수 있다.

만약 본인의 종교적 신념으로 인해 요가를 망설인다면 그럴 이유가 전혀 없다. 요가 수련은 인도의 전통 음식인 카레처럼 생각하면 아주 쉬울 것이다. 음식과 신앙은 전혀 관계가 없듯이, 요가를 심신에 활력을 주는 건강한 유기농 인도 카레라고 생각하면 되는 것이다. 카레에 양파가 들어가는 것이 싫으면 그걸 빼고 먹으면 된다. 이같이 요가를 수련할 때 본인의 종교와 대립되는 것이 있거나 걸리는 것이 있으면 그것만 빼고 본인이 제일 좋아하는 음식으로 만들어 먹으면 되는 것이다. 심신이 건강하면 본인의 종교 활동과 신앙에 더욱 활기를 줄 것이다. 결론적으로 요가는 힌두교 혹은 종교가 아니다. 단순히 인도에 그 역사와 뿌리를 둔 수천 년 동안 내려온 검증된 수련법일 뿐이다.

마지막으로 하타 요가만을 최고라고 생각하고 수련하는 이들에게 다시 한 번 《하타요가 프라디피카》의 4장 79절을 상기시켜 주고 싶다.

4장 79절

라자 요가를 알지 못하고 다만 하타 요가만을 수행하는 사람들은 내가 고찰하기로는 노력의 결과를 얻지 못하는 수행자들이라 한다.

하타 요기는 반드시 라자 요가를 수련해야 한다는 권고이자 경고

이다.

하지만 반드시 알아야 할 것은 라자 요기라도 하타 요가를 등한시 해서는 안 된다. 그 이유는 만약 몸에 많은 통증과 병이 있다면 어떻게 장시간을 앉아서 명상 수련을 할 수 있겠는가? 라자 요가는 하타 요가를 포함하고 있으며, 하타 요가는 라자 요가의 일부분이다. 1장 76절과 2장 76절을 보면 라자 요가의 수행 결과를 위해 반드시 하타 요가를 수행해야 한다고 분명히 나와 있다. 다시 말하면 라자 요기도 반드시 하타 요가를 수련해야 하는 것이다.

1장 67절

다양한 아사나나 호흡법, 그밖의 훌륭한 행법 등 하타 요가의 모든 수행을 라자 요가의 결과인 삼매에 이를 때까지 계속해야 한다.

2장 76절

하타 요가가 없으면 라자 요가에 성공할 수 없고, 라자 요가가 없으면 하타 요가도 성공할 수 없다. 그러므로 라자 요가에 성공할 때까지는 이 한 쌍의 수행을 바르게 해야 한다.

부디 이 《하타요가 프라디피카》 한국어판을 통해 아사나의 목적을 알고, 왜 하타 요가는 라자 요가로 가는 다리(Bridge)인지 반드지 숙지하길 바라며 조금이나마 진정한 요가를 수련하는 사람들이 많아졌으면 하는 바람이다.

차 례

제1장

आसन

아사나(Āsana)-자세

1.1

श्री आदिनाथाय नमोऽस्तु तस्मै येनोपदिष्टा हठयोगविद्या ।
विभ्राजते प्रोन्नतराजयोगमारोढुमिच्छोरधिरोहिणीव १ ॥

Śrī ādināthāya namo astu tasmai yenopadiṣhṭā haṭhayoghavidyā
Vibhrājate pronnatarājayogham āroḍhumichchoradhirohiṇīva

스리 아디나타야 나모아스투 타스마이 예노파디쉬타 하타요가비드야 |
비브라자테 프론나타라자요가마로투미초라디로히니바 || 1 ||

스리–성스러운, 아디나타–시바신, 나모–귀의하다, 타스마이–그대에게, 예나–그러한, 아파디쉬타–그러한 이유로, 하타요가비드야–하타 요가의 가르침, 비브라자테–빛나다, 프론나타–가장 높은, 라자요가–정신적인 명상인 집중; 집중의 이어지는 명상; 삼매를 수행하는 요가, 가마–가다

태초의 시간으로부터 하타 요가의 가르침을 보여준 최고의 신인 시바에게 귀의하나니, 하타 요가는 가장 높은 라자 요가에 이르게 하는 단계이다.

[해석] 아디나트(Adinath)는 시바 신을 말하며, 절대적인 스승을 말한다. 요가는 크게 둘로 나뉘는데, 하타 요가(Hatha Yoga)와 라자 요가(Raja Yoga)를 말한다. 하타 요가는 몸과 에너지로 하는 요가를 말하며, 하타 프라디피카(Hatha Pradipika) · 게란다 삼히타(Geranda Samhita) · 시바 삼히타(Siva Samhita)라는 경전과 더 나아가 고락샤 사타카(Goraksha Sataka)라는 경전이 있다. 라자 요가는 파탄잘리(Patanjali)에 의해 완성된 요가 수트라(Yoga Sutra) 경전이 있다. 하타 요가를 통하여 몸이 만들어진 상태에서 정신을 통제하는 라자 요가로 들어갈 수가 있는 것이다.

1.2

प्रणम्य श्रीगुरुं नाथं स्वात्मारामेण योगिना ।
केवलं राजयोगाय हठविद्योपदिश्यते ॥ २ ॥

praṇamya śrīghuruṁ nāthaṁ svātmārāmeṇa yoghinā
kevalaṁ rājayoghāya haṭhavidyopadiśyate

프라남야 스리구룸 나탐 스바트마라메나 요기나 |
케발람 라자요가야 하타비드요파디샤테 || 2 ||

프라남−고대의, 스리구루−성스러운 스승, 나타−시바신, 스바트마라마−하타요가 프라디피카 경전의 저자, 요기−수행자, 케발람−해탈, 이르다, 라자요가−라자 요가, 하타비드야−하타 요가의 가르침

요가 수행자 스바트마라마는 자신의 성스러운 스승이신 시바신에게 예배하고, 라자 요가 완성을 위해서 하타 요가의 가르침을 펼쳤다.

[해석] 스바트마라마(Svatmarama)는 하타요가 프라디피카의 저자이

다. 하타 요가는 정신적인 자유를 얻는 라자 요가(Raja Yoga)에 이르게 하는 과정이다. 하타 요가는 몸과 마음을 완전히 통제하여 라자 요가에 이르게 하고, 궁극적으로는 삶의 깨달음이나 해탈을 얻게 하는 것이다.

1.3

भ्रान्त्या बहुमतध्वान्ते राजयोगमजानताम् ।
हठप्रदीपिकां धत्ते स्वात्मारामः कृपाकरः ॥ ३ ॥

bhrāntyā bahumatadhvānte rājayoghamajānatām

haṭhapradīpikāṁ dhatte svātmārāmaḥ kṛpākaraḥ

브란트야 바후마타드반테 라자요가마자나탐 |

하타프라디피캄 다떼 스바트마라마흐 크리파카라흐 || 3 ||

브란트야–~때문에, 바후마타–이론, 라자요가–라자 요가, 마자나–모르다, 하타프라디피카–하타 요가의 빛, 스바트마라마–하타요가 프라디피카의 저자, 크리파카라–동정심에 의해

라자 요가를 모르고 이론에만 앞서 어둠에서 헤매는 이들을 위해 스바트마라마 요가 수행자는 동정심으로 하타 요가의 빛을 밝혔다.

[해석] 라자 요가는 파탄잘리의 요가 수트라에 입각하여 정립된 것이며, 마음을 통제하고 자유를 얻게 하는 경전이다. 라자(Raja)라는 뜻

은 으뜸되고 최고의 것을 말한다. 그러나 라자 요가가 되기 위해서는 하타 요가의 과정이 중요하다는 것이다. 이 절에서 하타프라디피카(Hatapradipika)라는 뜻은 하타의 하(Ha)는 태양과 타(Ta)는 달을 말하며, 양(陽)과 음(陰)의 에너지이고, 프라디피카(Pradipika)는 등불을 말한다. 이 경전은 인간 에너지의 양과 음의 에너지를 밝히는 등불의 경전이다.

1.4

हठविद्यां हि मत्स्येन्द्रगोरक्षाद्या विजानते ।
स्वात्मारामोऽथवा तोगी जानीते तत्प्रसादतः ॥ ४ ॥

haṭhavidyāṁ hi matsyendraghorakṣhādyā vijānate
svātmārāmo|athavā yoghī jānite tatprasādataḥ

하타비드얌 히 마트스옌드라고락샤드야 비자나테 |
스바트마라모아타바 요기 자니테 타트프라사다타흐 || 4 ||

하타비드야–하타 요가의 가르침, 비전(秘傳), 마트스옌드라–고대 요가 수행자, 고락샤–고대 요가 수행자, 비자나타–아는, 스바트마라–스바트마라, 자니테–경험하다, 타트–그, 프라사다–전승의 가르침; 축복

마트스옌드라 · 고락샤 등의 수행자들은 하타 요가의 지혜를 알고 있었으며, 그들로부터 요기 스바트마라마는 그 지혜를 전수받았다.

[해석] 하타 요가는 고대의 시간에 시바(Siva) 신으로부터 전승되었고, 그것이 마트스옌드라(Matsyendra)에게 알려주었으며, 마트스옌드라는 수행자 고락샤(Goraksha)에게 전달되었다. 그리고 여기에서 그들이라고 한 것은 계속해서 여러 사람들에게 하타 요가의 지혜를 가르쳐 주었다는 것이다. 이 경전의 저자인 스바트마라마는 시바 신으로부터 고대의 요가가 전승된 방법을 전수받았다는 것이다.

1.5

क्षीादिनाथमत्स्येन्द्रशावरानन्दभैरवाः ।
चौरङ्गीमीनगेरक्षविरूपाक्षविलेशयाः ॥ ५ ॥

śrīādināthamatsyendraśāvarānandabhairavāḥ
chaurangghīmīnaghorakṣhavirūpākṣhabileśayāḥ

스리아디나타마트스옌드라사바라난다바이라바흐 |

차우랑기미나고락샤비루팍샤빌레사야흐 || 5 ||

스리–성스러운, 아디나타–시바 신, 마트스옌드라–마트스옌드라, 사바라–사바라, 아난다–아난다, 바이라바–바이라바, 차우랑기–차우랑기, 미나–미나타, 고락샤–고락샤, 비루팍샤–비루팍샤, 빌레사야–빌레사야

위대한 신이자 아디나타인 시바, 마트스옌드라, 사바라, 아난다, 바이라바, 차우랑기, 미나, 고락샤, 비루팍샤, 빌레사야,

[해석] 스리 아디나타(Sri Adinatha)는 시바 신을 말하며, 계속해서 하타

요가의 고대 스승들의 법맥을 나열하고 있는 것이다.

1.6

मन्थानो भैरवो योगी सिद्धिर्बुद्धश्च कन्थडिः ।
कोरंटकः सुरानन्दः सिद्धपादश्च चर्पटिः ॥ ६ ॥

manthāno bhairavo yoghī siddhirbuddhaścha kanthaḍiḥ

koraṁṭakaḥ surānandaḥ siddhapādaścha charpaṭiḥ

만타노 바이라보 요기 시띠르부따스차 칸타디흐 |

코람타카흐 수라난다흐 시따파다스차 차르파티흐 || 6 ||

만타나, 바이라바, 시띠부따, 칸타디, 코람타카, 수라난다, 시따파다, 그리고 차르파티,

1.7

कानेरी पूज्यपादश्च नित्यनाथो निरञ्जनः ।
कपाली बिन्दुनथश्च काकचण्डीश्वराह्वयः ॥ ७ ॥

kānerī pūjyapādaścha nityanātho nirañjanaḥ

kapālī bindunāthaścha kākachaṇḍīśvarāhvayaḥ

카네리, 푸즈야파다스차 니트야나토 니란자나흐 |

카팔리 빈두나타스차 카카찬디스바라후야흐 || 7 ||

카네리, 푸즈야파다, 그리고 니트야나타, 니란자나, 카팔리, 빈두나타, 카카, 찬디스바라,

1.8

अल्लामः प्रभुदेवश्च घोडा चोली च टिंटिणः ।
भानुकी नारदेवश्च खण्डः कापालिकस्तथा ॥ ८ ॥

allāmaḥ prabhudevaścha ghoḍā cholī cha ṭiṁṭiṇiḥ
bhānuk nāradevaścha khaṇḍaḥ kāpālikastathā

알라마흐 프라부데바스차, 고다 촐리 차 틴티니흐 |
바누키 나라데바스차 칸다흐 카팔리카스타타 || 8 ||

알라마, 프라부데바, 고다, 촐리, 그리고 틴티니, 바누키, 나라데바, 칸다, 카팔리카와 다른 위대한 성취자들

1.9

इत्यादयो महासिद्धा हठयोगप्रभावतः ।
खण्डयित्वा कालदण्डं ब्रह्माण्डे विचरन्ति ते ॥ ९ ॥

ityādayo mahāsiddhā haṭhayoghaprabhāvataḥ
khaṇḍayitvā kāladaṇḍaṁ brahmāṇḍe vicharanti te

이트야다요 마하시따 하타요가프라바바타흐 |
칸다이트바 칼라단담 브라흐만데 비차란티 테 || 9 ||

이트야다–이러한, 마하시따–위대한 성취자, 하타요가프라바바–하타 요가의 힘, 칸다이트바–넘어가다, 칼라단담–죽음, 브라흐마–온 세계

이런 위대한 성취자들은 하타 요가의 힘으로써 죽음으로부터

벗어나 온 세계로 움직였다.

[해석] 위대한 성취자는 산스크리트어로 마하 시따(Maha Siddha)이며, 한계된 죽음의 의식을 벗어난 수행자를 말한다.
이 절에서 죽음은 산스크리트어인 칼라(Kala)이고, 다른 뜻으로는 시간을 말한다. 시간을 벗어난다는 것은 산스크리트어로는 브라흐만다(Brahmanda)이며 영원하다고 해석되는데, 그런 뜻보다는 계속해서 이어진다는 의미로서 죽음을 벗어난다는 것은 계속 이어지는 자각을 한다는 의미이다. 붓다(Budha)는 이 가르침을 영원성을 말하는 것이 아니라 계속 이어지는 자각인 영원한 현재를 말하는 것과 같은 것이다. 온 세계를 움직인다는 것은 가르침을 편다는 뜻이다.

1.10

अशेषतापतप्तानां समाश्रयमठो हठः ।
अशेषयोगयुक्तानामाधारकमठो हठः ॥ १० ॥

aśeṣhatāpataptānāṁ samāṣrayamaṭho haṭhaḥ
aśeṣhayoghayuktānāmādhārakamaṭho haṭhaḥ

아세샤타파타프타남 사마스라야마토 하타흐 |
아세샤요가육타나마다라카마토 하타흐 || 10 ||

아세사-모든, 타파-고통, 타프타-고통의 원인, 사마-안식, 스라야-머물다, 하타흐-하타 요가, 요가육타-요가의 기초, 카마타-거북

하타 요가는 모든 고통으로부터 안식을 주는 사원이며, 모든 형태의 요가의 기초인 거북이 바로 하타이다.

[해석] 하타 요가를 주석한 브라흐마난다(Brahmananda)는 고통에는 세 가지 고통의 형태가 있는데, 첫번째는 몸과 정신의 고통이며, 두 번째는 별들의 영향에 의한 것이며, 세번째는 호랑이나 뱀 등에 의해 생기는 고통이라 하였다. 그러나 고통을 설파한 모든 수행자들의 기본은 고통은 수행을 통해 사라질 수 있다는 것이다.
이 절에서 거북을 말한 것은, 인도 신화의 비쉬누(Vishnu) 신이 지구의 대지가 바다에 가라앉으려 할 때 거북으로 화현하여 지구를 가라앉게 하지 않았다는 것이다. 거북은 하타 요가이며, 라자 요가의 기초는 바로 하타 요가인 것을 표현한 것이다.

1.11

हठविद्य परं गोप्या योगिना सिद्धिमिच्छता ।
भवेद्वीर्यवती गुप्ता निर्वीर्या तु प्रकाशिता ॥ ११ ॥

haṭhavidyā paraṁ ghopyā yoghinā siddhimichchatā

bhavedvṝryavatṝ ghuptā nirvīryā tu prakāśitā

하타비드야 파람 고프야 요기나 시띠미차타 |

바베드비르야바티 구프타 니르비르야 투 프라카시타 || 11 ||

하타비드야-하타 요가의 지혜, 파람-넘어선, 고프야-비밀로, 시띠-완성, 바베드비르야-힘을 드러내면, 구프타-감추어서, 니르비르야-힘이 사라지다, 프라카시-밝게

성취를 얻으려는 요가 수행자는 하타 요가의 수행은 감추어서 수행해야 한다. 감추어서 수행할 때 효과가 있으며, 그것을 드러내면 그 힘은 사라지게 된다.

[해석] 스베타스바타라 우파니샤드(Svetasvatara Upanishad) 6장 22절에서 "가장 높은 비밀의 가르침은 태고의 시대에 생각된 것이다. 그 비밀은 자신을 제어하지 않는 자에게 주어지지 않으며, 아들이나 제자가 아니어도 전달되지 않는다. 그것은 아들이나 제자라 하여도 마음이 통제되지 않으면 전달되지 않는다"라고 하였다. 요가 수트라(Yoga Sutra) 3장 52절에서도 "천상의 신들에 의해 초대받았을 때에도 자존심을 없애고 받아들이지 않아야 한다. 왜냐하면 그것은 바람직하지 않은 상태로 다시 연결될 가능성이 있기 때문이다" 하였다.
요가 수행자들에게는 스승들이 제자들에게 초능력적인 수행의 힘을 다른 사람들에게 과시하지 말라고 당부한다. 그렇지 않으면 수행의 발전에 지장이 온다고 말하는 것이다.
초능력에는 여덟 가지가 있다. 첫째는 아니마(Anima)이며 원자처럼 작아진다는 것, 둘째는 마히마(Mahima)이며 거대해지는 것, 셋째는 라그히마(Laghima)이며 가벼워지는 것, 넷째는 가리마(Garima)이며 무거워지는 것, 다섯째는 프라프티(Prapti)이며 지배하는 힘, 여섯째는 프라캄야(Prakamya)이며 의지의 자유, 일곱째는 이사트바(Isatva)이며 모든 것을 지배, 여덟째는 바시트바(Vasitva)이며 모든 것을 정복하는 힘이 일어난다고 한다.

1.12

सुराज्ये धार्मिके देशे सुभिक्षे निरुपद्रवे ।
धनुःप्रमाणपर्यन्तं शिलाग्निजलवर्जिते ।
एकान्ते मठिकामध्ये स्थातव्यं हठयोगिना ॥ १२ ॥

surājye dhārmike deśe subhikṣhe nirupadrave

dhanuḥ pramāṇaparyantaṁ śilāghnijalavarjite

ekānte maṭhikṇmadhye sthātavyaṁ haṭhayoghinā

수라졔 다르미케 데세 수빅셰 니루파드라베 |

다누흐프라마나파르얀탐 실라그니잘라바르지테 |

에칸테 마티카마드예 스타타브얌 하타요기나 || 12 ||

수라자–좋은 왕, 다르마–올바른, 데세–상태, 수빅세–풍요로운, 니루파드–안전한, 다누흐–활, 프라마나–확실한, 파르얀타–가장자리, 실라–바위, 아그니–불, 바르지타–벗어난, 에카–홀로, 마트–장소, 스타타브야–머무는, 하타요기–하타 요가 수행자

하타 요가 수행자는 올바른 정치를 행하고, 풍요로운 나라에서 화살이 닿지 않고 바위나 물과 불이 떨어진 장소에서 홀로 사는 것이 좋다.

[해석] 바위나 물과 불에서 떨어진 장소라는 것은 요가 수행을 하기 좋은 장소를 말하는 것이며, 물이 없는 곳이란 축축하거나 습기가 없는 곳을 말한다. 올바른 정치를 하고, 풍요로우며 폭력과 도둑이나 강도도 없는 평화로운 환경에서 사는 것이 중요하다. 지도자가 덕목을 갖

춘 사람일 때 공포로부터 자유로울 수 있다는 것이다. 바위나 물과 불에서 떨어지라는 말은 숲에서의 불이나 지진이나 질병으로부터 멀어지라는 고대인의 생각일 것이다.

1.13

अलपद्वारमरनध्रगर्तविवरं नात्युच्चनीचायतं ।
सम्यग्गोमयसान्द्रलिप्तममलं निःशेसजन्तूज्झितम् ।
बाह्ये मण्डपवेदिकूपरुचिरं प्राकारसंवेष्टितं ।
प्रो योगमठस्य लक्षणमिदं सिद्धैर्हठाभ्यासिभिः ॥ १३ ॥

alpadvāram arandhraghartavivaraṁ nātyuchchanīchāyataṁ
samyaghghomayasāndraliptamamalaṁ niḥśesajantūjjhitam
bāhye maṇḍapavedikūparuchiraṁ prākārasaṁveṣhṭitaṁ
proktaṁ yoghamaṭhasya lakṣhaṇamidaṁ siddhairhaṭhābhyāsi-
bhiḥ

알파드바라마란드라가르타비바람 나트유차니차야탐
삼약고마야산드랄리프타마말람 니흐세사잔투지탐 |
바흐예 만다파베디쿠파루치람 프라카라삼베쉬티탐
프록탐 요가마타스야 락샤나미담 시따이르하타브야시비흐 || 13 ||

알파–작은, 드바라–문, 나트유차–높지 않은, 니차야–낮지 않는, 삼약–적당한, 고마야–쇠똥, 산드라–부드러운, 리프타–연결된, 니세사–전체, 잔투–벌레, 지타–침입하다, 바흐야–외부, 만다파베디–낮은, 프라카라–짜여져 있는, 프로크타–장소, 요가마타–요가, 시따이르–완성, 하타브야시–하타 요가

하타 요가 수행자들이 사는 장소는 출입문은 작고 창문은 없으며, 평평하고 높지도 낮지도 않으며 틈이 없는 곳이다. 쇠똥이 칠해져 장소가 정화되었으며, 벌레들이 들어오지 않고, 바깥의 주위는 울타리가 둘러져 있어 편안하게 머물 수가 있다.

[해석] 수행자가 사는 곳은 담벼락이 너무 높거나 하지 않고, 주위에는 꽃이 핀 정원이 있으며, 요가 수행자가 머물 수 있는 고요한 곳이다. 창문이 없다는 것은 요가 수행중에 시선이 외부로 향하는 것을 막고자 하는 것이다. 그의 방 벽에는 세상의 재난에 대한 여러 그림들이 있는데, 그것은 세상 삶의 재난을 좋아하지 않고 정화하기 위한 것이다.

1.14

एवं विधे मठे स्थित्वा सर्वचिन्ताविवर्जितः ।
गुरूपदिष्टमार्गेण योगमेव समभ्यसेत् ॥ १४ ॥

evaṁ vidhe maṭhe sthitvā sarvachintāvivarjitaḥ

ghurūpadiṣhṭamārgheṇa yoghameva samabhyaset

에밤 비데 마테 스티트바 사르바친타비바르지타흐 |

구루파디쉬타마르게나 요가메바 사마브야세트 || 14 ||

에바-이러한, 비데-장소, 스티트바-머무는, 사르바친타-희생하는, 비바라자-떠나서, 구루-스승, 파드-단계, 마르가-방법; 길, 요가에바-요가 수행, 사마브야사-실천하다요가 수행자는 이러한 걱정으로부터 자유로운 곳에 머물면서 스승인 구루에게서 배운 요가 수행을 실천해야만 한다.

[해석] 이러한 곳이란 위의 절에서 말한 그런 곳이며, 요가 수행자는 반드시 스승 아래에서 수행을 해야 한다. 그는 경전을 배우고, 요가의 여덟 과정을 스승에게서 배우며, 시바신으로부터 획득한 초능력의 시디를 획득한다. 여기서 스승인 구루(Guru)는 '구(Gu)'라는 단어는 어둠을, '루(Ru)'라는 단어는 빛을 뜻한다. 즉 구루라는 뜻은 어둠이나 무지를 몰아내고 지혜를 주는 사람을 의미한다.

1.15

अत्याहारः प्रयासश्च प्रजल्पो नियमाग्रहः ।
जनसङ्गश्च लौल्यं च षड्भिर्योगो विनश्यति ॥ १५ ॥

atyāhāraḥ prayāsaścha prajalpo niyamāghrahaḥ
janasangghaścha laulyaṁ cha ṣhaḍbhiryogho vinaśyati

아트야하라흐 프라야사츠차 프라잘포 니야마그라하흐 |

자나상가스차 라울랼 차 샤드비르요고 비나샤티 || 15 ||

아트야하라–탐욕, 프라야사–노력하다, 프라잘라파–많은 말, 니야마그라하–법칙, 자나상가–성관계, 라울야–격정적인, 샤드비르야–여섯 가지의, 비나스야–실패하는

요가 수행자는 여섯 가지 원인으로 실패하는데, 그것은 많이 먹는 것, 많은 일, 많은 말, 행동 지침들의 고수, 문란한 성관

계, 안정되지 않는 것 등이다.

[해석] 탄트라라자 탄트라(Tantraraja Tantra) 경전에서 말하기를, 요가 수행자는 여섯 가지의 장애를 가지고 있다 한다. 그것은 애욕, 분노, 탐욕, 열광, 질투, 오만이라고 한다. 이것을 극복하기 위한 행동 지침이란 이른 아침에 목욕하기, 식사 조절하기 등을 말한다.

1.16

उत्साहात्साहाद्धैर्यात्तत्त्वज्ञानाश्च निश्चयत् ।
जनसङ्गपरित्यागात् षडिभर्योगः प्रसिद्धयति ॥ १६ ॥

utsāhātsāhāddhairyāttattvajñānāścha niśchayāt
janasangghaparityāghātṣhaḍbhiryoghaḥ prasiddhyati

우트사하트사하사떼르야따뜨바갸나스차 니스차야트 |
자나상가파리트야가트 샤드비르요가흐 프라시뜨야티 || 16 ||

우트사하트-인내, 사하다-여섯 계율, 니스차야-방향, 비르야-용기, 다이르야-대담성, 사떼르야-인내, 따뜨바 갸나-분별력, 상가파리트야가트-사람들과의 관계로부터 벗어남, 프라트야야-믿음

요가 수행자는 여섯 가지 특성을 통하여 성공한다. 용기, 대담성, 인내심, 분별력, 믿음, 사람들과의 관계로부터 자유로움 등이다.

[해석] 수행자는 네 가지 특성을 필요로 한다. 첫째는 영속적인 것과 비영속적인 것을 분별하는 것, 둘째는 물질적인 것으로부터 무관심하는 것, 셋째는 요가 수행자의 여섯 특성을 성취하는 것, 넷째는 해탈에의 강한 열망과 목마름을 말한다.

[빠져 있는 다른 하타프라디피카의 구절]

अहिंसा सत्यमस्तेयं ब्रह्मचर्यं क्षमा धृतिः ।
दयार्जवं मिताहारः शौचं चैव यमा दश ॥

ahimsā satyamasteyaṁ brahmacaryaṁ kṣamā dhṛtiḥ

dayārjavaṁ mitāhāraḥ śaucaṁ caiva yamā daśa

아힘사 사트야마스테얌 브라흐마차르얌 크사마 드르티흐 |

다야르자밤 미타하라흐 사우참 차이바 야마 다사 ||

아힘사–비폭력, 사트야–진리, 아스테야–훔치지 않는 것, 브라마차르야–청정함, 크사마–인내, 드르티–용기, 다야–동정심, 아르자바–진지함, 미타하라–음식 조절, 사우차–청결, 차이바–그리고, 야마–금계(禁戒); 지켜야 할 것, 다사–10

열 가지 야마인 지켜야 할 것은 비폭력, 진리, 훔치지 않음, 청정함, 인내, 용기, 동정심, 진지함, 음식 조절, 청결함이다.

[해석] 야마(Yama) 또는 금계(禁戒)는 일반적으로 다섯 가지인 비폭력, 진리, 훔치지 않는 것, 청정함, 청결함인데 하타요가 프라디피카에서는 인내함, 용기, 동정심, 진지함, 음식 조절이 더 첨가되었다.

तपः सन्तोष आस्तिक्यं दानमीश्वरपूजनम् ।
सिद्धान्तवाक्यश्रवणं ह्रीमती च जपो हुतम् ।
नियमा दश सम्प्रोा योगशास्त्रविशारदैः ॥

tapaḥ santoṣa āstikaṁ dānamīśvarapūjanam

siddhāntavākyaśravaṇaṁ hrīmatīca japa hutaṁ

niyamā daśa samproktā yogaśāstraviśāradaiḥ

타파흐 산토사 아스티캄 다나미스바라푸자남

시딴타바크야스라바남 흐리마티차 자파 후탐

니야마 다사 삼프로크타 요가사스트라비사라다이흐

타파흐–고행, 산토사–만족, 아스티캄–믿음, 다나–관용, 미스바라푸자나–신에 대한 예배, 시딴타바크야스라바나–경전의 청취, 흐리–겸손, 마티–이해, 차–그리고, 자파–만트라의 반복, 염송, 후타–희생 의식, 믿음의 복종인 브르타 같은 것임

열 가지 니야마인 권계(勸戒)는 고행, 만족, 믿음, 관용, 신에 대한 헌신, 경전의 청취, 겸손, 이해, 만트라의 반복(염송), 희생 의식을 말한다.

[해석] 니야마(Niyama)인 권계(勸戒)는 일반적으로 강한 수행, 만족함, 경전 공부, 정화, 신에 대한 헌신인데 여기에서는 믿음, 관용, 겸손, 이해, 만트라의 반복, 희생 의식이 정화인 사우차(Sauca)를 대신해서 들어가 있다.

1.17

हठस्य प्रथमाङ्गत्वादासनं पूर्वमुच्यते ।
कुर्यात्तदासनं स्थैर्यमारोग्यं चाङ्गलाघवम् ॥ १७ ॥

haṭhasya prathamāngghatvādāsana pūrvamuchyate
kuryāttadāsanaṁsthairyamāroghyaṁ chāngghalāghavam

하타스야 프라타망가트바다사남 푸르바무챠테 |
쿠르야따다사남 스타이르야마로걍 창갈라가밤 || 17 ||

하타–하타 요가, 프라타–일찍이, 앙가–부분, 아사남–자세, 푸르바–이전에, 무차테–벗어나게 하다, 쿠르야–조용하게, 야따다–노력하다, 아사나–자세, 스타이르야–안정된, 마르가–방법, 창갈라가밤–가벼운

자세는 하타 요가의 첫 부분이므로 제일 먼저 가르친다. 아사나는 몸에 안정을 주며, 질병으로부터 벗어나게 하고, 발과 다리에 편안함을 준다.

[해석] 아사나(Asana)는 마음의 흔들림의 원인이 되는 행동적인 부분인 몸을 정착시켜 준다. 그렇게 됨으로써 질병을 예방해 주게 되는 것이다. 파탄잘리가 요가 수트라 1장 30절에서 얘기했듯이 "질병, 나태함, 의심, 감각의 탐닉, 부주의, 게으름, 잘못된 인식, 잘못된 방향, 불안정한 마음의 상태, 이 아홉 가지의 분산된 마음들이 수행의 장애 요인들이다." 몸 부분의 거칠고 무거운 것들을 아사나가 제거시켜 준다.

1.18

वसिष्ठाद्यैश्च मुनिभिर्मत्स्येन्द्राद्यैश्च योगिभिः ।
अङ्गीकृतान्यासनानि कथ्यन्ते कानिचिन्मया ॥ १८ ॥

vaśiṣhṭhādyaicha munibhirmatsyendrādyaiścha yoghibhiḥ
angghīṛtānyāsanāni kathyante kānichinmayā

바시쉬타드야이스차 무니비르마트스옌드라드야이스차 요기비흐 |
앙기크리탄야사나니 카트얀테 카니친마야 || 18 ||

바시쉬타–고대의 수행자인 바시쉬타 성자, 무니–성자, 마트스옌드라–고대 수행자, 차–그리고, 요기–요가 수행자, 카트야–연결되다, 앙기크리탄야–몇 가지를 행하다, 아사나–자세, 카트얀타–말하다, 카니–부분적인, 친마야–순수한

바시쉬타 등의 성자들과 마트스옌드라 요가 수행자들이 실천한 몇 가지의 아사나를 말하려고 한다.

[해석] 바시쉬타와 마트스옌드라는 둘 다 지혜를 수행했던 수행자들인데, 지혜의 수행 전에 요가를 실천하라는 것이다.

스바스티카사나(Svastikaāsana)
길상좌(吉祥坐)

1.19

스바스티카사나(Svastikaāsana)
길상좌(吉祥坐)

जानूर्वोरन्तरे सम्यक्कृत्वा पादतले उभे ।
ऋजुकायः समासीनः स्वस्तिकं तत्प्रचक्षते ॥ १९ ॥ फ

jānūrvorantare samyakkṛtvā pādatale ubhe

ṛjukāyaḥ samāsīnaḥ svastikaṁ tatprachakṣhate

자누르보란타레 삼약크리트바 파다탈레 우베 |

르주카야흐 사마시나흐 스바스티캄 타트프라차크샤테 || 19 ||

자누–무릎, 삼약–정밀하게, 크리트바–행하다, 파달라–장딴지, 우바–둘의, 르주카야–몸을 곧게 세우고, 사마시나–앉아서, 스바스티카–길상; 행운의, 타트푸라–그런 종류의, 차크사–형태

넓적다리와 장딴지 사이에 두 발을 끼워 놓고, 허리를 바르게 세워 앉는다. 이것이 길상좌인 스바스티카사나이다.

[해석] 길상좌는 먼저 오른쪽 다리를 굽혀 발을 허벅지로 가져오게 하고, 그 다음에 왼쪽 다리도 굽혀서 발을 허벅지로 가져오게 한다. 왼쪽 다리는 오른쪽 다리 위에 놓여진다. 왼쪽 발의 발가락은 오른쪽 다리의 종아리와 허벅지 사이에 놓여진다.

이 자세를 실천함으로써 척추의 중심인 좌골신경을 부드럽게 해주며, 골반 전체에 영향을 주게 된다. 복부 근육에도 영향을 주기 때문에 내부 장기에도 열을 가해 주어 좋은 효과를 주게 된다. 이 자세를 실천함으로써 척추와 몸이 바로서게 된다. 이 자세는 아사나에 기본이 되는 중요한 자세이다.

이 자세는 명상을 할 때 하는 자세이다. 특히 명상을 할 때 척추신경이 바로서기 때문에 뇌신경에 원활한 자극을 주게 된다. 그리고 이 자세는 척추와 같이 연결되어 있어 중추신경인 수슘나와 몸 전체에 펴져 있는 신경망인 나디선들에 에너지가 원활히 흐르게 하여 좌우의 음과 양의 에너지선인 이다와 핑갈라를 조화롭게 해주는 것이다. 그래서 이름처럼 좋은 효과를 준다는 스바스티카(Svastika)는 길상(吉祥)과 창조적인 에너지를 주는 상징을 말하는 것이다.

고무카사나(Gomukhāsana)
소 얼굴 자세

1.20

सव्ये दक्षिण गुल्कं तु पुष्टपार्क्षे नियोजयेत ।
दक्षिणेऽपि तथा सव्यं गोमुखं गोमुखाकृतिः ॥ २० ॥

savye dakṣhiṇa ghulkaṁ tu pṛṣhṭhapārśve niyojayet
dakṣhiṇe api tathā savyaṁ ghomukhaṁ ghomukhākṛtiḥ

사브예 닥쉬나 굴캄 투 프리쉬타파르스베 니요자예트 |
닥쉬네아피 타타 사브얌 고무캄 고무카크리티흐 || 20 ||

사브야–왼쪽 발, 다크사–동작, 고무카–소 얼굴, 쿨카–발목, 프르스타–뒤쪽의, 파르스바–가까운, 니요자나–붙이다, 아피–또한, 타타–이러한, 크리타–행하다

오른쪽 복사뼈를 왼쪽 엉덩이 밑으로 펴고, 왼쪽 복사뼈는 오

고무카사나(Gomukhāsana)
소 얼굴 자세 (앞면)

고무카사나(Gomukhāsana)
소 얼굴 자세 (뒷면)

른쪽 엉덩이 아래에 놓는다. 이것이 고무카 아사나이며, 소 얼굴 자세이다.

[해석] 소 얼굴 자세인 고무카 아사나에서 산스크리트 고(Go)는 암소를 말하고, 무카(Muka)는 얼굴을 말한다. 그러므로 고무카는 소의 얼굴을 말하는 것이다. 앉은 자세에서 양발이 반대편 몸 뒤로 가도록 엇갈리게 앉은 다음 허리를 펴고 양손을 뒤로 해서 손과 손을 잡거나 합장한다.

정면으로 다리를 뻗고 앉은 다음 손바닥을 마루에 놓고 엉덩이를 들어올린다. 왼쪽 무릎을 뒤로 구부린 다음 왼발 위에 앉는다.그리고 오른쪽 다리를 올려서 왼쪽 넓적다리 위에 놓는다. 엉덩이를 들고 발목을 당겨 발뒤꿈치와 뒷부분이 닿게 한다. 발가락이 뒤쪽으로 가게 하고 발목을 놓는다.

왼팔을 머리 위에 올리고 팔을 구부려 왼쪽 손을 양어깨 사이에 놓고 오른팔을 밑으로 하여 팔꿈치를 구부려 오른쪽 팔뚝을 등뒤에서 위로 올려 오른손과 왼손이 맞잡도록 한다. 이 자세를 30초에서 1분가량 한다. 반대편도 동일하게 한다.

이 자세는 다리 신경을 풀어 주며, 근육을 탄탄하게 해준다. 가슴은 펴지고, 등은 곧아지게 된다. 이 자세는 심장신경총(心臟神經叢)과 어깨 주위의 근육과 신경을 풀어 주며, 신장을 자극하여 호르몬 계통에 자극을 준다.

비라사나(Vīrāsana)

비라사나(Vīrāsana)
영웅 자세

영웅 자세

1.21

एकं पादं तथैकस्मिन्यिन्वन्यसेदुरुणि स्थिरम ।
डतरस्मिंस्तथा चोरुं तीरासनमितीरितम् ॥ २१ ॥

ekaṁ pādaṁ tathaikasminvinyaseduruṁi sthiram
itarasmiṁ stathā choruṁ vīrāsanamitīritam

에캄 파담 타타이카스민빈야세두루니 스티람 |
이타라스밈스타타 초룸 비라사나미티리탐 || 21 ||

에카-하나, 파다-발, 타타-이러한, 스티라-안정된, 이타라-낮은, 빈야사-올려놓다, 비라-영웅, 아사나-자세

오른발을 왼쪽 넓적다리 위에 올려놓고, 왼발을 오른쪽 넓적다리 위에 올려놓는다. 이것이 영웅 자세이며, 비라사나이다.

[해석] 비라는 영웅으로 번역된다. 비라사나는 에너지를 증가시키고, 성적인 에너지를 통제한다. 몸을 강하고 힘 있게 만들어 준다.

쿠르마사나(Kūrmāsana)
거북 자세

1.22

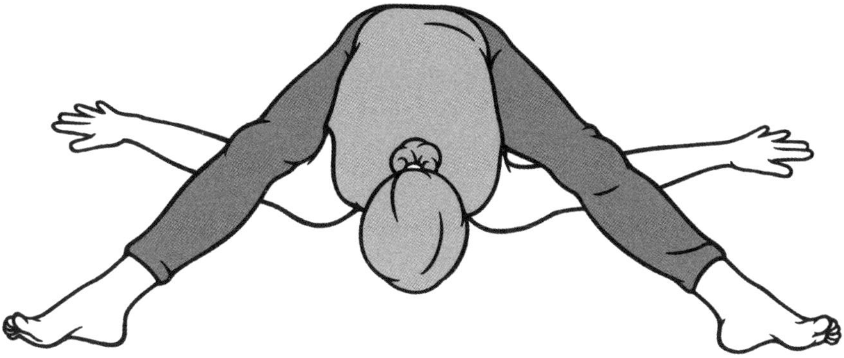

쿠르마사나(Kūrmāsana)
거북 자세

गुदं निरुध्य गुल्फभ्यां व्युत्क्रमेण समाहितः ।
कूर्मासनं भवेदेतदिति योगविदो विदुः ॥ २२ ॥

ghudaṁ nirudhya ghulphābhyāṁ vyutkrameṇa samāhitaḥ
kūrmāsanaṁ bhavedetaditi yogha vido viduḥ

구담 니루드야 굴파브얌 브유트크라메나 사마히타흐 |
쿠르마사남 바베데타디티 요가 비도 비두흐 || 22 ||

구다–항문, 니루드야–편하게 하다, 굴파–발목, 브유트크라–반대로, 사마히타–확고하게 하다, 쿠르마–거북, 아사나–자세, 바베트–전환하다, 비두–강하게 하다

한쪽 다리를 교차하여 발바닥을 위로 올리고, 한쪽 다리는 항

문을 누르며 편안히 앉는다. 이것이 거북 자세이며, 쿠루마사나이다.

[해석] 쿠르마사나는 척추의 커브에 강함을 준다. 항문을 조여지게 하며, 에너지를 증대시켜 주는 자세이다. 이 자세는 앉아서 다리를 정면으로 뻗은 다음 두 무릎의 간격을 45센티미터 정도 벌린 뒤 호흡을 내쉬면서 몸통을 앞으로 숙여 손을 무릎 밑으로 넣고 이마와 턱과 가슴을 바닥에 댄다.

쿠쿠타사나(Kukuṭasana)
닭 자세

1.23

पद्मासनं तु संस्थाप्य जानूर्वोरन्तरे करौ ।
निवेश्य भूमौ संस्थाप्य व्योमस्थं कुक्कुटासनम् ॥ २३ ॥

padmāsanaṁ tu saṁsthāpya jānūrvorantare karau
niveśya bhūmau saṁsthāpya vyomasthaṁkukkuṭāsanam

파드마사남 투 삼스타프야 자누르보란타레 카라우 |
니베샤 부마우 삼스타프야 브요마스탐 쿡쿠타사남 || 23 ||

파드마사나-연화좌, 삼스타프야-연결하다, 자누보란타-무릎 사이, 카라-움직이다, 니베스야-넣다, 부마우-깊숙이, 브요마스타-위로 올리다, 쿠쿠타-닭, 아사나-자세

쿠쿠타사나(Kukuṭāsana)
닭 자세

연화좌 자세인 파드마 아사나를 하고서 장딴지와 무릎 사이에 손을 넣고 바닥에서 손으로 몸을 들어올린다. 이것이 닭 자세인 쿠쿠타사나이다.

[해석] 쿠쿠타사나에서 쿠쿠타는 수탉을 의미한다. 이 자세는 팔과 복부 기관이 강하게 되며, 척추가 펴지는 데 효과를 준다.

우따나 쿠르마사나(Uttāna Kūrmasana)
발전된 거북 자세

1.24

कुक्कुटासनवन्ध स्थो दोर्भ्यां सम्बद्य कन्धराम् ।
भवेद्कूर्मवदुत्तान एतदुत्तानकूर्मकम् ॥ २४ ॥

kukkuṭāsanabandha stho dorbhyāṁ sambadya kandharām

bhavedkūrmavaduttāna etaduttānakūrmakam

쿠쿠타사나루 반다 스토 도르브야 삼바드야 칸다람 |

바베드쿠르마바두따나 에타두따나쿠르마캄 || 24 ||

쿠쿠타사나–닭 자세, 반다–연결하다, 스타–맞추다, 도르브야–엮다, 삼바드야–포함된, 칸다라–목, 바베다–그렇게 하는, 쿠르마바두사나–거북 자세, 애타드–그러한, 우따나쿠르마사나–거북 자세

쿠쿠타 아사나인 닭 자세에서 두 팔로 목을 감고 거북 자세로

우따나 쿠르마사나(Uttāna Kūrmasana)
발전된 거북 자세

하여 뒤로 눕는다. 이것이 거북 자세인 우따나 쿠르마사나이다.

[해석] 이 자세는 바가바드 기타(Bhagavad Gita) 2장 58절에서 크리쉬나(Krishna)가 아르주나(Arjuna)에게 말한 "거북이 사지를 안으로 거두어들이듯 감각을 대상으로부터 거두어들이는 사람은 지혜에 확고히 서 있는 사람이다"라고 한 구절을 생각나게 한다. 이 자세는 척추를 부드럽게 해주며, 복부 기관을 원활하게 해주고, 건강을 유지하게 해주는 상태이다.

다누라사나(Dhanurāsana)
활 자세

1.25

पादाङ्गुष्ठौ तु पाणिभ्यां गृहीत्वा श्रवणावधि ।
धनुराकर्षणं कुर्याद्धनुरासनमुच्यते ॥ २५ ॥

pādānggushṭhau tu pāṇibhyāṁ ghṛhītvā śravaṇāvadhi

dhanurākarshaṭaṁ kuryāddhanurāsanamuchyate

파당구쉬타우 투 파니브얌 그르히트바 스라바나바디 |

다누라카르샤남 쿠르야따누라사나나무챠테 || 25 ||

파당구쉬타-엄지발가락, 파니브야-손끝, 다누라-활, 그르히트바-잡다, 스라바나바다-귀 쪽으로, 카르사-당기다, 쿠르야다누라사나-활시위를 당기는 자세

다누라사나(Dhanurāsana)
활 자세

두 발의 엄지발가락을 손으로 잡고, 한 손은 귀를 향해 활시위를 당기는 자세를 취하고 있다. 이것이 활시위를 당기는 자세인 다누라사나이다.

[해석] 얼굴을 아래로 향하고 배를 바닥에 닿게 하여 엎드린 다음 양손으로 발목을 잡는다. 숨을 들이쉬면서 머리와 가슴을 올림과 동시에 발목을 당겨 바닥에서 무릎과 허벅지를 끌어올린다. 활 모양의 자세를 취한 후에 이 자세로 잠시 머문 다음 숨을 내쉬면서 다리를 놓아준다.

마첸드라사나(Matsyendrāsana)
비틀기 자세

1.26

वामोरुमूलार्पितदक्षपादं जानोर्वहिर्वेष्टितव अमपादम् ।
प्रगृह्य तिष्ठेत्परिवर्तिताङ्गः श्रीमत्स्यनाथोदितमासनं स्यात् ॥
२६ ॥

vāmorumūlārpitadakṣhapādaṁ jānorbahirveṣhṭitav āmapādam
praghṝhya tiṣhṭhetparivartitāngghaḥ śrīmatysanāthoditamāsanaṁ syāt

바모루물라르피타닥샤파담 자노르바히르베쉬티타바 아마파담 |
프라구르흐야 티쉬테트야리바르티탕가흐 스리마트샤나테디타마사남스야트 || 26 ||

마첸드라사나(Matsyendrāsana)
비틀기 자세

바모루-넓적다리, 물라-끝, 다크샤파다-발, 자노르-무릎, 바이르바-바깥쪽으로, 스티타-~그쪽의, 아마파다-발, 프라구-위쪽으로, 흐야마첸드라-마첸드라 수행자

오른발을 왼쪽 무릎 위로 당겨서 붙이고, 왼발은 오른쪽 무릎 바깥으로 가져간다. 오른쪽 발은 왼쪽 손으로 잡고, 왼쪽 발은 오른쪽 손으로 잡고, 머리와 허리는 왼쪽으로 완전히 틀어 준다. 이것은 비틀기 자세인 스리 마첸드라사나이다.

[해석] 마첸드라 아사나는 위대한 요가 수행자 마첸드라가 만든 자세이며, 척추의 좌우를 비틀어 주는 자세이다. 이 자세는 척추신경계와 인대 근육을 강화시켜 주며, 소화기 계통의 기능을 활성화시켜 준다. 바로 앉아서 왼쪽 다리를 오른쪽 바깥으로 가져간다. 왼쪽 발꿈치는 바짝 당겨 엉덩이에 붙인다. 척추는 바로세운다. 반대쪽으로도 실천한다.

1.27

मत्स्येन्द्रपीठं जठरप्रदीप्तिं प्रचण्डरुग्मण्डलखण्डनास्त्रम् ।
अभ्यासतः कुण्डलिनीप्रबोधं चन्द्रस्थिरत्वं च ददाति पुंसाम्
॥ २७ ॥

matsyendrapīṭhaṁ jaṭharapradīptiṁ prachaṇḍarughmaṇḍalakhaṇḍanāstram
abhyāsataḥ kuṇḍalinīprabodhaṁ chandrasthiratvaṁ cha dadāti

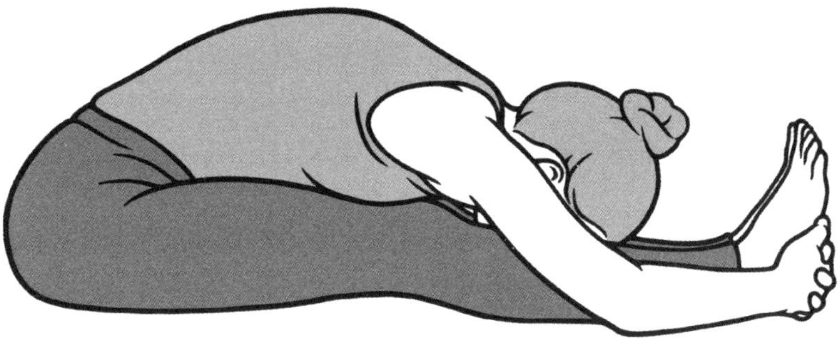

파스치마타나사나(Paścimatānaāsana)
앞으로 숙이기 자세

puṁsām

마트스옌드라피탐 자타라프라디프팀 프라찬다룽만달라칸다나스트람 |

아브야사타흐 쿤달리니프라보담 찬드라스티라트밤 차 다다티 품삼 || 27 ||

마트스옌드라–마첸드라, 자타라–위장, 프라디프티–왕성한; 빛나는, 프라찬다–뜨거운, 루그나–질병

마첸드라 아사나인 비틀기 자세를 계속하면 소화력이 강화되고, 몸의 무서운 질병들을 제거해 준다. 이 자세를 실천하면 쿤달리니가 상승되고, 달을 안정시킨다.

파스치마타나사나(Paścimatānaāsana) 앞으로 숙이기 자세

1.28

प्रसार्य पादौ भुविदण्डरूपौ दोर्भ्यां पदाग्रद्वितयं गृहीत्वा ।
जानूपरिन्यस्तललाटदेशो वसेदिदं पश्चिमतानमाहुः ॥ २८ ॥

prasārya pādau bhuvi daṇḍarūpau dorbhyāṁ padāghradvitayaṁ ghṛhītvā
jānūparinyastalalāṭadeśo vasedidaṁ paśchimatānamāhuḥ

프라사르야 파다우 부비단다루파우 도브르야 파다그라드비타얌 그리히트바 |
자누파린야스탈랄라타데소 바세디담 파스치마타나마후흐 || 28 ||

파스치마-서쪽, 파다-발, 부바-바닥, 단다-펴다, 루파-형태, 그리히트-그렇게 되는, 자누파린야-무릎을 뻗치다, 스탈라-숙이다, 데사-방향

바닥에 다리를 펴고 두 손가락으로 발가락을 잡고서 이마를 무릎에 댄다. 이것이 앉아서 앞으로 굽히기 자세인 파스치마나사나이다.

[해석] 앞으로 숙이기 자세는 파스치마타나사나인데, '파스치마'란 산스크리트어로 서쪽을 의미하며 몸의 등 쪽을 말하는 것이다. 이 아사나를 실천하게 되면 내장 기관을 활성화시켜 주고, 비만을 예방해 주며, 신경계 전체에 자극을 준다. 앉아서 숨을 들이쉬면서 팔을 모아 위로 올린다.

천천히 상체를 내리면서 등과 머리를 숙이고 숨을 내쉬면서 천천히 숙인다. 그런 다음 숨을 내쉬면서 천천히 일어난다. 이 자세에서 중

요한 점은 머리를 먼저 숙이려고 하면 척추가 굽혀져서 내려가기 때문에 가능한 몸을 앞으로 내밀면서 천천히 내려간다. 이때 다리는 굽히지 않고 편 상태에서 행한다.

1.29

**डति पीश्चमतानमासनाग्यं पवनं पश्चिमवाहिनं करोुत ।
उदयं जठरानलस्य कुर्याद् उदरे कार्श्यमरोगतां च पुंसाम ॥
२९ ॥**

iti paśchimatānamāsanāghryaṁ pavanaṁ paśchimavāhinaṁ karoti
udayaṁ jaṭharānalasya kuryād udare kārśyamaroghatāṁ cha puṁsām

이티 파스치마타나마사나그얌 파바남 파스치마바히남 카로티 |
우다얌 자타라날라스야 쿠르야드 우다레 카르스야로가탐 차 품삼 || 29 ||

이티-이러한, 파스치마타나사나-앞으로 숙이기 자세, 파바나-정화하는, 카로티-행하다

파스치마타나 아사나는 모든 아사나 중에서 가장 좋은 자세이다. 이것은 호흡의 흐름을 원활하게 해주고, 위장에 활력을 주며, 허리를 가늘게 해주고, 건강을 좋게 한다.

마유라사나(Mayūraāsana)

▌공작 자세

1.30

धरामवष्टभ्य करद्वयेन ततकूर्परस्थापितनभिपार्श्वः ।
उच्चासनो दण्डवदुत्थितः स्यान्मायूरमेतत्प्रवदन्ति पीठम् ॥
३० ॥

dharāmavaṣhṭabhya karadvayena tatkūrparasthāpitanābhipārś
vaḥ
uchchāsano daṇḍavadutthitaḥ khe māyūrametatpravadanti
pīṭham

다라마바쉬타브야 카라드바예나 타트쿠르파라스타피타나비파르스바흐 |
우차사노 단다바두띠타흐 스얀마유라메타트프라바단티 피탐 || 30 ||

두 손으로 바닥을 지탱하고, 두 팔꿈치를 배에다 댄다. 몸을 막대기처럼 곧게 뻗어 땅 위로 들어올린다. 이것이 공작 자세인 마유라 아사나이다.

[해석] 공작 자세인 마유라 아사나는 체력과 정신 집중을 필요로 하는 자세이다. 이 자세가 정확하게 수행되었을 때는 머리와 몸통과 다리가 직선을 이루고, 바닥과 평행선을 유지하게 된다. 이 자세는 내장기관에 자극을 주어 소화기 계통에 좋은 효과를 준다. 이 자세는 우선 양 무릎을 벌리고, 발꿈치 위에 앉는다. 두 손바닥의 손끝이 안쪽으로 향하게 하여 바닥에 댄다. 두 팔을 이용해서 몸을 앞으로 구부

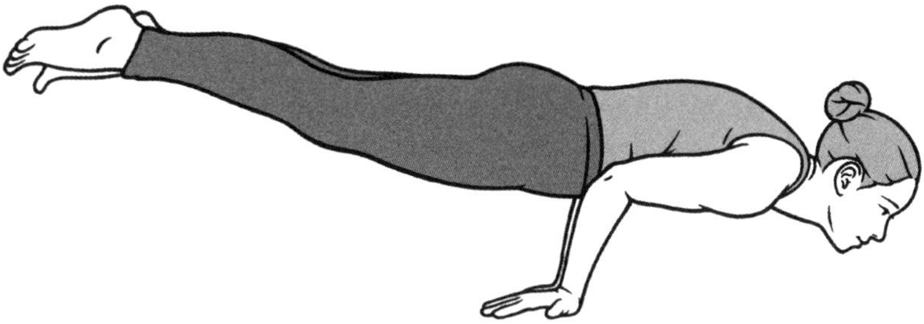

마유라사나(Mayūraāsana)
공작 자세

린다. 머리를 바닥에 대고 팔꿈치를 모아 윗배를 눌러 준다. 한 번에 두 다리를 뒤로 뻗고, 무릎은 바닥에 닿지 않게 하고 발은 모은다. 몸무게는 발끝과 손과 머리를 지탱하며 머리를 든다. 숨을 들이쉬면서 두 팔에 몸을 의지하고 두 발을 들어올려서 균형을 유지한다. 두 다리는 쭉 뻗게 한다. 이 자세를 유지한 다음 숨을 내쉬면서 천천히 내려온다.

1.31

हरति सकलरोगानाशु गुल्मोदरादीन् अभिभवति च दोषानासनं श्रीमयूरम् ।
बहु कदशनभुक्तं भस्म कुर्यादशेषं जनयति जठराग्निं जारयेत्कालकूटम् ॥ ३१ ॥

harati sakalaroghānāśu ghulmodarādīn abhibhavati cha doṣhā nāsanaṁ śrīmayūram
bahu kadaśanabhuktaṁ bhasma kuryādaśeṣhaṁ janayati jaṭha rāghniṁ jārayetkālakūṭam

하라티 사칼라로가나수 굴모다라딘 아비바바티 차 도샤나사남 스리마유람 |

바후 카다사나북탐 바람 쿠르야다세샴 자나야티 자타라그님 자라예트칼라쿠탐 || 31 ||

하라티–제거하다, 사칼라로가–모든 질병, 마유라–공작, 칼라쿠타–독성

마유라 아사나는 부족한 점을 보완하고, 모든 질병을 빠르게 제거한다. 비장과 복부 등을 확장시키고, 위장에 열기를 주며, 해로운 모든 음식을 태워 없애고, 치명적인 독성을 해독한다.

사바사나(Śavaāsana)
송장 자세

1.32

उत्तानं शववद्भुमौ शयनं तच्छवासनम् ।
शवशसनं श्रान्त्ति हरं चित्तविश्रान्त्तिकारकम ॥ ३२ ॥

uttānaṁ śabavadbhūmau śayanaṁ tachchavāsanam
śavāsanaṁ śrānti haraṁ chittaviśrāntikārakam

우따남 사바바드부마우 사야남 타차바사남 |

사바사남 스란티 하람 치따비스란티카라캄 || 32 ||

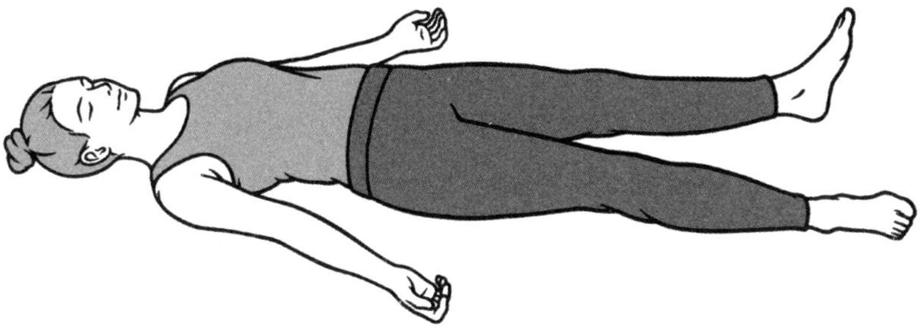

사바사나(Śavāsana)
송장 자세

우따나-등을 대고 누운, 사바바-같이, 사야나-잠자는 것, 사바사나-송장 자세, 스란티-늘어진, 하람-제거, 치따비스란타-마음의 휴식, 카라-주다

마치 죽은 사람과 같이 바닥에 등을 대고 누워 있는 것이 송장 자세, 곧 사바 아사나이다. 이 자세는 피로감을 제거해 주며, 마음의 휴식을 가져다 준다.

[해석] 사바아사나(Śavāsana)에서 사바(Śavā)는 산스크리트어로 시체 또는 송장이라는 뜻이다. 몸이 생명을 떠나게 되면 몸은 고요한 상태로 되며 움직임이 없어진다. 깊이 몰입된 의식 속에서 마음을 고요히 함으로써 우리 자신은 휴식하는 방법을 배우게 된다.
이 자세는 눈을 감고 머리와 팔과 등과 발을 바닥에 대고 편안하게

눕는다. 손바닥이 하늘로 향하게 눕고, 긴장을 풀어 몸이 바닥에 녹아 들어가듯이 이완해 나간다.

1.33

चतुरशीत्यासनानि शिवेन कथितानि च ।
तेभ्यश्चतुष्कमादय सारभूतं ब्रवीम्यहम् ॥ ३३ ॥

chaturaśītyāsanāni śivena kathitāni cha

tebhyaśchatuṣhkamādāya sārabhūtaṁ bravīmyaham

차투라시트야사나니 시베나 카티타니 차 |

테뱌스차투쉬카마다야 사라부탐 브라빔야함 || 33 ||

차투라시트야사나–84가지 아사나, 시바–시바신, 카티타니–어려운, 차–그리고, 차트스–네 가지, 사라부타–핵심; 최고의, 브라빔–말하다

시바신은 84가지의 아사나 자세를 가르쳤다. 나는 그것들 가운데서 핵심적인 네 가지 자세에 대하여 설명할 것이다.

1.34

सिद्धं पद्मं तथा सिंहं भद्रं वेति चतुष्टयम् ।
श्रेष्ठं तत्रापि च सुखे तिष्ठेत्सिद्धासने सदा ॥ ३४ ॥

siddhaṁ padmaṁ tathā siṁhaṁ bhadraṁ veti chatuṣhṭayam

śreṣhṭhaṁ tatrāpi cha sukhe tiṣhṭhetsiddhāsane sadā

시땀 파드맘 타타 심함 바드람 베티 차루쉬타얌 |

스레쉬탐 타트라피 차 수케 피쉬테트시따사네 사다 || 34 ||

시따사나-완성좌, 파드마사나-연화좌, 심하사나-사자좌, 바드라사나-금강좌, 차투스-네 가지, 스레쉬타-최고의, 타트라-그것의, 차-그리고, 수케-편안한, 시따사나-완성좌, 사다-언제나

완성좌 · 연화좌 · 사자좌 · 금강좌, 이 네 가지의 자세가 가장 좋은 아사나 자세이며, 그 중에서도 완성좌는 언제나 편안하게 할 수 있다.

[해석] 요가의 아사나가 생성된 것은 라자 요가, 즉 명상 수행을 하기 위해서, 그러니까 잘 앉기 위해서 아사나가 시작되었다. 아사나의 기본이 이 앉을 수 있는 네 가지의 자세이다. 하타요가 프라디피카의 저자인 스와트마라마는 마첸드라사나를 하기 위해 이 네 가지 자세는 필수적이라 하였다. 하타라트나발리(Hataratnavali) 경전에서는 이 네 가지 자세가 가장 중요하다고 하였다. 시바 삼히타(Siva Samhita)에서는 시다사나 · 파드마사나 · 파스치모타나사나 · 스바스스티카사나가 가장 중요하다고 하였다. 고락샤 사타르카(Goraksha Satarka)는 시다사나와 파드마사나가 중요하다고 하였다.

시따사나(Siddhāsana)
성취좌

시따사나(Siddhāsana)
성취좌

1.35

योनिस्थानकमङ्घ्रिमूलघटितं कृत्वा दृढं विन्यसेत्
मेण्ढ्रे पादमथैकमेव हृदये कृत्वा हनुं सुस्थिरम् ।
स्थाणुः संयमितेन्द्रियोऽचलदृशा पश्येद्भ्रुवोरन्तरं
ह्येतन्मोक्षकपाटभेदजनकं सिद्धासनं प्रोच्यते ॥ ३५ ॥

yonisthānakamangghrimūlaghaṭitaṁ kṛtvā dṛḍhaṁ vinyaset
meṇḍhre pādamathaikameva hṛdaye kṛtvā hanuṁ susthiram
sthāṇuḥ saṁyamitendriyo achaladṛśā paśyedbhruvorantaraṁ
hyetanmokṣhakapāṭabhedajanakaṁ siddhāsanaṁ prochyate

요니스타나카망그리물라카티탐 크리트바 드리담 빈야센
맨드레 파다마타이카메바 흐리다예 크리트바 하눔 수스티람 |
스타누흐 삼야미텐드리요아찰라드르사 파셰드브루보란타람
흐요탄목샤카마파타베다자나캄 시따사남 프로챠테 || 35 ||

요니–회음부, 물라가타–생식기, 크리트바–움직이다, 드리다–고정하다, 빈야사–정렬, 흐리다예–가슴, 크리트바–행하다, 하누–턱, 수스티라–안정된, 스타누–확고한, 삼야마–통제, 인드리야–감각 기관, 아찰라–집중, 드르사–양미간, 목샤–해탈, 시따사나–달인좌

한쪽 발의 발꿈치는 회음부 쪽으로 가져가고, 다른 한쪽 발은 생식기 쪽에 고정시킨다. 턱은 가슴 부위로 당기고 상체는 바로세우며, 감각 기관을 통제하여 시선은 양미간에 집중한다. 이것은 달인좌 자세이자 시따 아사나이며, 완성좌 또는 해탈

로 향하는 모든 장애들을 제거한다.

[해석] 시따아사나(Siddhasana)에서 시다(Siddha)는 성취를 말하며, 이 자세는 왼쪽 무릎을 굽혀 왼발을 회음부 쪽으로 닿게 하고 발바닥은 오른쪽 넓적다리에 닿게 한다. 오른쪽 무릎을 굽혀 오른발 뒤꿈치가 치골에 닿게 해서 오른발을 왼쪽 발목 위에 놓는다.
오른쪽 발바닥을 넓적다리에 가져간다. 등과 목과 머리를 바로세우고, 손은 무릎 위에 놓는다.

1.36

मेण्द्रादुपरि विन्यस्य सव्यं गुल्फ तथोपरि ।
गुल्फान्तरं च निक्षिप्य सिद्धासनमिदं भवेत ॥ ३६ ॥

meṇḍhrādupari vinyasya savyaṁ ghulphaṁ tathopari
ghulphāntaraṁ cha nikṣhipya siddhāsanamidaṁ bhavet

멘드라두파리 빈야스야 사브얌 굴팜 타토파리 |
굴판타람 차 닉쉬프야 시따사나미담 바베트 || 36 ||

사브야–왼쪽, 굴파–발목, 타토파리–그후에, 닉쉬파–겹치다, 시따사나–성취좌

왼쪽 발꿈치를 성기 부위에 대고, 오른쪽 발꿈치를 그 위에 겹쳐서 성취좌를 한다.

1.37

एतत्सिद्धासनं प्राहुरन्ये वज्रासनं विदुः ।
मुक्तासासनं वदन्त्येके प्राहुगुंप्तासनं परे ॥ ३७ ॥

etatsiddhāsanaṁ prāhuranye vajāsanaṁ viduḥ

muktāsanaṁ vadantyeke prāhurghuptāsanaṁ pare

에타트이따사남 프라후란예 바즈라사남 비두흐 |

묵타사남 바단트예케 프라후르구프타사남 파레 || 37 ||

시따사나–성취좌, 바즈라사나–금강좌, 묵타사나–해탈좌, 굽타사나–비밀좌

이 좌법을 달인좌인 시다아사나라고 하고, 다르게 금강좌인 바즈라사나라고도 한다. 또 다르게 해탈좌인 묵타사나라고 하고, 또 비밀좌인 굽타사나라고도 한다.

[해석] 시따사나(Siddhasana)인 성취좌는 바즈라사나(Vajrasana)인 금강좌라고도 하며, 묵타사나(Muktasana)인 해탈좌라고도 하고, 또 굽타사나(Guptasana)인 비밀좌라고도 한다. 비밀좌는 36가지의 자세가 있다고 한다.

1.38

यमेष्विव मिताहारमहिंसा नियमेष्विव ।
मुख्यं सर्वासनेष्कं सिद्धासनं विदुः ॥ ३८ ॥

yameṣhviva mitāhāramahiṁsā niyameṣhviva

mukhyaṁ sarvāsaneṣhvekaṁ siddhāḥ siddhāsanaā viduḥ

야메쉬바바 미타하라마힘사 니야메쉬바바 |

무캼 사르바사네쉬베캄 시따흐 시따사남 비두흐 || 38 ||

야마-금계; 하지 말아야 할 것, 니야마-권계; 해야 할 것, 아힘사-불살생, 시따사나-성취좌; 달인좌

니야마인 권계 중에서는 절식이, 야마인 금계 중에서는 불살생이 가장 중요한 것처럼 자세 중에서는 성취좌 또는 달인좌인 시따사나가 최고이다.

1.39

चतुरशीतिपीठेषु सिद्धमेव सदाभ्यसेत ।
द्वासप्ततिसहाणां नाडीनां मलशोधम् ॥ ३९ ॥

chaturaītipīṭheṣhu siddhameva sadābhyaset

dvāsaptatisahasrāṇāṁ nāḍīnāṁ malaśodhanam

차투라시티피테슈 시따메바 사다브야세트 |

드바사프타티사하스라남 나디남 말라소다남 || 39 ||

차투라이타피테-84, 시따-달인좌, 사다브야-언제나 실천, 드바사프타티사하스라나-72000, 나디-에너지선, 말라-불순한, 소다나-정화

84가지 아사나 자세 중에서 언제나 실천해야 하는 것이 시따

사나인 달인좌이다. 그것은 72,000개의 나디인 에너지 선들을 정화하기 때문이다.

1.40

आत्मध्यायी मिताहारी यावद्द्वादशवत्सरम् ।
सदा सिद्धासनाभ्यासाद्योगी निष्पत्तिमाप्नुयात् ॥ ४० ॥

ātmadhyāyī mitāhārī yāvaddvādaśavatsaram
sadā siddhāsanābhyāsādyoghī niṣhpattimāpnuyāt

아트마드야이 미타하리 야바뜨바다사바스트사람 |
사다 시따사나브야사드요기 니쉬파띠마프누야트 || 40 ||

아트마–참나, 미타하라–음식 절제, 드바다사–12, 사다–언제나, 시따사나–달인좌, 요기–요가 수행자

참나를 명상하고, 음식을 절제하고, 12년 동안 계속해서 달인좌를 수행한다면 완성에 이를 것이다.

1.41

किमन्यैर्बहुभिः पीठैः सिद्धे सिद्धासने सति ।
प्राणानिले सावधाने बद्धे केवलकुम्भके ।
उत्पद्यते निरायासात्स्वयमेवोन्मनी कला ॥ ४१ ॥

kimanyairbahubhiḥ pīṭhaiḥ siddhe siddhāsane sati

prāṇānile sāvadhāne baddhe kevalakumbhake

utpadyate nirāyāsātsvayamevonmanī kalā

키만야이르바후비흐 피타이흐 시떼 시따사네 사티 |

프라나닐레 사바다네 바떼 케발라쿰바케 |

우트파드야테 니라야사트스바야메본마니 칼라 || 41 ||

시떼–능숙하게, 시따사나–달인좌, 프라나–호흡, 사바다–주의 깊게, 케발라쿰바카–독자적인 멈춤 호흡, 우트파드야–자아내다, 니라야사–쉽게

시따사나인 달인좌에 능숙하게 숙달되어 자연스럽고 주의 깊게 호흡을 통제하는 케발라 쿰바카를 실천할 수 있다면 다른 많은 아사나 자세가 필요할 것인가?

1.42

तथैकास्मिन्नेव दृढे सिद्धे सिद्धासने सति ।
बन्धत्रयमनायासात्स्यमेवोपजायते ॥ ४२ ॥

tathaikāsminneva dṛḍhe siddhe siddhāsane sati

bandhatrayamanāyāsātsvayamevopajāyate

타타이카스민네바 드르데 시떼 시따사네 사티 |

반다트라야마나야사트스바야메보파자야테 || 42 ||

운마니–자연스런 삼매 상태, 시떼–익숙한, 시따사나–달인좌, 반다트라야–세 가지 반다

이렇게 시따사나인 달인좌에 익숙해지면 자연스럽게 노력 없이도 생각이 없는 하타 요가의 운마니 아바스타의 삼매 상태가 일어나며, 세 가지 반다도 애쓰지 않고 자연스레 일어난다.

[해석] 반다(Bandha)는 산스크리트어로 '묶다, 조이다'라는 뜻이며, 쿤달리니 요가나 하타 요가에서 중요한 행법 가운데 하나이다. 반다는 세 가지가 있는데, 목 부위의 반다는 잘란드라하 반다(Jalandraha Bandha)이고, 복부 반다는 우디야나 반다(Uddiyana Bandha)이며, 항문 부위의 반다는 물라 반다(Mula Bandha)이다. 요가에서 말하는 인체생리학에서 몸의 상 · 중 · 하로 나뉘어 윗부분은 심장 · 폐 · 순환기 계통을 다루고, 중간은 위와 비장과 소화기 계통을 다루며, 아랫부분은 대장 · 성기 · 배설 기관을 담당한다. 윗부분은 프라나(Prana), 중간 부분은 사마나(Samana), 아랫부분은 아파나(Apana)이며 에너지 분할이다.

이 세 가지 반다는 숨을 마시고 참고 멈추는 것이며, 목 부위의 잘란드라하 반다는 턱을 당겨 가슴에 붙이는 것이고, 복부 부위인 우디야나 반다는 복부 부위를 수축시켜 대장을 위로 끌어올리는 것이며, 항문 부위의 물라 반다는 항문의 괄약근을 조이고 마신 숨이 빠져 나가지 않게 하는 것인데, 이 세 반다를 동시에 행해야 하는 행법이다.

1.43

नासनं सिद्धसदृशं न केवलोपमः ।
नखेचरीसमा मुद्रा न नादसदृशो लयः ॥

nāsanaṁ siddhasadṝśaṁ na kumbhaḥ kevalopamaḥ

na khecharīsamā mudrā na nādasadṝśo layaḥ

나사남 시따사드리삼 나 쿰바흐 케발로파마흐 |

나 케차리사마 무드라 나 나다사드리소 라야흐 || 43 ||

쿰바-호흡 멈춤, 케차리 무드라-혀를 안으로 이마의 동공 근처까지 닿게 하는 고도의 하타 요가 수행법, 나다-내면의 소리 명상, 라야-라자 요가와 같은 명상 방법

시따사나인 달인좌에 비교할 만한 아사나는 없으며, 호흡을 자연스럽게 멈추는 케발라 쿰바카에 비교할 만한 호흡은 없으며, 혀가 상승하여 공중비행 무드라라고 하는 케차리 무드라에 견줄 무드라는 없으며, 내면의 소리를 자연스럽게 듣는 나다에 비교할 만한 마음이 내면으로 몰입되는 라야(Laya)의 방법은 없다.

[해석] 가장 완벽한 아사나는 시다아사나의 자세이며, 호흡으로는 호흡의 멈춤이 자연스럽게 되는, 쿰바카가 진행되는 케발라 쿰바카라 한다. 그러할 때 수행자는 자연스럽게 몸과 마음의 통제력을 얻는다. 케차리 무드라는 하타 요가 수행자들이 육체와 정신이 하나되어 내면으로 몰입할 수 있는 독특한 방법이며, 나다는 내면의 우주적인 소리를 자연스럽게 듣는 라자 요가 또는 라야 요가 방법 중의 하나이다.

파드마사나(Padmāsana)

파드마사나(Padmāsana)
연화좌

파드마사나(Padmāsana)
연화좌

연화좌

1.44

**वामोरूपरि दक्षिणं च चरणं च चरणं संस्थाप्य वामं तथा
दक्षोरूपरि पश्चिमेन विधिना धृत्वा कराभ्यां दृढम् ।
अङ्गुष्ठौ हृदये निधाय चिबुकं नासाग्रमालोकयेत
एतद्व्याधिविनाशकशारि यमिनां पद्मासनं प्रोच्यते ॥ ४४ ॥**

vāmorūpari dakṣhiṇaṁ cha charaṇaṁ saṁsthāpya vāmaṁ tathā
dakṣhorūpari paśchimena vidhinā dhṛtvā karābhyāṁ dṛḍham
angghuṣṭhau hṛdaye nidhāya chibukaṁ nāsāghramālokayet
etadvyādhivināśakāri yaminām padmāsanaṁ prochyate

바모루파리 닥쉬남 차 차라남 삼스타프야 바맘 타타
닥쇼루파리 파스치메나 비디나 드리트바 카라얌 드리담 |
앙구쉬타우 흐리다예 니다야 치부캄 나사그라말로카예트
에타드브야디비나사카리 야미남 파드마사남 프로챠테 || 44 ||

닥크쉬—오른쪽, 브야디—질병, 파드마사나—연화좌

왼쪽 대퇴부 위에 오른발을 얹고서 오른쪽 대퇴부 위에 왼발을 얹는다. 양손은 등뒤로 돌려 양발의 엄지발가락을 잡고, 턱은 가슴 부위에 대고 코끝을 응시한다. 이 아사나 자세를 파드마 아사나인 연화좌라고 하며, 이 자세는 수행자들의 질병을 사라지게 해준다.

[해석] 이 비밀적인 가르침은 턱과 가슴 사이에 3인치의 공간을 두어야 한다.

1.45

उत्तानो चरणो कृत्वा ऊरुसंस्थौ प्रयत्नतः ।
ऊरुमध्ये तथोत्तानौ पाणी कृत्वा ततो दृशौ ॥ ४५ ॥

uttānau charaṇau kṛtvā ūrusaṁsthau prayatnataḥ |
ūrumadhye tathottānau pāṇī kṛtvā tato dṛśau

우따나우 차라나우 쿠트바 우루삼스타우 프라야트나타흐 |
우루마드예 타토따나우 파니 쿠르바 타토 드르사우 || 45 ||

우따나–곧게, 우루마드–대퇴부, 파니–손

발바닥을 위로 향하게 하여 깊이 엇갈린 양발을 대퇴부 위에 놓고, 양대퇴부의 중간에 손바닥을 위로 향하게 하여 양손을 포개어 놓는다.

1.46

नासाग्ने विन्यसेद्राजदान्तमूले तु जिह्वया ।
उत्तम्भ्य चिबुकं वक्षस्युथाप्य पवनं शनैः ॥ ४६ ॥

nāsāghre vinyasedrājadantamūle tu jihvayā
uttambhya chibukaṁ vakṣhasyutthāpy pavanaṁ śanaiḥ

나사그레 빈야세드라자단타물레 투 지흐바야 |

우땀브야 치부캄 박샤스유타프야 파바남 사나이흐 || 46 ||

나사그라-코끝, 빈야사-집중, 지흐바-혀, 우땀브야-지지하다, 치흐브야-혀, 우땀바-지지하다, 치부카-턱, 박샤-가슴, 파바나-호흡, 사나이-천천히

시선을 코끝에 집중하고서 혀끝을 앞니의 뿌리에 붙이고, 턱을 가슴에 댄 채로 천천히 항문을 조이는 물라 반다를 실천하면서 프라나를 끌어올린다.

1.47

इदं पद्मासनं प्रोक्तं सर्वव्याधिविनाशनम ।
दुर्लभं येन केनापि धीमता लभ्यते भुवि ॥ ४७ ॥

idaṁ padmāsanaṁ proktaṁ sarvavyādhivināśanam

durlabhaṁ yena kenāpi dhīmatā labhyate bhuvi

이담 파드마사남 프록탐 사르바브야디비나사남 |

두를라밤 예나 케나피 디마타 라브야테 부비 || 47 ||

파드마사나-연화좌, 프록타-말하다, 사르바-모든, 브야디-질병, 두를라바-현명한, 라브야-적합한

이 자세는 파드마 아사나인 연화좌로서, 모든 질병을 없애는 자세이다. 일상적인 사람은 연화좌 자세를 이룩하지 못한다.

이 지상에서는 현명한 사람만이 이 자세를 성공한다.

1.48

कृत्वा सम्पुटितौ करौ दृढतरं बद्ध्वा तु पद्मासनं
गाढं वक्षसि सन्निधाय चिबुकं ध्यायंश्च तच्चेतसि ।
वारं वारमपानमूर्ध्वमनिलं प्रोत्सारयन्पूरितं
न्यञ्चन्प्राणमुपैति बोधमतुलं शक्तप्रभावान्नरः ॥ ४८ ॥

kṝtvā samputitau karau dṝḍhataraṁ baddhvā tu padmamāsanaṁ
ghāḍhaṁ vakṣhasi sannidhāya chibukaṁ dhyāyaṁścha tachche
tasi
vāraṁ vāramapānamūrdhvamanilaṁ protsārayanpūritaṁ
nyañchanprāṇamupaiti bodhamatulaṁ śaktiprabhāvānnaraḥ

크리트바 삼푸티타우 카라우 드리다타람 바뜨바 투 파드마사남
가담 박샤시 산니다야 치부캄 드야얌스차 타체타시 |
바람 바라마파나무르드바마닐람 프로트사라얀푸리탐
느얀찬프라나무파이티 보다마툴람 삭티프라바반나라흐 || 48 ||

파드마사나–연화좌, 치부카–턱, 바라–최고의, 삭티–삭티 에너지

연화좌인 파드마 아사나 자세를 취하고서 손바닥을 다른 손바닥에 올리고 턱을 가슴에 단단히 고정시키고 브라흐만에 집중하면서 항문을 조였다 풀면서 아파나를 행하고 목구멍을 조이고 프라나를 내린다. 이렇게 함으로써 삭티 에너지를 통하여

높은 지혜를 얻는다.

[해석] 프라나와 아파나의 합일에 의한 소화의 불은 에너지 통로인 수슘나를 통해서 일깨워지는 쿤달리니 뱀의 상승을 통해 에너지가 상승한다. 그때 프라나와 아파나는 수슘나 관을 통하여 힘을 얻게 된다. 이 과정을 이 절에서 표현하였는데, 그것이 자란다라 반다이다.

1.49

पद्मासने स्थितो योगी नाडीद्वारेण पूरितम् ।
मारुतं धारयेद्यस्तु स मुक्तो नात्र संशयः ॥ ४९ ॥

padmāsane sthito yoghī nāḍīdvāreṇa pūritam
mārutaṁ dhārayedyastu sa mukto nātra saṁśayaḥ

파드마사네 스티토 요기 나디드바레나 푸리탐 |

마루탐 다라예드야스투 사 묵토 나트라 삼사야흐 || 49 ||

파드마사나–연화좌, 요기–요가 수행자, 나디–에너지, 마루타–호흡, 다라야–통제, 묵타–자유, 해탈, 삼사야–분명하다

나디를 통해 호흡을 가라앉히고 통제하여 연화좌인 파드마 아사나 자세로 앉아 있는 요가 수행자는 분명하게 자유를 얻을 것이다.

심하사나(Simhāsana)

1.50

गुल्फौ च वृषणस्याधः सीवन्याः पार्श्वयोः क्षिपेत् ।
दक्षिणे सव्य गुल्फं तु दक्षगुल्फं तु सव्यके ॥ ५० ॥

ghulphau cha vṝṣhaṇasyādhaḥ sīvantyāḥ pārśvayoḥ kṣhipet
dakṣhiṇe savya ghulphaṁ tu dakṣhaghulphaṁ tu savyake

굴라파우 차 브르샤나스야다흐 시반야흐 파르스바요흐 크샤페트 |
닥쉬네 사브야굴팜 투 닥샤굴팜 투 사브야케 || 50 ||

굴파–발목, 차–그리고, 브르사–강한, 시반야–놓여지다, 파르스바–옆에 있는, 크쉬파–움직이다, 닥쉬네–오른쪽, 사브야굴파–왼발 복사뼈, 닥샤굴파–오른발 복사뼈

사자좌는 양발의 복사뼈를 음낭 아래 회음의 양쪽에 붙이고 앉는다. 오른쪽에는 왼발의 복사뼈를, 왼쪽에는 오른발의 복사뼈를 둔다.

1.51

हस्तौ तु जान्वोः संस्थाप्य स्वाङ्गुलीः सम्प्रसार्य ।
व्यात्तवक्रो निरीक्षेत नासाग्रं सुसमाहितः ॥ ५१ ॥

hastau tu jānvoḥ saṁsthāpya svāngghulīḥ samprasārya cha
vyātta vakto nirīkṣheta nāsāghraṁ susamāhitaḥ

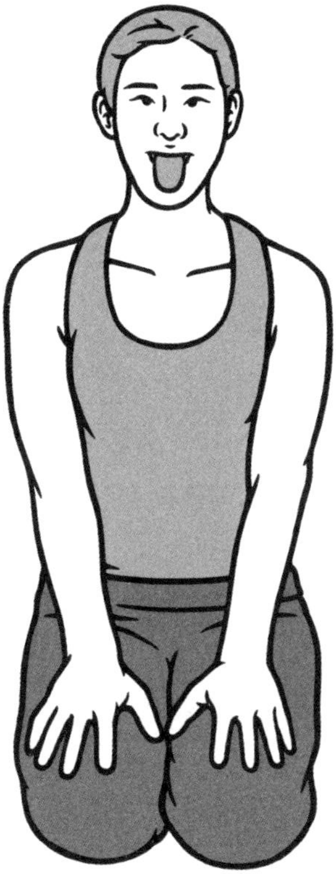

심하사나(Simhāsana)
사자좌

하스타우 투 잔보흐 삼스타프야 스방굴리흐 삼프라사르야 차 |

브야따 박트로 니릭셰타 나사그람 수사마히타흐 || 51 ||

하스타-손, 잔바-무릎, 삼스타프야-동시에, 스방가-움직이다, 삼프라사-고요히, 니릭샤-보다, 나사그라-코끝, 수사마-편안히

양손가락을 펴서 두 무릎에 놓고, 입을 벌려 혀를 밖으로 빼며 마음을 집중하여 코끝을 응시한다.

1.52

सिंहासनं भवेदेतत्पूजितं योगि पुङ्गवैः ।
वन्धत्रितयसंधशनं कुरुते चासनोत्तमम् ॥ ५२ ॥

simhāsanaṁ bhavedetatpūjitaṁ yoghipungghavaiḥ

bandhatritayasandhānaṁ kurute chāsanottamam

심하사남 바베데타트푸지탐 요기 풍가바이흐|

반다트리타야삼다남 쿠루테 차사노따맘|| 52 ||

심하사나-사자좌, 바베드-행위, 요기-요가 수행자, 풍가-훌륭한, 반다트리오-세 가지 조임 또는 반다, 쿠르타-행하다

훌륭한 요가 수행자들은 이 사자좌를 가장 위대한 자세라고 일컫는다. 이 자세는 세 개의 반다가 되도록 도와준다.

1.53

गुल्फौ च वृषणस्याधः सीवन्याः पार्श्वयोः क्षिपेत् ।
सव्यगुल्फं तथा सव्ये दक्ष गुल्फं तु दक्षिण ॥ ५३ ॥

ghulphau cha vṝṣhaṇasyādhaḥ sīvantyāḥ pārśvayoḥ kṣhipte
savyaghulphaṁ tathā savye dakṣhaghulphaṁ tu dakṣhiṇe

굴라파우 차 브리샤나스야다흐 시반야흐 파르스바요흐 크쉬프테 |
사브야굴팜 타타 사브요 닥샤 굴팜 투 닥쉬네 || 53 ||

굴파–발목, 부루샤–강한, 파르스바–옆에, 크쉬프타–붙이다, 사브야–양쪽

양쪽 발의 복사뼈를 교차시켜 회음부 양쪽에 붙이도록 한다.
왼쪽의 복사뼈는 왼쪽에, 오른쪽의 복사뼈는 오른쪽에 댄다.

바드라사나(Bhadrāsana)
경이로운 자세

1.54

पार्श्वपादौ च पाणिभ्यां दृढं बद्धवा सुनिश्चलम् ।
भद्रासनं भवेदेतत्सर्वव्याधिविनाशनम् ।
गोरक्षासामित्याहुरिदं वै सिद्धयोगिनः ॥ ५४ ॥

pārvapādau cha pāṇibhyāṁ dṝḍhaṁ baddhvā suniśchalam
bhadrāsanaṁ bhavedetatsarvavyādhivināśanam

바드라사나(Bhadrāsana)–경이로운 자세
또는 **고라크샤사나**(Gorakṣāsana)–고라크 성자의 자세

ghorakṣhāsanamityāhuridaṁ vai siddhayoghinaḥ

파르스바파다우 차 파니브얌 드리담 바뜨바 수니스찰람 |

바드라사남 바베다타트사르바브야디비나사남 |

고라크샤사나미트야후리담 바이 시따요기나흐 || 54 ||

바드라사나–경이로운 자세, 바베다–그렇게 하다, 사르바–모든, 브야디–질병, 아사나–자세, 고라크샤사나–고라크 성자의 자세, 시따–초능력, 요기–요가 수행자

양쪽 발을 양손으로 잡아 움직이지 않게 단단히 조여 붙인다. 이것을 바드라사나라고 하는데, 이 자세는 모든 병을 고친다. 이 자세를 요가 수행자나 초능력자인 시다들은 고라크샤사나라고 일컫는다.

1.55

एवमासनबन्धेसु योगीन्द्रो विगतश्रमः ।
अभ्यसेन्नाडिकाशुद्धिं मुद्रादिपवनीक्रियाम् ॥ ५५ ॥

evamāsanabandheṣhu yoghīndro vighataśramaḥ

abhyasennāḍikāśuddhiṁ mudrādipavanīkriyām

에바마사나반데슈 요긴드로 비가타스라마흐 |

아브야센나디카수땀 무드라디파바니크리얌 || 55 ||

아사나–자세, 반다–통제하는 자세, 요기–요가 수행자, 비가타–사라지게하다, 스라마–노력하다, 아브야사–반복적인, 나디–에너지; 기(氣), 무드라–독특한 자세, 파바

나-호흡법, 크리야-수행

아사나와 반다를 실천하여 피로나 통증을 넘어선 요가 수행자들은 기도(氣道)인 나디의 정화와 무드라 및 호흡법을 수행해야 한다.

1.56

आसनं कुम्भकं चित्रं मुद्राख्यं करणं तथ ।
अथ नादानुसन्धानमभ्यासानुक्रमो हठे ॥ ५६ ॥

āsanaṁ kumbhakaṁ chitraṁ mudrākhyaṁ karaṇaṁ tathā
atha nādānusandhānamabhyāsānukramo haṭhe

아사남 쿰바캄 치트람 무드라캬 카라남 타타 |
아타 나다누삼다나마브야사누크라모 하테 || 56 ||

아사나-자세, 동작, 쿰바카-멈춤 호흡, 치트라-다양한, 무드라-독특한 동작, 크리야-행동, 카라나-행하다, 나다-내면의 소리, 아브야사-실천하다, 하테-하타 요가

그것은 위에 서술한 아사나의 자세와 여러 가지 멈춤 호흡과 무드라의 여러 동작으로 이루어졌다. 그 다음은 내면의 소리인 나다에 의식을 집중하는 것이 하타 요가의 수행 과정이다.

1.57

ब्रह्मचारी मिताहारी त्यागी योगपरायणः ।
अबदादूर्ध्वं भवेत्सिद्धो नात्र कार्या विचारण ॥ ५७ ॥

brahmachārī mitāhārī tyāghī yoghaparāyaṇaḥ

abdādūrdhvaṁ bhavedsiddho nātra kāryā vichāraṇā

브라흐마차리 미타하리 트야기 요가파라나야흐 |

아브다두르드밤 바베트시또 나트라 카르야 비차라나 || 57 ||

브라흐마차리-금욕, 미타하라-음식 절제, 트야기-욕망 절제, 요가-요가, 파라야나-도달하다, 아브다-년(年), 우르드바-확실히, 바베다-~되다, 시따-성취, 나트라 카르야-행하다, 비차라나-의심 없이

그 금욕을 지키고, 음식을 절제하고, 모든 욕망을 버리고 요가에 전념하는 사람은 1년 후에는 틀림없이 달인 존자가 될 것이다.

1.58

सुस्निग्धमधुराहार श्चतुर्थशविवर्जितः ।
भुज्यते शिव सम्प्रताहारः स उच्यते ॥ ५८ ॥

susnighdhamadhurāhāra śchaturthāḥ śavivarjitaḥ

bhujyate śiva samprītyai mitāhāraḥ sa uchyate

수스니그다마두라하라 스차투르탐사비바르지타 |

부죠테 시바 삼프리트야이 미타하라흐 사 우챠테 || 58 ||

수스니그다–부드러운, 마두라–달콤한, 차투라–4의, 사비바다–균형을 두고, 부즈야타–줄이는, 시바–시바신, 삼프리트–사랑하는, 미타–절식; 줄이는, 사–이것, 우츠야–적당한

산뜻하고 달콤한 맛을 내는 음식을 섭취하되 위장의 4분의 1을 비워 두고, 단지 시바 신에 대한 사랑만으로 식사하는 것이 절식이다.

[해석] 위장의 4분의 1을 비워 두라는 것은, 시바 신을 생각하면서 먹고 자신을 위해 먹으라는 것이 아니다. 경전에서 말하기를 "음식을 먹는 이는 위대한 신이다"라고 하였다.

1.59

कट्वाम्लतीक्ष्णलवणोष्णहरीतशाकसौवीरतैलतिलसर्षपमद्यमत्स्यान् ।
आजादिमांसदधितक्रकुलत्थकोलपिण्याकहिङ्गुलशुनाद्यमपथ्यमाहुः ॥ ५९ ॥

kaṭvāmlatīkṣhṇalavaṇoṣhṇaharītaśākasauvīratailatilasarṣhapamadyamatsyān
ājādimāṁsadadhitakrakulatthakolapiṇyākahingghulaśunādyamapathyamānuḥ

카트바믈라틱쉬날라바노쉬나하리사카사우비라타일라틸라사르샤파마드야마트스얀 |

아자디맘사다디타크라쿨라타콜라핀야카힝굴라수나드야마파트야마후흐 || 59 ||

카트바-양념, 티크쉬나-뜨거운, 라바나-짠것, 하리타사카-녹색 채소, 사우비라-신것, 타일라-기름진, 틸라-참깨, 사르샤파-겨자, 마드야-술, 마트스야-생선, 아자디-양고기, 맘사-고기, 다디-치즈, 타크라-버터밀크, 쿨라타-작은 생선, 콜라-양념, 핀야카-사프론, 힝구-아위, 라수나-마늘

다음은 수행자에게 부적당한 음식물이다. 쓴것, 신것, 자극적인 것, 짠것, 뜨거운 것, 푸성귀 잎, 쉰죽, 참기름, 참깨, 겨자, 술, 생선, 양고기 등의 육류와 응고한 우유, 묽은 버터밀크, 말콩, 대추 열매, 기름으로 튀긴 과자, 아위, 마늘

[해석] 날카롭고 쓴 음식, 쓴 열매, 신 열매, 매운 고추, 몸에 열을 올리는 뜨거운 것, 단것, 설탕과 사탕수수 원재료, 소금 등을 말하는 것이다.

1.60

भोजनमहितं विद्यात्पुनरस्योष्णीकृतं रूक्षम् ।
अतिलवणमम्लयुक्तं कदशनशाकोत्कटं वर्ज्यम् ॥ ६० ॥

bhojanamahitaṁ vidyātpunarasyoṣhṁīkṛtaṁ rūkṣham

atilavaṇamamlayuktaṁ kadaśanaśākotkaṁ varjyam

보자나히탐 비드야츠푸나라스요쉬니크리탐 룩삼 |

아틸라바나마믈라육탐 카다사나사코트카탐 바르쟘 || 60 ||

보자나–음식, 마히타–올바른, 비드야트–존재하는, 푸나라–생기 있는, 요스–건강, 크르타–행하다, 루크사–거친, 아틸라바–강한, 암라–신것, 육타–합쳐진, 카다사–음식을 먹는

또한 다음과 같은 것들도 적당하지 못한 음식이다. 식은 것을 따뜻하게 데운 음식, 기름기가 없이 마른 음식, 지나치게 소금기가 많은 음식, 신맛이 나는 음식, 소화가 잘 안 되는 음식, 지나치게 많은 양의 야채 섭취, 일부 나무껍질로 만든 향료

[해석] 요리한 음식을 다시금 데워서 요리를 하면 에너지가 사라지게 된다. 가능하면 요리를 한 음식 또는 신선한 음식이 에너지를 많이 가지게 되는 것이다.

1.61

वह्निस्त्रीपथिसेवानामादौ वर्जनमाचरेत् ।
तथाहि गोरक्षवचनम् ।
वर्जयेद्दुर्जनप्रान्तं वह्निस्त्रीपथिसेवनम् ।
प्रातः स्नानोपवासादि कायक्लेशविधिं तथा ॥

vahnistrīpathisevānāmādau varjanamācharet
tathā hi ghorakṣhavachanam
varjayeddurjanaprāntaṁ vahnistrīpathisevanam
prātaḥsnānopavāsādi kāya kleśavidhiṁ tathā

바흐니스트리파티세바나마다우 바르자나마차레트 |

타타히 고락샤바차남 |

바르자예뚜르자나프란탐 바흐니스트리파티세바남 |

프라타흐스나노파바사디 카야클레사비딤 타타 || 61 ||

바흐니-불; 뜨거운 것, 스트리-여자, 고라크샤-성자, 카야-몸, 클레사-고통

수행 초기에는 불 · 여자 · 여행 등에 관한 금기를 지키지 않으면 안 된다. 성자 고라크샤는 다음과 같이 말한다. "악인을 가까이 사귀는 것, 불 옆에 있는 것, 긴 여행을 하는 것, 이른 아침의 목욕, 단식, 힘든 육체 활동 등은 하지 말아야 한다."

1.62

गोधुमशालियवषाष्टिकशोभनान्नं क्षीराज्यखण्डनवनीतसिद्धामधूनि ।
शुण्ठीपटोलकफलादिकपञ्चशाकंमुद्गादिदिव्यमुदकं च यमीन्द्रपथ्यम् ॥ ६२ ॥

ghodhūmaśāliyavaṣhāṣhṭikaśobhanānnaṁkṣhīrājyakhaṇḍanava nītasiddhāmadhūni

śuṇṭhīpaṭolakaphalādikapañchaśākaṁmudghādidivyamudak aṁ cha yamīndrapathyam

고두마살리야바샤쉬티카소바난남 크쉬라즈야칸다나바니타시따마두니 |

순티파톨라카팔라디카판차사캄무드가디디브야무다캄 차 야민드라파트얌 || 62 ||

고두마-밀, 살리-쌀, 야바-보리, 사스티카-우유 섞인 쌀, 소바-좋은, 판차-다섯 가지, 사카-야채, 무다카-강낭콩, 인드라파트-깨끗한 물

요가 행자에게 적합한 음식물은 다음과 같다. 밀, 쌀, 보리, 우유, 기, 설탕과자, 버터, 꿀, 말린 생강, 오이, 다섯 가지 삶은 야채, 강낭콩, 깨끗한 물

[해석] 기(Ghee)란 버터를 정제한 것이며, 인도에서 음식을 만들 때 들어가는 것이다. 설탕과자는 사탕수수에서 빼낸 설탕을 굳힌 것이다. 오이는 가장 싱싱한 것을 선택한다.

1.63

पुष्टं सुमधुरं स्निग्धं गव्यं धातुप्रपोषणम् ।
मनोभिलषितं योग्यं योगी भोजनमाचरेत् ॥ ६३ ॥

puṣhṭaṁ sumadhuraṁ snighdhaṁ ghavyaṁ dhātuprapoṣhaṇam
manobhilaṣhitaṁ yoghyaṁ yoghī bhojanamācharet

푸쉬탐 수마두람 스니그담 가브얌 다투프라포샤남 |
마노빌라쉬탐 요걈 요기 보자나마차레트 || 63 ||

푸쉬타-풍부한, 수마두라-달콤한, 스니그다-기름기 있는, 가브야-우유로 만든, 다투-부분, 마노비라사-자신이 좋아하는, 요걈 요기-요가 수행자, 보자나-음식, 마차-길

또한 수행자는 영양이 풍부한 음식물과 물소 버터가 들어간 것, 향긋한 음식, 체력을 강화하는 것, 그밖에 자기가 좋아하는 것을 적당히 먹는 것이 좋다. 실천이 제일이다.

1.64

युवा वृद्धोऽतिवृद्धो वा व्याधितो दुर्बलोऽपि वा ।
अभ्यासात्सिद्धिमाप्नोति सर्वयोगेष्वतन्द्रितः ॥ ६४ ॥

yuvo vṝddho|ativṝddho vā vyādhito durbalo api vā

abhyāsātsiddhimāpnoti sarvayogheṣhvatandritaḥ

유바 브리또아티브리또 바 브야디토 두르샬로아피 바 |

아브야사트시띠마프노티 사르바요게쉬바탄드리타흐 || 64 ||

유바–젊은이, 브르또–늙은, 아띠브르또–아주 늙은, 브야디–병든, 두르발라–약한, 아피–또한, 아브야사–습관, 시띠–완성, 아프노트–획득하다, 사르바–전체, 요게–요가, 스바타–자유; 성공

젊은이, 늙은이, 아주 늙은이, 병자, 허약자 등 모두 갖가지 요가 행법 가운데 적합한 것을 택해 열심히 수행하면 완전히 성공할 수 있다.

1.65

क्रिया युक्तस्य सिद्धिः स्यादक्रियस्य कथं भवेत ।
न शास्व पाठ माचेण योग सिद्धिः प्रजायते ॥ ६५ ॥

kriyā yuktasya siddhiḥ syādakriyasya kathaṁ bhavet

na śāstra pāṭha mātreṇa yoghasiddhiḥ prajāyate

크리야 육타스야 시띠흐 스야다크리야스야 카탐 바베트 |

나 사스트라 파타 마트레나 요가 시띠흐 프라자야테 || 65 ||

크리야-행위, 육타-하나 되는, 시띠-완전한, 스야다-빠른, 크리야-행위, 카탐-어떻게, 바베트-그러한, 나-아닌, 사스트라-경전, 파타-실패한, 마트레나-부분, 요가 시띠-요가의 성공, 프라자야-승리하다

요가를 수행하지 않은 사람은 완전한 성공을 기대할 수 없다. 수행하지 않은 사람이 어떻게 완전하게 성공할 수 있겠는가? 단지 요가 경전을 읽는 것만으로는 요가에 완전히 성공할 수 없다.

1.66

न वेषधारणं सिद्धः कारणं न च तत्कथा ।
क्रियैव कारणं सिद्धः सत्यमेतन्न संशयः ॥ ६६ ॥

na veṣhadhāraṇaṁ siddheḥ kāraṇaṁ na cha tatkathā

kriyaiva kāraṇaṁ siddheḥ satyametanna saṁśayaḥ

나 베샤다라남 시떼흐 카라남 나 차 타트카타 |

크리야이바 카라남 시떼흐 사트야메탄나 삼사야흐 || 66 ||

나-아닌, 베샤-옷, 다라나-입다, 시따-성공하다, 카라나-토론, 크리야-요가 수행,

카라나-행하다, 시따-성공하다, 사트얌-진리, 에타나-~이다, 삼사야-의심하다

요가 행자의 옷을 입거나 요가에 관한 토론만으로는 요가에 성공할 수 없다. 요가를 수행하는 것만이 완전한 성공의 길이다. 이것은 진실이며 의심할 여지가 없다.

1.67

पीठानि कुम्भकाश्चित्रा दिव्यानि करणनि च ।
सर्वाण्यपि हठाभ्यासे राज येग फलावधि ॥ ६७ ॥

pīṭhāni kumbhakāśchitrā divyāni karaṇāni cha

sarvāṇyapi haṭhābhyāse rāja yogha phalāvadhi

피타니 쿰바카스치트라 디브야니 카라나니 차 |

사르반야피 하타브야세 라자 요가 팔라바디 || 67 ||

피타-앉다, 쿰바카-멈춤 호흡, 치트라-다양한, 디브야-놀라운, 카라나-행법, 사르반야-모든 다른, 하타브야세-하타 요가의, 팔라-결과, 바디-배우다

다양한 아사나나 호흡법, 그밖의 훌륭한 행법 등 하타 요가의 모든 수행을 라자 요가의 결과인 삼매에 이를 때까지 계속해야 한다.

इति हठप्रदीपिकायां प्रथमोपदेश ः ॥

iti haṭhapradīpikāyāṁ prathamopadeśaḥ

이티 하타프라디피카얌 프라타모파데사흐 ||

이로써 하타요가 프라디피카의 제1장 자세, 아사나에 대한 서술을 마친다.

제2장

प्राणायाम

프라나야마(Prānāyāma)-호흡법

2.1

अथासने दृढे योगी वशी हितमिताशनः ।
गुरूपदिष्टमार्गेण प्राणायामान्समभ्यसेत् ॥ १ ॥

athāsane dṛdhe yoghī vaśī hitamitāśanaḥ
ghurūpadiṣhṭamārgheṇa prāṇāyāmānsamabhyaset

아타사네 드리데 요기 바시 히타미타사나흐 |
구루파디쉬타마르게나 프라나야만사마브야세트 || 1 ||

아타-그래서, 아사나-요가 자세, 요기-요가 수행자, 구루-스승, 마르가-가르침, 프라나야마-호흡법

수행자가 요가 자세를 확실하게 할 수 있으면 감각을 극복하고 건전한 음식을 적당하게 섭취하면서 스승의 가르침에 따라 호흡 수행을 해야 한다.

2.2

चले वाते चित्तं निश्चले निश्चलं भवेत् ।
योगी स्थाणुत्वमाप्नोति ततो वायुं निरोधयेत् ॥ २ ॥

chale vāte chalaṁ chittaṁ niśchale niśchalaṁ bhavet
yoghī sthāṇutvamāpnoti tato vāyuṁ nirodhayet

찰레 바테 찰람 치땀 니스찰레 니스찰람 바베트 |

요기 스타누트바마프노티 타토 바윰 니로다예트 || 2 ||

찰라–움직이다, 바타–호흡, 치따–마음, 니스찰라–움직이지 않는, 요기–수행자, 스타–멈춤, 바유–호흡, 니로다–통제하다

호흡이 움직이면 마음도 따라 움직인다. 호흡이 움직이지 않으면 마음도 움직이지 않는다. 수행자는 부동심에 도달해야 하는데, 그러기 위해서는 호흡의 움직임을 통제해야 한다.

[해석] 어떻게 호흡을 움직이는가? 이 절에서는 육체적인 호흡을 움직이지 않으면 프라나도 움직이지 않는다는 것이다. 이 절에서 혼동되는 것은 번역의 오류인데, 산스크리트의 프라나 바유는 호흡이다. 다르게는 공기라고도 하고, 호흡이라고도 한다. 이러한 단어의 혼동을 바로잡는 것이 중요하다. 마음은 나무이며, 호흡은 바람이다. 바람은 볼 수가 없지만, 나무의 움직임을 통해 볼 수가 있다.

2.3

यावद्वायुः स्थितो देहे तावज्जीवनमुच्यते ।
मरणं तस्य निष्कान्तिस्ततो वायुं निरोधयेत् ॥ ३ ॥

yāvadvāyuḥ sthito dehe tāvajjīvanamuchyate

maraṇaṁ tasya niṣhkrāntistato vāyuṁ nirodhayet

야바드바유흐 스티토 데헤 타바찌바나무챠테 |

바유의 다섯 형태

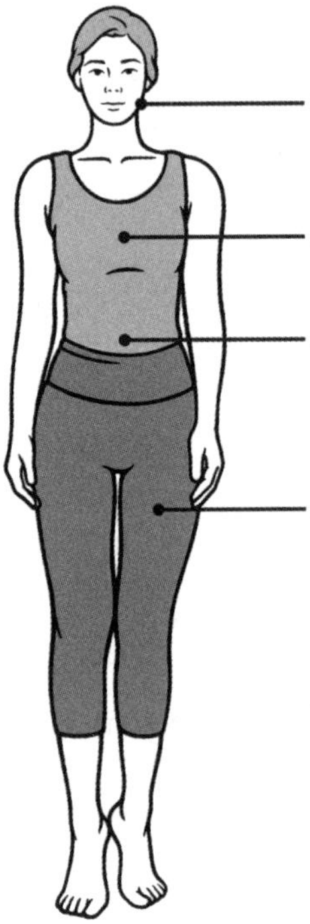

프라나(Prana)의 다섯 형태

우다나 바유(Udana Vayu)

목 부위부터 머리까지이며, 감각과 말, 호흡기 계통, 근육 포함, 맥박에 영향을 준다.

프라나 바유(Prana Vayu)

흡수, 호흡을 지배하며 횡경막 아래에 위치.

사마나 바유(Samana Vayu)

흡수 동화, 가슴에서 배꼽 부위에 위치하며 소화 담당, 당 조절.

아파나 바유(Apana Vayu)

배설, 배꼽 아래 부위이며, 결장, 신장, 방광, 직장, 성기능 담당.

브야나 바유(Vyana Vayu)

삶과 몸 전체를 지배하며, 이완, 근육 수축, 관절의 움직임을 담당.

마라남 타스야 니쉬크란티스타토 바윰 니로다예트 || 3 ||

야바드-~하는 동안, 바유-호흡, 스티타-살아 있는, 데헤-몸, 타바-그대의, 지바-살아 있는, 나-아닌, 무차테-떠난, 마라남-죽음, 니스크라-벗어난, 니로다-통제하다

호흡이 체내에 머무는 동안은 살아 있다 하고, 호흡이 몸에서 떠난 것을 죽음이라 한다. 그러므로 호흡의 움직임을 통제해야 한다.

[해석] 육체적인 호흡을 말하는 것이 아닌 프라나를 말하는 것이다.

2.4

मलाकुलासु नाश्रडषु मारुतो नैव मध्यगः ।
कथं स्यादुन्मनीभावः कार्यसिद्धः कथं भवेत् ॥ ४ ॥

malākalāsu nāḍīṣhu māruto naiva madhyaghaḥ
kathaṁ syādunmanībhāvaḥ kārya siddhiḥ kathaṁ bhavet

말라쿨라수 나디슈 마루토 나이바 마드야가흐 |
쿠탐 스야둔마니바바흐 쿠르야시띠흐 카탐 바베트 || 4 ||

운마니바바-삼매의 상태

프라나의 흐름인 나디가 혼탁되어 있으면 호흡은 몸의 중심을 통과하는 수슘나 나디로 흐르지 않는다. 이런 경우에 어찌

삼매의 상태인 운마니 바바의 상태에 이를 수 있겠는가? 또한 어떻게 요가 수행의 목적이자 완성인 시띠의 상태에 도달할 수 있겠는가?

[해석] 게란다 삼히타(Gheranda Samhita)에서 "에너지의 흐름인 나디가 비순수하면 호흡인 바유는 원할하게 흐르지 못한다"고 하였다.

2.5

शुद्धिमेति यदा सर्वं नाडीचक्रं मलाकुलम् ।
तदैव जायते योगी प्राणसंग्रहणे क्षमः ॥ ५ ॥

śuddhameti yadā sarvaṁ nāḍīchakraṁ malākulam

tadaiva jāyate yoghī prāṇasaṁghrahaṇe kṣhamaḥ

수띠메티 야다 사르밤 나디차크람 말라쿨람 |

타다이바 자야테 요기 프라나삼그라하네 크샤마흐 || 5 ||

수따–순수한, 야다–~때, 사르바–전체, 나디차크라–나디 에너지, 말라쿨라–비순수한, 타다–그러한, 자야트–성공적으로, 요기–요가 수행자, 프라나삼드라하–호흡 조절, 크샤마–그렇게 되다

비순수한 나디가 정화될 때 요가 수행자는 프라나야마인 호흡을 조절하는 데 성공적으로 도달할 수가 있다.

[해석] 자야타(Jayata)는 '성공적으로'라는 말인데, 호흡인 프라나(Prana)가 중추신경계인 수슘나(Sushumna)에게로 간다는 의미이다.

2.6

प्राणायामं ततः कुर्यान्नित्यं सात्त्विकया धिया ।
यथा सुषुम्णानाडीस्था मलाः शुद्धिं प्रयान्ति च ॥ ६ ॥

prāṇāyāmaṁ tataḥ kuryānnityaṁ sāttvikayā dhiyā

yathā suṣhumṇānāḍīsthā malāḥ śuddhiṁ prayānti cha

프라나야맘 타타흐 쿠르얀니트얌 사뜨비카야 디야 |

야타 수슘나나디스타 말라흐 수띰 프라얀티 차 || 6 ||

수따–순수한, 수슘나나디–중앙의 수슘나 에너지

그래서 중앙의 수슘나 나디를 정화해 깨끗하게 될 때까지, 계속해서 순수한 요소가 가득 찰 때까지 호흡을 계속해야 한다.

[해석] 호흡이란 의미는 프라나의 들어오고 나가는 것이다. 호흡은 자석의 흐름과 같은 것이다.

나디 쇼다나 프라나야마(Nadi Shodana Prāṇāyāma)
콧구멍 교대 호흡(교호흡)

2.7

बद्धपद्मासनो योगी प्राणं चन्द्रेण पूरयेत् ।

धारयित्वा यथासक्ति भूयः सूर्येण रेचयेत् ॥ ७ ॥

baddhapadmāsano yoghī prāṇaṁ chandreṇa pūrayet
dhārayitvā yathāśakti bhūyaḥ sūryeṇa rechayet

바따파드마사노 요기 프라남 찬드레나 푸라예트 |
다라이트바 야타삭티 부야흐 수르예나 레차예트 || 7 ||

요가 수행자는 연화좌를 한 상태에서 이다인 왼쪽 콧구멍을 통해 숨을 마시고, 그것을 자신이 참을 수 있을 때까지 체내에 유지한 후 핑갈라인 오른쪽 콧구멍으로 내쉰다.

2.8

प्राणं सूर्येण चाकृष्य पूरयेदुदरं शनैः ।
विधिवत्कुम्भकं कृत्वा पूनश्चन्द्रण रेचयेत् ॥ ८ ॥

prāṇaṁ sūryeṇa chākṛṣhya pūrayedudaraṁ śanaiḥ
vidhivatkumbhakaṁ kṛtvā punaśchandreṇa rechayet

프라남 수르예나 차크리쉬야 푸라예두다람 사나이흐 |
비디바트쿰바캄 크리트바 푸나스찬드레나 레차예트 || 8 ||

다음에는 오른쪽 콧구멍으로 숨을 천천히 마셔 몸에 채워야 한다. 그리고 자신이 참을 수 있을 때까지 유지한 후 왼쪽 콧구멍으로 내쉰다.

2.9

येन त्यजेत्तेन पीत्वा धारयेदतिरोधतः ।
रचयेच्च ततोऽन्येन शनैरेव न वेगत ः ॥ ९ ॥

yena tyajettena pītvā dhārayedatirodhataḥ

rechayechcha tatoanyena śanaireva na veghataḥ

예나 트야제떼나 피트바 다라예다티로다타흐 |

레차예차 타토안예나 사나이레바 나 베가타흐 || 9 ||

트야나–성공적으로, 사나이–천천히, 베가–거친, 다라야–집중된

그 다음에는 숨을 내쉰 쪽의 코로 마시고, 최대한 오랫동안 숨을 멈춘다. 그런 다음 다른 쪽의 코로 천천히 내쉰다. 결코 거칠게 내쉬어서는 안 된다.

2.10

प्राणं चेदिडया पिबेन्नियमितं भूयोऽन्यया रेचयेत्
पीत्वा पिङ्गलया समीरणमथो वद्धवा त्यजेद्धामया ।
सूर्यचन्द्रमसोरनेन विधिनाभ्यासं सदा तन्वतां
शुद्धा नाडिगणा वीन्त यमिनां मासत्रयादूर्ध्यतः ॥ १० ॥

prāṇaṁ chediḍayā pibenniyamitaṁ bhūyo anyathā rechayet

pītvā pingghalayā samīraṇamatho baddhvā tyajedvāmayā

sūryachandramasoranena vidhinābhyāsaṁ sadā tanvatāṁ

śuddhā nāḍighaṇā bhavanti yamināṁ māsatrayādūrdhvataḥ

프라남 체디드야 피벤니야미탐 부요안야야 레차예트

피트바 핑갈라야 사미라나마토 바뜨바 느야제드바마야 |

수르야찬드라마소라네나 비디나브야삼 사다 탄바탐

수따 나디가나 바반티 야미남 마사트라야두르드바타흐 || 10 ||

숨을 왼쪽 콧구멍으로 마신 경우에는 그것을 유지한 후 오른코로 내쉰다. 또 숨을 오른코로 마신 경우에는 그것을 유지한 후 왼쪽 콧구멍으로 내쉬어야 한다. 이와 같은 방법으로 양쪽 코를 통해 호흡 수행을 계속하면 수행자의 기도는 3개월 내에 깨끗해질 것이다.

2.11

प्रातर्मध्यन्दिने सायमर्धरवे च कुम्भकान ।
शनैरशीतिपर्यन्तं चतुर्वारं समभ्यसेत् ॥ ११ ॥

prātarmadhyandine sāyamardharātre cha kumbhakān

śanairaśītiparyantaṁ chaturvāraṁ samabhyaset

프라타르마드얀디네 사야마르다 라트레 차 쿰바칸 |

사나이라시티파르얀탐 차투르바람 사마브야세트 || 11 ||

쿰바카–멈춤 호흡

이른 아침, 낮, 저녁, 한밤중으로 네 차례에 걸쳐 호흡 수행을 하고, 멈춤 호흡의 횟수를 날마다 조금씩 늘려 나가 마지막에는 각각 80번씩 해야 한다.

2.12

कनीयसि वेदस्वेदः कम्पो भवति मध्यमे ।
उत्तमे स्थानमाप्नोति ततो वायुं निवन्धयेत् ॥ १२ ॥

kanīyasi bhavedsveda kampo bhavati madhyame

uttame sthānamāpnoti tato vāyuṁ nibandhayet

카니야시 바베트스베다흐 캄포 바바티 마드야메 |

우따메 스타나마프노티 타토 바윰 니반다예트 || 12 ||

카니야-초급, 바바-움직임, 캄파-떨림, 마드야-중급, 우따-상급, 바유-호흡, 니반다-통제

초급자의 호흡에는 땀이 나고, 중급자의 호흡에는 떨림이 생기고, 상급자의 호흡에는 프라나 에너지가 브라흐만의 동굴에 이른다. 그러므로 숨을 통제하는 수행을 해야 한다.

[해석] 게란다 삼히타 5장 56절에서는 "첫단계의 호흡에는 열이 나고, 중간단계에서는 떨림과 척추의 독특한 체험이 있고, 마지막에는 몸이 떠오른다" 하였으며, 시바 삼히타 3장 46절에서는 "땅의 요소를 통제하는 부차리 시띠를 하면 요가 수행자는 놀랍게 개구리처럼 뛰어오른다" 하였다.

2.13

जलेन श्रमजातेन गात्रमर्दनमाचरेत् ।
दृढता लघुता चैव तेन गात्रस्य जायते ॥ १३ ॥

jalena śramajātena ghātramardanamācharet

dṛḍhatā laghutā chaiva tena ghātrasya jāyate

잘레나 스라마자테나 가트라마르다나마차레트 |

드리다타 라구타 차이바 테나 가트라스야 자야테 || 13 ||

잘레나-땀, 스라마-행하다, 드르타-실천하는, 가트라-몸, 라구타-가벼운, 자야타-좋아지다

호흡 수행에 의해 생긴 땀으로 육체를 마찰하는 것이 좋다. 그러면 육체가 건강하고 경쾌해진다.

2.14

अभ्यासकाले प्रथमे शस्तं क्षीराज्यभोजनम् ।
ततोऽभ्यासे दृढीभूते न तादृङ्नियमग्रहः ॥ १४ ॥

abhyāsakāle prathame śastaṁ kṣhīrājyabhojanam

tato abhyāse dṛḍhībhūte na tādṛngniyamaghrahaḥ

아브야사칼레 프라타메 사스탐 크쉬라즈야보자남 |

타토아브야세 드리디부테 나 타드링니야마그라하흐 || 14 ||

호흡 수행의 초보단계에서는 우유와 버터가 첨가된 음식이 좋

다. 그후 수행이 숙련된 경지에 이르면 그러한 규칙을 지키지 않아도 된다.

2.15

यथा सिंहो गजो व्याघ्रो भवेद्वश्यः शनैः ।
तथैव सेवितो वायुरन्यथा हन्ति साधकम् ॥ १५ ॥

yathā siṁho ghajo vyāghro bhavedvaśyaḥ śanaiḥ śanaiḥ

tathaiva sevito vāyuranyathā hanti sādhakam

야타 심도 가조 브야그로 바보따스야흐 사나이흐 사나이흐 |

타타이바 세비토 바유란야타 한티 사다캄 || 15 ||

심하–사자, 가자–코끼리, 브야그라–호랑이, 바베드–~하게 하다, 사나이–점차적으로, 타타에바–그래서, 세비타–주다, 바유란야–호흡 수행, 한트–다치다, 사다카–수행자

사자나 코끼리나 호랑이와 같은 맹수들도 서서히 길들일 수 있듯이 호흡 수행을 계속하면 결국은 조절할 수 있게 된다. 그러지 않고 갑자기 억제하려고 하면 오히려 수행자 자신을 해친다.

[해석] 호흡 수행을 마치 맹수를 다루듯이 하라는 것은 아주 중요하다. 왜냐하면 프라나를 아주 천천히, 또는 자연스럽게 통제하라는 말이기도 한 것이다. 많은 사람들이 호흡을 잘못하여 일어나는 부작용

을 체험하기 때문이다.

2.16

प्राणयामादियुक्तेन सर्वरोगक्षायो भवते् ।
अयुभ्यासयोगेन सर्वरोसमुद्धवः ॥ १५ ॥

prāṇāyāmena yuktena sarva rogha kṣhayo bhavet

ayuktābhyāsayoghena sarva rogha samudghamaḥ

프라나야메나 육테나 사르바 로가 크샤요 바베트 |

아육타브야사요게나 사르바 로가 사무드가마흐 || 16 ||

프라나야마–호흡법, 육타–통제, 사르바로가–모든 질병, 크샤야–사라지다, 아육타–잘못 통제, 사르바로가–모든 질병, 사무드가마흐–일어난다

호흡 수행을 제대로 하게 되면 병은 없어질 것이다. 그러나 호흡 수행이 잘못되면 오히려 여러 가지 병이 생긴다.

[해석] 호흡 수행은 반드시 좋은 스승 아래에서 단계적으로, 체계적으로 배우는 것이 중요하다. 스승은 자신이 가르쳤던 많은 임상을 통하여 그 부작용을 최소화하여 준다.

2.17

हिक्का श्वासश्च कासश्च शिरःकर्णाक्षिवेद्नाः ।
भवन्ति विधिशः रोगाः पवनस्य प्रकोपतः ॥ १६ ॥

hikkā śvāsaścha kāsaścha śiraḥkarākīhivedanāḥ

bhavanti vividhāḥ roghāḥ pavanasya prakopataḥ

히까 스바사스차 카사스차 시라흐카르낙쉬베바다흐 |

바반티 비비다 로가흐 파바나스야 프라코파타흐 || 17 ||

히까-딸꾹질, 스바스차-호흡, 카사스차-기관지, 시라흐카라-귀, 비비다-다양한, 로가-병, 파바나-호흡기, 프라코파-통증

잘못된 방법으로 호흡을 하게 되면 딸꾹질, 천식, 기관지, 두통, 귀와 눈의 통증 등 여러 가지 병이 발생한다.

[해석] 호흡을 실천한다는 것은 아주 중요한다. 그래서 호흡을 잘못하게 되면 호흡기 계통의 기관이 영향을 받을 수 있다. 거기에는 호흡의 흐름인 프라나와 불규칙한 호흡을 행하는 기관들이 영향을 받는 것이다. 그러기 때문에 호흡을 자연스럽게 훈련한다는 것은 아주 중요하다.

2.18

यूक्तं युक्तं त्यजेद्वायुं यक्तं यक्तं च पूरयेत् ।
यक्तं यक्तं च वध्नीयादेवं सिद्धिमवाप्नुयात् ॥ १८ ॥

yuktaṁ yuktaṁ tyajedvāyuṁ yuktaṁ yuktaṁ cha pūrayet

yuktaṁ yuktaṁ cha badhnīyādevaṁ siddhimavāpnuyāt

육탐 육탐 트야제드바윰 육탐 육탐 차 푸라예트 |

육탐 육탐 차 바드니야데밤 시띠마바프누야트 || 18 ||

육타–통제하다, 바유–공기, 시띠–성취하다

그래서 천천히 숨을 내쉬고, 천천히 숨을 마시고, 숨을 유지하는 것도 조금씩 늘려 나가야 한다. 이렇게 할 때 하타 요가의 목적을 달성할 수 있다.

[해석] 호흡은 용량을 넘어서지 않고 천천히 늘려 가는 것이 중요한 방법이다. 가장 정확한 비율을 스승의 지도 아래 정확하게 늘려 나가는 것이다.

2.19

यदा तु नाडीशुद्धिः स्यात्तथा चिह्नानि वाह्मतः ।
कायस्य कृशता कान्तिस्तदा जायेत निश्चितम् ॥ १९ ॥

yadā tu nāḍīśuddhiḥ syāttathā chihnāni bāhyataḥ

kāyasya kṛśatā kāntistadā jāyeta niśchitam

야다 투 나디수띠흐 스야따타 치흐나니 바흐야타흐 |

카야스야 크리사타 칸티스타다 자예타 니스차탐 || 19 ||

나디수띠–나디의 정화, 스야트–끝나다, 치흐나–드러난, 카야–몸, 크르사타–가벼운, 자예–넘어가는, 칸티–아름답게, 니스치타–확실한 호흡 수행으로 기의 흐름인 나디가 정화되면 몸이 가벼워지고, 혈색이 좋아지는 외부적인 현상들이 나타난다.

2.20

यथेष्टं धारणं वायोरनलस्य प्रदीपनम् ।
नादाभिव्यक्तिरारोग्यं जायते नाडिशोधनात् ॥ २० ॥

yatheṣhṭaṁ dhāraṇaṁ vāyoranalasya pradīpanam

nādābhivyaktirāroghyaṁ jāyate nāḍiśodhanāt

야테쉬탐 다라남 바요라날라스야 프라디파남 |

나다비브약티라로그얌 자야테 나디소다나트 || 20 ||

다라나-통제, 바유-호흡, 프라디파-확실한, 나다-내면의 소리, 자야테-넘어가는

또한 나디가 정화되면 호흡을 통제할 수도 있고, 위장의 소화의 불이 더 활성화되고, 내면의 소리인 나다가 들리기 시작한다. 그럴 때 건강해진다.

[해석] 만약 호흡이 통제되어 길어진다면 프라나는 수슘나관을 통해서 뇌의 좌우반구를 활성화시킨다. 이것은 좌우의 에너지 선인 이다와 핑갈라를 동시에 발전시킨다. 그것은 호흡을 통제할 수 있다는 것이다. 소화기 계통은 소화의 불이 활성화되면 나쁜 것을 먹더라도 소화기 계통이 더욱 활성화된다는 것이며, 내면의 소리인 나다를 들으면 마음이 더욱 고요해지고 평온해진다는 것이다. 그러할 때 진정한 건

강은 찾아온다.

2.21

मेदश्लेष्माधिकः पूर्वं षट्कर्माणि समाचरेत् ।
अनयस्तु नाचरेत्तानि दोषाणं समभावतः ॥ २१ ॥

medaleṣhmādhikaḥ pūrvaṁ ṣhaṭkarmāṇi samācharet

anyastu nācharettāni doṣhāṇāṁ samabhāvataḥ

메다슬레쉬마디카스 푸르밤 샤트카르마니 사마차레트 |

안야스투 나차레따니 도샤남 사마바바타흐 || 21 ||

메다–지방, 사트카르마–여섯 가지의, 사마차르–행위, 나차라–빠르게, 도샤–체질

점액 체질과 비만 체질은 호흡 수행을 하기 전에 여섯 가지 정화법을 바르게 실천해야 한다. 그밖의 사람은 이 수행을 할 필요가 없다. 왜냐하면 세 가지 체질이 균형을 이루고 있기 때문이다.

[해석] 여섯 가지 크리야 또는 내장 정화법인 다우티(Dhauti), 코 청소법인 네티(Neti), 관장법인 바스티(Basti), 응시법인 트라타카(Trātaka), 복부 정화법인 나울리(Nauli), 호흡 정화법인 카팔라 바티(Kapāla Bhāti)이다.

2.22

धौतिर्बस्तिस्तथा नेतिस्त्राटकं नैलिकं तथा ।
कपालभातिातिश्चैतानि षट्कर्माणि प्रचक्षते ॥ २२ ॥

dhautirbastistathā netistrāṭakaṁ naulikaṁ tathā

kapālabhātiśchaitāni ṣhaṭkarmāṇi prachakṣhate

다우티르바스티스타타 네티스트라타캄 나울리캄 타타 |

카팔라바티스차이타니 샤트카르마니 프라착샤테 || 22 ||

다우티(Dhauti)–내장 정화법, 바스티(Basti)–관장법, 네티(Neti)–끈 정화법, 트라타카(Trātaka)–응시법, 나울리(Nauli)–복부 정화법, 카팔라바티(Kapāla Bhāti)–호흡 정화법

여섯 가지 정화법이란 내장 정화법, 관장법, 코 정화법, 응시법, 복부 정화법, 호흡 정화법 등이다.

2.23

कर्मषट्कमिदं गोप्यं घटशोधनकारकम् ।
विचित्रगुणसन्धायि पूज्यते योगिपुङ्गवैः ॥ २३ ॥

karma ṣhaṭkamidaṁ ghopyaṁ ghaṭaśodhanakārakam

vichitraghuṇasandhāya pūjyate yoghipungghavaiḥ

카르마샤트카미담 고프얌 가타소다나카라캄 |

비치트라구나산다이 푸즈야테 요기풍가바이흐 || 23 ||

카르마–행법, 사트–여섯 가지, 카미다–좋아하는, 고프야–비밀로, 가타–일어나는,

소다나-정화하는, 비치타-독특한, 푸즈야-귀한, 요기-요가 수행자

이 여섯 가지 행법은 육체를 정화하는 방법이다. 이 정화 수행법은 독특한 힘이 생기기 때문에 비밀로 다루며 뛰어난 수행자들은 이를 귀중하게 여긴다.

[해석] 이 수행법들은 일반인들에게는 전달하지 않고 비밀로 하는데 그것은 대중적으로 공개하지 않는 것이기 때문이다.

다우티(Dhauti)
내장 정화법

2.24

चतुरङ्गलविस्तारं हस्तपञ्चदशायतम् ।
गुरूपदिष्टमार्गेण सिक्तं वस्त्रं शनैर्ग्रसेत् ।
पुनः प्रत्याहरेच्चैतदुदितं धौतिकर्म तत् ॥ २४ ॥

chaturangghulavistāraṁ hastapañchadaśāyatam

ghurūpadiṣhṭamārgheṇa siktaṁ vastraṁ śanairghraset

punaḥ pratyāharechchaitaduditaṁ dhautikarma tat

차투랑굴리비스타람 하스타파차다사야탐 |

구루파디쉬타마르게나 식탐 바스트람 사나이르그라세트 |

푸나흐 프라트야하레체타두디탐 다우티카르마 타트 || 24 ||

다우티(Dhauti)
내장 정화법

차투라–능숙한, 하스타–손, 판차다사–15, 구루–스승, 식타–미끄러운, 바스트라–천, 사나이–천천히, 푸나흐–다시, 프라트야–신선한, 다우티–내장 정화

폭이 약 7센티미터이고 길이가 약 3미터 되는 천을 스승의 가르침에 따라 천천히 삼킨다. 그렇게 삼킨 다음 다시 꺼내어야 한다. 이것이 청소법이라는 다우티이며, 내장 정화법이다.

[해석] 긴 천을 매일매일 조금씩 늘려 가며 삼켰다가 꺼내는 수행법이다. 그 천은 약간 따뜻해야 한다. 미지근한 소금물에 부드러운 천을 담그고, 물을 조금씩 마셔 가면서 천을 입 속으로 넣는다. 넣을 수 있는 데까지 넣은 다음 다시 꺼낸다.
이 다우티는 제대로 가르칠 수 있는 요가 지도자에게 안내를 받아서 하는 것이 좋다.

2.25

कासश्वासप्लीहकुष्ठं कफरोगाश्च विंशतिः ।
धौतिकर्मप्रभावेण प्रयान्त्येव न संशयः ॥ २५ ॥

kāsaśvāsaplīhakuṣhṭhaṁ kapharoghāścha viṁśatiḥ
dhautikarmaprabhāveṇa prayāntyeva na saṁśayaḥ

카사스바사플리하쿠쉬탐 카파로가스차 비사티흐 |
다우티카르마프라바베나 프라얀트예바 나 삼사야흐 || 25 ||

카사–기침, 스바사–호흡기, 프리하–비장, 쿠쉬타–나병(한센병), 카파로가–카파 체

질의 병, 다우티–내장 정화, 나 삼사야–생기지 않는다

이 청소법으로 기침, 천식, 비장의 병, 나병 등 점액질 과잉으로 생기는 여러 가지의 병들이 사라지게 된다.

바스티(Basti)
관장법(灌腸法)

2.26

नाभिदघ्नजले पायौ नयस्तनालोत्कटासनः ।
आधाराकुञ्चनं कुर्यात्क्षालनं बस्तिकर्म तत् ॥ २६ ॥

nābhidaghnajale pāyau nyastanālotkaṭāsanaḥ

ādhārākuñchanaṁ kuryātkṣhālanaṁ bastikarma tat

나비다그나잘레 파야우 느야스타날로트카타사나흐 |

아다라쿤차남 푸르야특샬라남 바스티카르마 타트 || 26 ||

나비–배꼽, 바스티–관장법

배꼽 높이 정도의 물속에서 길이가 약 10센티미터인 대나무를 항문에 7센티미터 정도까지 끼워넣고 웅크려 항문을 세게 죄어 물을 빨아들이고, 복부 요동법으로 뱃속의 물을 움직인 후 그 물을 내보내야 한다. 이것을 관장법이라고 한다.

[해석] 이 수행법은 장의 맨 아래까지 청소하는 방법이며, 관장(灌腸)하는 것과 같다. 물통 위에 앉아서 10센티미터 정도 되는 관을 직장 안에 넣고 우디야나 반다와 나우리를 하면서 물을 장 안으로 빨아들인다. 관을 빼낸 후에 나우리를 하여 물을 장 속에서 휘저은 다음 물을 빼낸다. 관장이라고 하는 것은 인위적으로 물을 몸 속에 투입하는데, 바스티는 장을 비어 있게 하여 물을 끌어들이는 방법이다. 반드시 지도자의 안내를 받고 하는 것이 좋다.

2.27

गुल्मप्लीहोदरं चापि वातपित्तकफोद्भवः ।
वस्तिकर्मप्रभावेण क्षीयन्ते सकलामयाः ॥ २७ ॥

ghulmaplīhodaraṁ chāpi vātapittakaphodbhavāḥ
bastikarmaprabhāveṇa kṣhīyante sakalāmayāḥ

굴마프리호다람 차피 바타피따카포드바바흐 |
바스티카르마프라바베나 크쉬얀테 사칼라마야흐 || 27 ||

굴마-비장, 프리호다-비장의 병, 가란다-분비선, 바타피타카파-바타, 피타, 카파의 세 체질, 바스티카르마-관장법, 크쉬야-사라지다, 사칼라마야-모든 질병

임파선 비대, 비장 비대, 수종 등 세 가지 체질의 부조화로 생긴 병 등 모든 질병이 관장에 의해 없어진다.

2.28

धात्वद्रियान्तः करणप्रसादं दद्याच्च कान्तिं दहनप्रदीप्तम् ।
अशेषदोषोपचयं निहन्याद् अभ्यस्यमानं जलबस्तिकर्म ॥
२८ ॥

Dhātvindriyāntaḥ karaṇaprasādaṁ dadyācca kāntiṁ dahanap radīptam
aśeṣhadoṣhopachayaṁ nihanyād abhyasyamānaṁ jalabastikarma
다트빈드리얀타흐 카라나프라사담 다다차 칸팀 다하나프라디프탐 |
아세샤도쇼파차얌 니한야드 아브야스야마남 잘라바스티카르마 || 28 ||

다투–내장 정화, 바스티–관장법, 인드리야스–감각 기관, 카라나–행위, 프라사다–정화, 다드야–넘어선, 칸타–좋은, 다하나프라디프타–소화력이 좋은, 아세사–모든, 도사–체질, 파차야–치료하다, 니한티–없애다, 아브야스야–반복적으로, 잘라바스티–물 관장법, 카르마–행위

수행자로서 이 물 세척 정화법을 수행한다면 육체 조직 및 감각 기관과 내적 심리 기관이 청소되고, 피부가 윤택해지며, 소화가 잘 되고, 체질의 부조화가 모두 해소될 것이다.

네티(Neti)
끈 정화법

2.29
सूत्रं वितस्ति सुस्निग्घं नासानाले प्रधवेशयेत् ।

잘라 네티(Jala Neti)
물 정화법

수트라 네티(Sutra Neti)
끈 정화법

मुखान्निर्गमयेच्चैषा नेतिः सिद्धैर्निगद्यते ॥ २९ ॥

sūtraṁ vitasti susnighdhaṁ nāsānāle praveśayet

mukhānnirghamayechchaiṣhā netiḥ siddhairnighadyate

수트람 비타스티 수스니그담 나사날레 프라베사예트 |

무칸니르가마예차이샤 네티흐 시따이르니가드야테 || 29 ||

수트라-끈, 나사-코, 네티-정화

길이가 20센티미터 정도 되는 부드럽고 매듭이 없는 끈을 콧속에 넣었다가 그것을 입으로 꺼내어야 한다. 이것을 수행자들은 코 청소법이라 한다.

[해석] 네티는 매일 정규적으로 해주면 좋은 방법이다. 네티도 물로 하는 잘라 네티(Jala Neti)와 천으로 하는 수트라 네티(Sutra Neti)가 있다. 물로 하는 잘라 네티는 물병이나 네티 포트를 통하여 머리는 비스듬히 숙이고 아주 연한 소금물을 한쪽으로 부어서 다른 쪽으로 나오게 한다. 콧구멍이 막혀 있으면 입으로 흘러나오게 되며, 그것을 뱉어내면 되는 것이다. 수트라 네티는 30센티미터 정도의 부드러운 끈을 콧구멍에 집어넣고 입으로 나오게 한 후, 다시 반대쪽 콧구멍도 같이 반복을 해준다. 콧구멍을 통하여 입으로 빼내는 데에는 반복된 연습이 필요하며, 안내자 또한 필요하다.

2.30

कपालशोधनी चैव दिव्यदृष्टिप्रदायिनी ।
जत्रूर्ध्वजातरोगौघं नेतिराशु निहीन्त च ॥ ३० ॥

kapālaśodhinī chaiva divyadṛṣhṭipradāyinī

jatrūrdhvajātaroghaughaī netirāśu nihanti cha

카팔라소디니 차이바 디브야드리쉬티프라다이니 |

자트루르드바자타로가우감 네티라수 니한티 차 || 30 ||

디브야-성스러운, 드르시티-직관, 프라다-보여주다, 네티-끈

이 정화법은 머리를 맑게 하고, 영적 직관을 주며, 어깨 위쪽에 생긴 여러 가지 병들을 신속하게 없애 준다.

트라타카(Trātaka)
응시법

2.31
निरीक्षेन्निश्चलदृशा सूक्ष्मलक्ष्यं समाहितः ।
अश्रुसम्पातपर्यन्तमाचार्यैस्त्राटकंस्मृतम् ॥ ३१ ॥

nirīkṣhenniśchaladṛśā sūkṣhmalakṣhyaṁ samāhitaḥ

aśrusampātaparyantamāchāryaistrāṭakaṁ smṛtam

니릭셴니스찰라드리사 숙쉬말락쉬얌 사마히타흐 |

아스루삼파타파르얀타마차르야이스트라타캄스므리탐 || 31 ||

트라타카(Trātaka)
응시법

니릭사-응시하다, 니스찰라-계속해서, 드르사-눈, 숙쉬마-미세한, 락스애-대상, 사마히타-확고한, 아차리야-스승, 트라타카-응시, 스므르타-가르침

시선을 움직이지 않고, 눈물이 흘러내릴 때까지 작은 목표물에 마음을 집중하여 응시해야 한다. 이 정화법을 스승들은 응시법 또는 트라탁이라 한다.

[해석] 응시법인 트라탁은 고도의 정신적인 집중 훈련법이다. 하나의 대상이나 점을 바라보며 눈을 깜박이지 않고 응시하다가 눈을 감은 다음 마음속의 대상을 떠올리는 방법이다. 트라탁은 집중력을 강화시켜 주고, 시력도 좋아지게 하며, 시신경을 통하여 뇌에 자극을 주는 방법이다. 트라탁을 하는 데는 촛불 응시를 많이 한다. 벽에 점을 하나 찍어 놓고 집중하거나 산스크리트 옴(OM)자를 집중하기도 한다.

2.32

मोचनं नेत्ररोगाणां तन्द्रादीणां कपाटकम् ।
यत्नतस्त्राटकं गोप्यं यथा हाटकपेटमम् ॥ ३२ ॥

mochanaṁ netraroghāṇāṁ tandādrīṇāṁ kapāṭakam

yatnatastrāṭakaṁ ghopyaṁ yathā hāṭakapeṭakam

모차남 네트라로가남 탄드라디남 카파타캄 |

야트나타스트라타캄 고파얌 야타 하타카페타캄 || 32 ||

모차나-실현하다, 네트라-눈, 로가-질병, 트라타카-응시법, 고프야-비밀

이 정화법은 모든 눈병을 치료하고, 마음이 산만하지 않게 한다. 이 응시 정화법은 황금 상자처럼 비밀로 간직되어야 한다.

나우리(Nauli)
복부 요동법

2.33

अमन्दावर्तवेगेन तुन्दं सव्यापसव्यतः ।
नतांसो भ्रामयेदेषा नौलिः सिद्धैः प्रचक्ष्यते ॥ ३३ ॥

amandāvartaveghena tundaṁ savyāpasavyataḥ
natāṁso bhrāmayedeṣhā nauliḥ siddhaiḥ praśasyate

아만다바르타베게나 툰담 사브야파사브야타흐 |
나탐소 브흐라마예데샤 나우리흐 시따이흐 프라착샤테 || 33 ||

아만다-느리지 않게, 바르타-돌리다, 베게나-격렬하게, 툰다-복부, 사브야-앞으로 숙이다, 나타-행하다, 브흐라마-회전하다, 나우리-복부 회전 운동

어깨를 앞으로 구부리고 활발하게 복부 회전 운동을 하여 좌우로 배를 움직여야 한다. 이를 복부 요동법인 나우리라고 한다.

2.34

मन्दाग्निसंदीपनपाचनादि संधापिकानन्दकरी सदैव ।
अशेषदोषमय शोषणी च हठक्रियामौलिरियं च नौलि ॥ ३४ ॥

나우리(Nauli)
복부 요동법

Mandāghnisamdīpanapāchanādi sandhāpikānandakarī sadaiva
Aśeṣhadṣhamaya śoṣhaṇī cha haṭhakriyā mauliriyaṁ cha nauliḥ
만다그니삼디파나파차나디 삼다피칸다카리 사다이바 |
아세샤도샤마야 소샤니 차 하타크리야마울리리얌 차 나울리흐 || 34 ||

만다-둔한, 아그니-불, 삼디-사라진, 산다-연결되다, 사다이바-언제나, 아세사-전체, 하타크리야-하타 요가의 실천, 마우리-최고의, 나우리-복부 회전 운동

복부 요동법인 나우리는 기능이 둔해진 소화의 불을 다시 연소시킨다. 따라서 소화가 촉진되고, 기분이 항상 상쾌해지며, 체질의 부조화에서 오는 모든 질병이 없어지기 때문에 하타 요가의 왕관이라고 한다.

[해석] 복부의 중앙 근육을 반복적으로 휘저어 운동을 시켜 준다. 수행자의 통제력과 집중력이 요구되며, 배의 근육을 통제하는 방법을 터득하게 된다. 나우리를 하는 가운데 복부에 집중을 하면 도움이 될 것이다. 우선 배의 근육을 분리해서 마치 배의 중심부에 수직적인 언덕이 생기도록 한다. 손을 이용하여 왼쪽과 오른쪽으로 움직이는 연습을 하도록 한다. 파도처럼 좌우로 움직이는 것은 내장 기관에 상당하게 도움을 준다. 이 나우리는 장 기관과 위장 기관을 통제하고, 여자들의 생리 불순을 해결해 준다.

카팔라 바티(Kapāla Bhāti)

풀무 호흡

2.35

भस्त्रावल्लोहकारस्य रेचपूरौ ससंभ्रमौ ।
कपालभातिर्विख्याता कफदोषविशोषणी ॥ ३५ ॥

bhastrāvallohakārasya rechapūrau sasambhramau

kapālabhātirvikhyātā kaphadoṣhaviśoṣhaṇī

바스트라발로하카라스야 레차푸라우 사삼브라마우 |

카팔라바티르비크야타 카파도샤비소샤니 || 35 ||

바스트라-풀무, 카라-행하다, 레차푸라-들이쉬고 내쉬는, 사삼브라마-연결되다, 카팔라바티-정뇌 호흡법이며 빠르게 호흡을 들이쉬고 내쉬는 호흡이다. 호흡기 계통의 불순물을 제거하고 호흡을 원활하게 해준다, 브크야타-알려진, 카파도샤비소사-점액질 과잉 질병

대장간의 풀무처럼 숨을 빠르게 마시고 내쉬는 호흡법이 정뇌 호흡법이라는 정화법이다. 이 정화법은 점액질 과잉에서 오는 질병을 없애 준다.

[해석] 카팔라바티(Kapalabhati)는 여섯 가지 정화법 가운데 하나이며, 강제적으로 숨을 쉬게 되면 폐의 나쁜 공기를 배출시키고 산소를 가득 차게 하여 호흡기를 깨끗하게 해주는 호흡 방법이다. 산스크리트어의 해석으로는 '두개골 정화법'이라는 의미이다. 이 호흡법은 몸속

의 산소량을 높여 준다.

이 호흡법은 들이쉬고 내쉬면서 마지막으로 숨을 한 번 멈춰 준다. 내쉴 때에는 복부 근육이 조여들고 횡경막이 올라가며, 폐에 공기가 빠져나간다. 숨을 들이쉴 때에는 근육이 이완되며 폐에 공기가 가득 찬다. 내쉬는 호흡은 짧고 강하게 하며, 들이쉬는 호흡은 길고 조용하게 한다.

2.36

षट्कर्मनिर्गतस्थौल्यकफदोषमलादिकः ।
प्राणायामं ततः कुर्यादनायासेन सिद्ध्यति ॥ ३६ ॥

ṣhaṭkarmanirghatasthaulyakaphadoṣhamalādikaḥ
prāṇāyāmaṁ tataḥ kuryādanāyāsena siddhyati

샤트카르마니르가타스타울라야카파오바말라디카흐 |
프라나야맘 타타흐 쿠르야다나야세나 시뜨야티 || 36 ||

사트카르마–여섯 가지 행위, 니르가타–제거하는, 카파도샤비소사–점액질 과잉 질병, 프라나야마–호흡법, 쿠르야–행하다, 시띠–성공하다

이상의 여섯 가지 정화법으로 비만과 점액질 과잉에서 오는 질병과 불결한 분비물 등을 없앤 후에 호흡을 수행하면 장애 없이 호흡에 성공한다.

사트카르마(ṣhaṭkarma)

여섯 가지 정화법

2.37

प्राणायामैरेव सर्वे प्रशुष्यन्ति मला इति ।
आचार्याणां तु केषाञ्चिदन्यत्कर्म न संमतम् ॥ ३७ ॥

prāṇāyāmaireva sarve praśṣhyanti malā iti

āchāryāṇāṁ tu keṣhāṁchidanyatkarma na saṁmatam

프라나야마이레바 사르베 프라스쉬얀티 말라 이티 |

아차르야남 투 케샨치단야트카르마 나 삼마탐 || 37 ||

프라나야마–호흡법, 에바–진정으로, 사르바–모든, 말라–오물, 아차르야–수행자, 사트카르마–여섯 가지 정화법, 나–아닌, 삼마타–허락하다

일부 수행자들은 오직 호흡만으로 모든 기도의 오물을 없앨 수 있다고 주장하며, 이 여섯 가지 정화법을 받아들이지 않는다.

가자 카라니(Gaja Karaṇī)
코끼리 위장 정화법

2.38

उदरगतपदार्थमुद्वमन्ति पवनमपानमुदीर्य कण्ठनाले ।
क्रमपरिचयवश्यनाडिचक्रा गजकरणीतिनिगद्यते हठज्ञैः ॥ ३८ ॥

udaraghatapadārthamudvamanti pavanamap namudīrya kaṇ ṭhanāle
kramaparichayavaśyanāḍichakrā ghajakaraṇīti nighadyate ha ṭhajñaiḥ
우다라가타파다르타무드바만티 파바나마파나무디르야 칸다날레 |
크라마파리차야바샤나디차크라 가자카라니티니가드야테 하타그야이흐 || 38 ||

아파나-항문, 칸타-목, 크라마-체계, 파리차야-지식, 나디 차크라-프라나 에너지의 중심, 가자 카라니-코끼리의 위장 정화법

항문을 조여서 아파나 에너지를 목까지 끌어올려 뱃속에 있는 것을 토해내는 연습을 단계적으로 실행하면 마음대로 나디 또는 에너지 체계를 지배할 수 있다. 하타 요가에 달통한 수행자는 이 방법을 코끼리 위장 정화법이라고 한다.

2.39

ब्रह्मादयोऽपि त्रिदशाः पवनाभ्यासतत्पराः ।
अभूवन्नन्तकभ्या त्तस्मात्पवनमभ्यसेत् ॥ ३९ ॥

brahmādayo api tridaśāḥ pavanābhyāsatatparāḥ
abhūvannantakabhyā ttasmātpavanamabhyaset
브라흐마다요아피 트리다사흐 파바나브야사타트파라흐 |
아부반난타카브야따스마트파바나마브야세트 || 39 ||

브라흐마–창조의 신, 아피–~에도, 트리다사–신성한, 파바나–신, 바다–죽음, 아브야사–수행

창조의 신인 브라흐마 신을 비롯한 신들도 죽음에 대한 공포 때문에 호흡 수행에 몰두했다. 그러므로 인간은 호흡법을 수행해야 한다.

[해석] 프라나가 에너지의 중심인 수슘나에 가게 되면 더 이상의 공포는 사라진다.

2.40

यावद्बद्धो मरुद्देहे यावच्चित्तं निराकुलम् ।
यावद्दृष्टिर्भ्रुवोर्मध्ये तावत्काल भयं कुतः ॥ ४० ॥

yāvadbaddho maruddeśe yāvachchittaṁ nirākulam
yāvaddṝṣhṭirbhruvormadhye tāvatkāla bhayaṁ kutaḥ

야바드바또 마루떼헤 야바치따 니라쿨람 |
야바뜨리쉬티르브루보르마드예 타바트칼라 바얌 쿠타흐 || 40 ||

야바–~동안, 바또–붙들다, 치따–마음, 야바–~동안, 드리쉬티–시선, 타바트칼라–그시간에, 바야–공포

호흡이 통제되고, 마음이 동요하지 않으며, 시선이 미간에 모여져 있는 동안에 어찌 죽음에 대한 공포가 있을 수 있겠는가?

[해석] '호흡이 통제되고'란 의미는 에너지인 프라나가 수슘나라는 큰 에너지에 있다는 것이다. "마음이 동요하지 않는다는 것은 고요하고 확고하다는 것이다." 시선이 미간에 모여져 있다는 것은 단지 눈과 몸의 집중만을 의미하지 않으며, 정신적인 것을 의미한다.

2.41

विधिवत्प्राणसंयामैर्नाडीचक्रे विशोधिते ।
सुषुम्णावदनं भित्त्वा सुखाद्विशत मारुतः ॥ ४१ ॥

vidhivatprāṇasaṁyāmairnāḍīchakre viśodhite

suṣhumṇāvadanaṁ bhittvā sukhādviśati mārutaḥ

비디바트프라나삼야마이르나디차크레 비소디테 |

수슘나바다남 비뜨바 수카띠사티 마루타흐 || 41 ||

비디-방법, 바타-호흡, 프라나-프라나, 삼야마-통제, 나디-나디, 차크라-중심, 비소디타-정화, 수슘나-중심 에너지, 비뜨바-뚫고, 수카-쉽게, 마루타-공기

호흡을 규정대로 수행하면 나디의 조직은 깨끗해진다. 이때는 쉽게 수슘나 나디는 그 입구를 열고 그 속으로 들어간다.

[해석] 나디가 정화되면 정상적인 호흡과 에너지인 프라나는 자동적으로 진행된다. 몸과 프라나는 자동적으로 긍정적이고 좋은 방향으로 진행된다.

마노마니(Manomanī)
마음의 부동성

2.42

मारुते मध्यसंचरे मनःस्थैर्यं प्रजायते ।
यो मनः सुस्थिरीभावः सैवावस्था मनोन्मनी ॥ ४२ ॥

mārute madhyasaṁchāre manaḥsthairyaṁ prajāyate

yo manaḥ susthirībhāvaḥ saivāvasthā manonmanī

마루테 마드야삼차레 마나흐스타이르야 프라자야테 |

요 마나흐 수스티리바바흐 사이바바스타 마논마니 || 42 ||

마루타–공기, 마드야–중앙의, 삼차라–움직이는, 야–그것, 마나스–마음; 움직이지 않는, 프라자야테–발생시키다, 수스티–움직이지 않는, 마논마니–움직이지 않는 삼매

나디인 프라나가 중앙의 수슘나로 흐르면 마음은 움직이지 않는다. 이렇게 마음이 움직이지 않는 것을 마논마니 삼매라고 한다.

[해석] 하타 요가의 삼매를 우마니 아바스타나(Umani Avastha)라고 한다.

2.43

तत्सिद्धये विधानज्ञाश्चित्रान्कुर्वन्ति कुम्भकान् ।

विचित्रकुम्भकाभ्यासाद्विचित्रां सिद्धमाप्नुयात् ॥ ४३ ॥

tatsiddhaye vidhānajñāśchitrānkurvanti kumbhakān

vichitra kumbhakābhyāsādvichitrāṁ siddhimāpnuyāt

타트시따예 비다나그야스치트란쿠르반티 쿰바칸 |

비치트라쿰바카브야사드비치트람 시띠마프누야트 || 43 ||

타트-그것, 시따-통달한, 비드하나-만드는, 쿰바카-멈춤 호흡; 지식 호흡(止息呼吸), 비치트라-여러 가지, 아브야사-반복하는, 시띠-초능력

이 상태에 도달하기 위해 멈춤 호흡 방법에 통달한 사람들은 여러 가지 쿰바카인 멈춤 호흡을 한다. 여러 가지의 멈춤 호흡을 함으로써 다양한 초능력을 얻을 수 있다.

[해석] 바가바탐(Bhagavatam)의 경전에서는 전생을 알거나, 별들의 운행을 알거나, 종교적인 고행이나 만트라를 수행함으로써 일어나는 초능력들이 호흡을 멈추는 지식 호흡인 쿰바카 요가의 수행을 함으로써 일어난다고 한다. 쿰바카는 아주 고도의 요가 수행자의 수행법이다.

2.44

सूर्यभेदनमुज्जयी सीत्कारी शीतली तथा ।
भस्त्रिका भ्रामरी मूर्च्छा प्लाविनीत्यष्टकुम्भकाः ॥ ४४ ॥

sūryabhedanamujjāyī sītkārī śītalī tathā

bhastrikā bhrāmarī mūrchchā plāvinītyaṣhṭakumbhakāḥ

수르야베다나무짜이 시트카리 시탈리 타타 |

바스트리카 브라마리 무르차 플라비니트야쉬타쿰바카흐 || 44 ||

수르야베다나(Sūrya Bhedana)–태양관통, 우짜이(Ujjāi)–승리, 시트칼리(Śīt-kārī)–싯소리, 시딸리(Śītalī)–냉각, 바스트리카(Bhastrikā)–풀무, 브라마리(Bhrāmarī)–벌소리, 무르짜(Muūrcchā)–자아 상실, 프라비니(Plāvinī)–부상 호흡, 쿰바카(Kumbhaka)–호흡 멈춤

호흡 멈춤인 쿰바카 호흡법에는 여덟 가지가 있다. 수르야 베다나인 태양관통, 우짜이인 승리, 시트카리인 싯소리, 시딸리인 냉각, 바스트리카인 풀무, 브라마리인 벌소리, 무르짜인 자아 상실, 프라비니인 부상 호흡 등이다.

2.45

पूरकान्ते तु कर्तव्यो वन्धो जालन्धराभिधः ।
कुम्भकान्ते रेचकादौ कर्तव्यस्तूड्डियानकः ॥ ४५ ॥

pūrakānte tu kartavyo bandho jālandharābhidhaḥ

kumbhakānte rechakādau kartavyastūḍḍiyānakaḥ

푸라칸테 투 카르타브요 반도 잘란다라비다흐 |

쿰바칸테 레차카다우 카르타브야스투디야나카흐 || 45 ||

푸라카–마시는 호흡, 잘란다라 반다–목 잠금 반다, 쿰바–호흡 멈춤, 레차카–내쉬기, 우디야나 반다–복부 조이기 반다

마시는 숨이 끝났을 때 목 잠금인 목 반다를 하고, 숨 멈추기를 마치고 내쉬기 전에 복부 조이기인 복부 반다를 해야 한다.

[해석] 목 잠금 반다인 잘란다라 반다(Jālandhara Bandha)는 모든 신경계통으로부터 오는 중요한 프라나를 통제한다. 이것은 목과 뺨과 턱과 가슴을 당겨 준다. 잘라 반다는 심혈관 계통과 폐 계통의 질환을 예방하는데, 목을 통해서 통제한다. 우디야나 반다(Uḍḍiyāna Bandha)는 복부를 등으로 끌어당겨 수축한다. 이 반다는 내장 기관의 원활한 소통이 이루어지게 한다. 물라 반다(Mula Bandha)는 항문의 괄약근을 통제한다. 이것을 함으로써 치질을 예방하고, 정력이 좋아지게 된다.

2.46

अधस्तात् कुण्चनेनाशु कण्ठसङ्कोचने कृते ।
मध्ये पश्चिमतानेन स्यात् प्राणो ब्रह्मनाडिगः ॥ ४६ ॥

adhastāt kuṅchanenāśu kaṇṭhasangkochane kr̄te

madhye paśchimatānena syātprāṇo brahmanāḍighaḥ

아다스타트쿤차네나수 칸타삼코차네 크리테 |

마드예 파스치마타네나 스야트프라노 브라흐마디가흐 || 46 ||

아다스타–아래로, 쿤차–숙이다, 칸타–목

항문을 수축하는 물라 반다와 목을 수축하는 잘라 반다, 그리고 복부를 등으로 끌어당겨 수축시키는 우디야나 반다를 하면 나디는 성스러운 수슘나로 들어간다.

[해석] 반다(Bhanda)라는 것은 '자물쇠로 잠그다'는 뜻이다. 이 반다는 프라나, 즉 호흡을 보존시켜 정신적인 에너지로 승화시켜 주는 방법이다. 잘란다라 반다(Jālandhara Bandha)는 숨을 멈추는 동안 턱을 가슴으로 가져가게 한다. 어깨로 서기 아사나 자세를 할 때와 같이 프라나가 몸의 상부에서 달아나는 것을 막아 준다. 이 목을 잠그는 목 반다인 잘란다라 반다는 호흡을 내쉴 때 머리를 들어 주고는 이완한다. 복부 잠금의 우디야나 반다(Uḍḍiyāna Bandha)는 숨을 내쉰 다음에 배를 척추 뒤쪽으로 끌어올린다. 이 프라나를 중추 에너지인 수슘나 나디까지 끌어올리는 방법이다. 항문 잠그기인 물라 반다(Mula Bandha)는 호흡을 멈춘 다음 항문의 괄약근을 조이고, 배의 근육을 수축한다. 하체에서 아파나(Apana)가 빠져나가는 것을 막고 위로 상승시켜 프라나와 결합시키는 방법이다.

2.47

अपनमूर्ध्वमुत्थाप्य प्राणं कण्ठादधो नयेत् ।
योगी जराविमुः सन्षोडशाब्दवयो भवेत् ॥ ४७ ॥

āpānamūrdhvamutthāpya prāṇaṁ kaṇṭhādadho nayet
yoghī jarāvimuktaḥ sanṣhoḍaśābdavayā bhavet

반다(Bandha)
조이기

아파나무르드바무타프야 프라남 칸타다도 나예트 |
요기 자라비묵타흐 산소다사브다바요 바베트 || 47 ||

아파나–배꼽 아래 부위이며 배설 작용, 프라나–프라나 에너지, 칸타–목, 자라–나이, 묵타–자유, 소다시–16

항문을 조여서 아파나 에너지는 위로 끌어올리고, 프라나 에너지는 목 아래로 끌어내려야 한다. 이렇게 하면 수행자는 노화에서 해방되어 16세 젊은이처럼 된다.

[해석] 밑으로 내려지는 경향을 가진 에너지인 아파나 바유(Apana Vayu)와 위로 상승하는 에너지인 프라나 바유를 붙잡아두거나 통제한다면 그대의 노화는 중단된다고 말한다. 이것이 하타 요가의 위대한 비밀인 것이다.

수르야 베다나 프라나야마(Sūrya Bhedana Prāṇāyāma)
태양관통 호흡법; 에너지 활성화 호흡법

2.48

आसने सुखदे येगी वद्धवा चैवासनं ततः ।
दक्षनाड्या समकृष्य बहि:स्थं पवनं शनैः ॥ ४८ ॥

āsane sukhade yoghī baddhvā chaivāsanaṁ tataḥ
dakṣhanāḍyā samākṛṣhya bahiḥsthaṁ pavanaṁ śanaiḥ

아사네 수카데 요기 바따바 차이바사남 타타흐 |

다크샤나드야 사마크리쉬야 바히흐스탐 파바남 사나이흐 || 48 ||

아사네–좌법, 수카데–편안한, 차이바–그리고, 아사나–자세, 다크샤–행위 자세, 사마크리쉬야–편안한, 바히흐–외부적으로, 파바나–호흡, 사나이–천천히

수행자는 편안한 자리에서 어느 한 가지 아사나인 좌법으로 앉아 오른쪽 콧구멍인 나디로 천천히 숨을 마신다. 이것이 수르야 베다나이다.

[해석] 수르야 베다나 호흡법은 편안하게 앉아 허리는 바로세우고, 머리는 몸통으로 낮춘다. 왼쪽 콧구멍을 오른쪽 약손가락과 새끼손가락으로 막고, 오른쪽 콧구멍으로 천천히 들이쉰다. 숨을 멈추고 양쪽 콧구멍을 모두 막고, 턱을 당겨 가슴을 압박하는 잘란다라 반다를 행한다. 엄지손가락으로 오른쪽 콧구멍만 막고 왼쪽 콧구멍으로 숨을 내쉰다. 점차 호흡이 멈춰 있는 시간을 늘려 나간다. 수르야 베다나 호흡법은 우짜이와 함께 몸을 따뜻하게 해주는 호흡법이다. 특히 호흡 멈춤은 반드시 올바른 안내자의 지도를 받는 것이 중요하다.

2.49

आकेशादानखाग्राच्च निरोधावधि कुम्भयेत् ।
ततः शनैः सव्यनाड्या रेचयेत्पवनं शनै ॥ ४९ ॥

ākeśādānakhāghrāccha nirodhāvadhi kumbhayet |

tataḥ śanaiḥ savyanādyā rechayetpavanaṁ śanaiḥ
아케사다나카그라츠차 니로다다디 쿰바예트 |
타타흐 사나이흐 사브야나드야 레차예트파바남 사나이흐 || 49 ||

아케사-머리, 니로다-통제, 쿰바카-호흡 멈춤, 사나이-천천히, 사브야-왼쪽, 레차-내쉬는, 파바나-호흡

에너지인 프라나가 머리에서 발까지 꽉 찰 때까지 호흡을 멈춘 다음 왼쪽 코로 천천히 숨을 내쉬어야 한다.

2.50

कपाल शोधनं वात दोष घ्नं कृमि दोष हृत् ।
पुनः पुनरिदं कार्यं सूर्यभेदनमुत्तमम् ॥ ५० ॥

kapāla śodhanaṁ vāta doṣha ghnaṁ kṝmi doṣha hṝt
punaḥ punaridaṁ kāryaṁ sūryabhedanamuttamam
카팔라 소다남 바타도샤그남 크리미도샤흐리트 |
푸나흐 푸나리담 카르얌 수르야베다나무따맘 || 50 ||

카팔라-머리; 두개골, 소나다-청소, 바타-바람(風), 도샤-체질, 크리미-벌레, 푸나-반복, 푸나르-다시 반복, 카르야-행하다, 수르야-태양, 베다-비밀; 분별; 꿰뚫다

이 최상의 멈춤 호흡인, 수르야 베다나인 태양관통 호흡법은 머릿속을 청소하고, 풍 체질의 질병과 박테리아에 의한 질병

을 없애 준다. 그러므로 반복해서 실천해야 한다.

[해석] 수르야 베다나 호흡은 오른쪽 에너지를 다루며 활성화시켜 준다.

우짜이 프라나야마(Ujjāyi Prānāyāma)
승리 호흡; 정신적인 호흡

2.51

मुखं संयम्य ताडीभ्यामाकृष्य षवनं शनैः ।
तथा लगति कण्ठात्तु हृदयावधि सस्वनम् ॥ ५१ ॥

mukhaṁ saṁyamya nāḍībhyāmākṛṣhya pavanaṁ śanaiḥ

yathā laghati kaṇṭhāttu hṛdayāvadhi sasvanam

무캄 삼얌야 나디브야마크리쉬야 파바남 사나이흐 |

야타 라가티 칸타뚜 흐리다야바디 사스바남 || 51 ||

무카–입, 삼야마–통제하다, 파바나–호흡, 사나이–천천히, 칸타–목, 흐르다–심장, 사스바나–언제나

입을 다물고 양콧구멍으로 숨을 천천히 마시되 목에서 심장에 이르기까지 숨이 나디를 스쳐서 소리가 나도록 한다. 그리고 멈춤 호흡을 한 후에 왼쪽 코로 내쉰다.

[해석] 우짜이 호흡법은 신경 계통과 소화기 계통에 도움을 주며, 가래

나 담을 제거시켜 주는 역할을 한다. 우짜이는 몸을 따뜻하게 해주는 호흡법이다. 내쉬는 호흡은 왼쪽 콧구멍인 이다만을 사용한다. 우짜이는 양콧구멍으로 숨을 들이쉬고 성문(聲門)을 조금 닫는다. 이러할 때 흐느끼는 소리가 나며, 공기는 코로 새어나가게 된다. 호흡을 멈추고 잘란다라 반다와 물라 반다를 실천한다. 오른쪽 엄지손가락으로 오른쪽 콧구멍을 막고, 왼쪽 콧구멍으로 호흡을 내쉰다.

2.52

पूर्ववत्कुम्भयेत्प्राणं रेचयेदिडया तथा ।
श्लेष्मदोषहरे कण्ठे देहानलविवर्धनम् ॥ ५२ ॥

pūrvavatkumbhayetprāṇṭṁ rechayediḍayā tathāḥ
śleṣhmadoṣhaharaṁ kaṇṭhe dehānalavivardhanam

푸르바 바트쿰바예트프라남 레차예디다야 타타흐 |
슬레쉬마도샤하람 칸테 데하날라비바르다남 || 52 ||

푸르바–앞, 바트–공기, 쿰바–호흡 멈춤, 레차–내쉬는, 슬레사–태우는, 도사–체질, 칸테–기관지, 데하–몸

앞의 수르야 베다나처럼 멈춤 호흡인 쿰바카 수행을 한 다음 왼쪽인 이다를 통하여 천천히 내쉰다. 이 호흡은 기관지의 담을 없애고, 소화의 불을 증강시킨다.

2.53

नाडीजलोदराधातुगतदोषविनाशनम् ।
गच्छता तिष्ठता कार्यमुज्जाय्याख्यं तु कम्भकम् ॥ ५३ ॥

nāḍījalodarādhātughatadoṣhavināśanam

ghacchatā tiṣhṭhatā kāryamujjāyyākhyaṁ tu kumbhakam

나디잘로다라다투가타도샤비나사남 |

가짜타 티쉬타타 카르야무짜이야캄 투 쿰바캄 || 53 ||

나디–에너지 흐름, 잘라–물, 다라–흐름, 다투–기질, 도샤–체질, 빈나사–제거하다, 가차–가다, 디쉬타–서다, 카르야–행하다, 우짜이–승리 호흡, 쿰바카–멈춤 호흡

에너지의 흐름인 나디와 몸이 붓는 부종(浮腫)과 다투스, 즉 체질 이상으로 오는 질병을 없애 준다. 우짜이라고 불리는 이 호흡은 걷거나 서서도 할 수 있다.

[해석] 7 다투스(Dhatus)는 피부, 살, 피, 뼈, 골수, 지방, 정액이다.

시트카리 프라나야마(Sītkārī Prānāyāma)
싯소리 호흡법

2.54

सीत्कां कुर्यात्तथा वक्त्रे घ्राणेनेव विजृम्भिकाम् ।
एवमभ्यासयोन कामदेवो द्वितीयकः ॥ ५४ ॥

시트카리 프라나야마(Sītkārī Prānāyāma)
싯소리 호흡법

sītkam kuryāttathā vaktre ghrāṇenaiva vijṝmbhikām

evamabhyāsayoghena kāmadevo dvitīyakaḥ

시트캄 쿠르야따타 박트레 그라네나이바 비즈림비캄 |

에밤브야사요게나 카마데보 띠티야카흐 || 54 ||

시트카리–싯소리 호흡, 바크–소리내다, 그라나–코, 비즈름–표현하다, 아브야사–행하다, 요게나–수행, 카마데보–사랑의 여신

시트카리인 싯소리 호흡은 혀를 두 이 사이에 대고 "시–" 하는 소리를 내는데, 입으로 마셔서 코로 내신다. 이 호흡 수행을 하면 사랑의 여신처럼 아름다워진다.

[해석] 시트카리 호흡법은 브라마리 호흡법과는 다르며, 꿀벌 소리에 가깝다. 우짜이는 아주 부드럽고 가볍게 한다. 우짜이는 브라마리 · 시딸리 · 시트카리와 달리 주요 호흡법 중의 하나이다. 시딸리와 시트카리는 날씨가 뜨거울 때 하며 차가워질 때는 하지 않는다. 시트카리와 시딸리는 요가 호흡법 중에서 코로 행하지 않고 입으로 하는 호흡법이다. 입천장에 대고는 "시–" 소리를 천천히 내면서 들이쉰다. 그리고 호흡을 가능한 길게 멈춘 다음 코로 내쉰다. 이 호흡법은 아름다운 얼굴을 만들어 준다.

2.55

योगिनीचक्रसंमान्यः सृष्टिसंहारकारकः ।

न क्षुधा न तृषा निद्रा नैवालस्यं प्रजायते ॥ ५५ ॥

yoghinī chakrasaṁmānyaḥ sṛṣhṭisaṁhārakārakaḥ
na kṣhudhā na tṛṣhā nidrā naivālasyaṁ prajāyate
요기니차크라사만야흐 스리쉬티삼하라 카라카흐 |
나 크슈다 나 트리샤 니드라 나이바라스얌 프라자야테 || 55 ||

요기니-여성 수행자, 차크라-귀한, 사만야-생각하다, 스리쉬티-창조, 삼하라-파괴, 카라카-행하다, 나-아닌, 크슈다-배고픔, 트리샤-목마름, 니드라-졸림, 나이바-아닌, 아라스야-피곤함, 프라자야테-태어나다

이 호흡법은 여성 수행자들이 소중하게 생각한다. 그들은 창조자와 파괴자도 되거니와, 배고픔과 목마름과 졸림이나 피곤함도 생기지 않는다.

[해석] 몸에 프라나가 많이 흐르게 되면 피부에 좋은 영향을 주어 매력적으로 만들어 준다. 이 의미는 음식으로부터 자유로울 수 있으며, 다른 반복되는 삶으로부터 지배당하지 않는다는 뜻이다.

2.56

भवेत्सत्त्वं च देहस्य सर्वोपद्रववर्जितः ।
अनेन विधिना सत्यं योगीन्द्रो भुमिमण्डले ॥ ५६ ॥

bhavetsattva cha dehasya sarvopadrava varjitaḥ

anena vidhinā satyaṁ yoghīndro bhūmimaṇḍale

바베트사뜨바 차 데하스야 사르보파드라바바르지타흐 |

아네나 비디나 사트얌 요긴드로 부미만달레 || 56 ||

바베트사뜨바–힘이 증가되다, 차–그리고, 데하–몸, 사르바–모든, 바르지타–자유로운, 아네나–고통 없는, 사트야–진리, 요긴드라–최고의 요가 수행자, 부미–지상, 만달라–한계

이 호흡 수행을 하면 육체의 힘이 증가되고, 지상의 모든 고통에서 자유로워지기 때문에 요가 행자의 우두머리가 된다.

시딸리 프라나야마(Śītālī Prānāyāma)
냉각; 차갑게 하는 호흡법

2.57

जिह्वया वायुमाकृष्य पूर्ववत्कुम्भसाधनम् ।
शनकैर्घ्राणरन्ध्राभ्यां रेचयेत्पवनं सुधीः ॥ ५७ ॥

jihvayā vāyumākṝṣhya pūrvavatkumbhasādhanam

śanakairghrāṇarandhrābhyāṁ rechayetpavanaṁ sudhīḥ

지흐바야 바유마크리쉬야 푸르바바트쿰바사다남 |

사나카이르그라나란드라브얌 레차예트파바남 수디흐 || 57 ||

지흐바–혀, 바유–호흡, 크리쉬야–말아서, 푸르바–전의, 쿰바사다나–멈춤 호흡 수

시딸리 프라나야마(Śītālī Prānāyāma)
냉각; 차갑게 하는 호흡법

행, 사나카–전의, 레차예트–내쉬다, 파바나–정화하는, 수디–깨끗하게

혀를 입술 밖으로 내밀어 새의 부리처럼 말아서 숨을 마시고, 멈춤 호흡인 쿰바카를 한 다음 양콧구멍으로 천천히 내쉰다.

[해석] 혀를 입 밖으로 조금 내밀고 그림처럼 동그랗게 말아서 대롱처럼 만들어 숨을 빨아들인다. 입을 다물고 호흡을 멈춘 다음 천천히 코로 내쉰다. 혀를 말 수 없을 때에는 입술 사이로 살짝 내밀고 그 사이로 공기를 빨아들인다.

2.58

गुल्मप्लीहादिकान्रोगान् ज्वरं पित्तं क्षुधां तृषाम् ।
विषाणि शीतली नाम कीम्भकेवं निहन्ति हि ॥ ५८ ॥

ghulma plīhādikānroghān jvaraṁ pittaṁ kṣhudhāṁ tṛṣhām
viṣhāṇi śītalī nāma kumbhikeyaṁ nihanti hi

굴마 프리하디칸로간 즈바람 피땀 크슈담 트리쉬남 |
비샤니 시딸리 나마 쿰비케얌 니한티 히 || 58 ||

시딸리–냉각, 쿰비케–멈춤 호흡, 프리하디–비장, 로간–질병, 즈바라–고통, 피따–피타 체질, 크슈다–기아, 트리쉬나–갈증, 비샤–독소, 니한–제거하다

이 냉각 호흡인 시딸리 호흡이라 불리는 멈춤 호흡은 비장 비대 등의 소화기 계통 질병과 열병, 담즙 이상, 기아, 갈증, 독

소 등을 없애 준다.

바스트리카 프라나야마(Bhastrikā Prānāyāma)
풀무 호흡; 우렁차게 소리내는 호흡법

2.59

ऊर्वोरुपरि संस्थाप्य शुभे पादतले उभे ।
पद्मासनं भवेदेतत्सर्वपापप्रणशनम् ॥ ५९ ॥

ūrvorupari saṁsthāpya śubhe pādatale ubhe

padmāsanaṁ bhavedetatsarvapāpapraṇāśanam

우르보루파리 삼스타프야 수베 파다탈레 우베 |

파드마사남 바베데타트사르바파파프라나사남 || 59 ||

우루-넓적다리, 삼스타-형태, 파다-발, 파드마사나(Padmāsana)-연화좌, 바바-일어나다, 데타트-멀어지게 하는, 사르바 파파-모든 악

양발을 양쪽 대퇴 부위에 놓고 앉는다. 이것이 모든 악을 근절시키는 연화좌이다.

2.60

सम्यक्पद्मासनं वद्ध्वा समग्रीवोदरः सुधीः ।
मुखं संयम्य यत्नेन प्राणं घ्राणेन रेचयेत् ॥ ६० ॥

samyakpadmāsanaṁ baddhvā sama ghrīvodaraḥ sudhīḥ
mukhaṁ saṁyamya yatnena prāṇaṁ ghrāṇena rechayet
삼약파드마사남 바뜨바 사마그리보다람 수디흐 |
무캄 삼얌야 야트네나 프라남 그라네나 레차예트 || 60 ||

삼약-지혜로운, 파드마사나-연화좌, 바뜨바-한정된, 사마-바르게, 그리바-목, 수디-현명한, 무카-입, 삼얌야-정확하게, 야트나-시도하다, 프라나-내쉬다

지혜 있는 사람은 연화좌로 바르게 앉아 몸을 단정히 하고, 입을 다문 채 힘껏 숨을 내쉰다.

2.61

यथा लगति हृत्कण्ठे कपालावधि सस्वनम् ।
वेगेन पूरयेच्चापि हृत्पद्मावधि मारुतम् ॥

yatha lagati hṛtkaṇthe kapālāvadhi sasvanam
vegena pūrayet cāpi hṛtpadmāvadhi mārutam
야타 라가티 흐리트칸테 카팔라바디 사스바남 |
베게나 푸라예차피 흐리트파드마바디 마루탐 || 61 ||

야타-그것, 흐리트-심장, 칸타-목, 카팔라바디-풀무 호흡, 사스바나-부드럽게, 베게나-빠르게, 푸라야-위치, 흐리트-심장, 마루타-공기

숨을 내쉴 때 그 숨소리가 심장과 목과 머리까지 닿도록 한다.

그리고 재빨리 심장에 이르도록 마신다.

2.62

पुनर्विरचयेत्तद्वत्पूरयेच्च पुनः पुनः ।
यथैव लोहकारेण भस्त्रा वेगेन चाल्यते ॥ ६२ ॥

punarvirechayettadvatpūrayechcha punaḥ punaḥ

yathaiva lohakāreṇa bhastrā veghena chālyate

푸나르비레차예따드바트푸라예차 푸나흐 푸나흐 |

야타이바 로하카레나 바스트라 베게나 찰야테 || 62 ||

푸나르–다시, 레차트 푸라–들이쉬고 내쉬는, 푸나–반복해서, 로하–쇠, 바스트라–풀무 호흡, 베게나–빠르게

다시 한 번 같은 방법으로 숨을 내쉬고 마신다. 이렇게 반복하여 숨쉬는 바스트리카 호흡은 마치 대장간에서 풀무질을 하는 것과 같다.

[해석] 이 바스트리카는 풀무를 의미한다. 대장간에서 풀무질을 하는 것처럼 바스트리카 호흡은 프라나가 모든 차크라에 영향을 준다. 마치 풀무를 사용할 때처럼 억지로 공기가 들어왔다 나갔다 하는 것이다. 바스트리카는 내쉬는 것에 힘과 속도를 정하게 되는 것이다.

2.63

तथैव स्वशरीरस्थं चालयेत्पवनं धिया ।
यदा श्रमो भवेद्देहे तदा सूर्येण पूरयेत् ॥

tathaiva svaśarīrasthaṁ chālayetpavanaṁ dhiyā

yadā śramo bhaveddehe tadā sūryeṇa pūrayet

타타이바 스바사리라스탐 차라예트파바남 디야 |

야다 스라모 바베떼헤 타다 수르예나 푸라예트 || 63 ||

스바–자신, 사리라–몸, 야다–이렇게, 스라마–가다, 수르예–오른쪽, 푸라예–마시다

이런 방법으로 자기의 몸 안에 있는 프라나를 의식적으로 회전시켜야 한다. 이렇게 하여 육체가 피로를 느끼면 빠르게 오른쪽 콧구멍으로 숨을 마신다.

2.64

यथोदरं भवेत्पूणंमनिलेन तघा लघु ।
धारयेन्नासिकां मध्यातर्जनीभ्यां विना दृढम् ॥ ६४ ॥

yathodaraṁ bhavetpūr ṇamanilena tathā laghu

dhārayennāsikāṁ madhyātarjanībhyāṁ vinā dṛḍham

야토다람 바베트푸르나마닐레나 타타 라구 |

다라옌나시캄 마드야타르자니브얌 비나 드리담 || 64 ||

라구–가볍게, 다라야–움켜쥐다, 마드야–중간, 타르자니–검지, 비나–코, 드리다–단단히

호흡을 빠르게 하여 프라나가 온몸에 가득 차면 엄지와 검지와 약지로 코를 단단히 누른다.

2.65

विधिवत्कुम्भकं कृत्वा रेचयेदिडयानिलम् ।
वातपित्तश्लेष्महरं शरीराग्निविवर्धनम् ॥ ६५ ॥

vidhivatkumbhakaṁ kṝtā rechayediḍayānilam
vātapittaśleṣhmaharaṁ śarīrāghnivivardhanam

비디바트쿰바캄 크르트바 레차예디다야닐람 |
바타피따슬레쉬마하람 사리라그니비바르다남 || 65 ||

비디바트-격식에 맞추어, 쿰바캄-멈춤 호흡, 크르트바-행하다, 레차-들이쉬다, 바타-바람(風), 피따-담즙, 사리라-몸, 아그니-불, 바르다나-확장하다

그리고 이렇게 멈춤 호흡을 한 뒤 왼쪽 콧구멍으로 숨을 내신다. 이 풀무 호흡법은 풍 · 담즙 · 점액질로 생긴 질병 등을 없애고, 소화의 불을 증가시킨다.

2.66

कुण्डलीबोधकं क्षिप्र पवनं सुखदं हितम् ।
ब्रह्मनाडी मुखे संस्थकफाद्यर्गलनाशनम् ॥ ६६ ॥

kuṇḍalī bodhakaṁ kṣhipraṁ pavanaṁ sukhadaṁ hitam

brahmanāḍī mukhe saṁsthakaphādyarghalanāśanam

쿤달리보다캄 크쉬프람 파바남 수카담 히탐 |

브라흐마나디 무케 삼스타카파드야르갈라나사남 || 66 ||

쿤달리니-에너지의 흐름, 보다카-빛나게 하다, 크쉬프타-감소시키다, 파바나-정화하다, 수카-편안하다, 히타-이익을 주다, 브라흐마나디-에너지 흐름, 무케-통하여, 삼스타-조직, 카파-카파 체질; 점액질, 파드야-길

이 호흡법은 빠르게 쿤달리니를 각성시켜서 프라나를 청소하고 쾌감을 주므로 몸에 유익하다. 또한 수슘나 프라나의 입구를 막은 점액질 등의 장애물을 제거한다.

[해석] 수르야 베다나와 우짜이는 열을 내며, 시트카리와 시딸리는 차갑게 만든다. 바스트리카는 온도를 유지하게 하며, 수르야 베다나는 바람의 기능을 소멸시킨다. 우짜이는 점액을 사라지게 하며, 시트카리와 시딸리는 담즙을 사라지게 한다. 바스트리카는 바람 · 담즙 · 점액, 이 세 가지를 사라지게 한다.

2.67

सम्वग्गात्रसमुद्रतग्रन्थि त्रवविभेदकम् ।
विशेषेणैव कर्तव्यं भस्त्राख्यं कुम्भकं त्विदम् ॥ ६७ ॥

samyaghghātrasamudbhūtaghranthi trayavibhedakam

viśeṣheṇaiva kartavyaṁ bhastrākhyaṁ kumbhakaṁ tvidam

삼약가트라사무드무타그란티 트라야비베다캄 |

비세셰나이바 카르타브얌 바스트라크얌 쿰바캄 트비담 || 67 ||

삼약-올바른, 트라-3, 사무드-완고한, 부타그란티-결절, 트라야-3, 비베다-영역, 비세사-특성, 나이바-아닌, 카르타브야-의무, 바스트리카-풀무 호흡, 쿰바카-멈춤 호흡, 트비다-행하다

이 바스트리카 쿰바카인 풀무 호흡이라는 멈춤 호흡은 수슘나 기도 속에 생긴 완고한 세 가지 그란티 또는 결절을 파괴하기 때문에 특히 많이 수행해야 한다.

[해석] 그란티 전체를 한 번에 파괴할 순 없다. 세 가지 결절인 그란티는 첫번째는 물라다라 차크라의 브라흐마 그란티이며, 두번째는 마니푸라 차크라의 비쉬누 그란티이고, 마지막 아그야 차크라인 루드라 그란티가 소멸되면 사하스라라 차크라로 가게 된다. 바스트리카 프라나야마는 세 가지 결절을 소멸시킬 수 있다.

브라마리 프라나야마(Bhrāmarī Prānāyāma)
벌소리; 벌이 윙윙거리는 호흡

2.68

वेगद्घोषं पूरकं भङ्गनादं भृङ्गीनादं रेचकं मन्दमन्दम् ।
योगीन्द्राणमेवमभ्यास योगाच्चिते जाता काचिदानन्दलीली

브라마리 프라나야마(Bhrāmarī Prāṇāyāma)
벌소리; 벌이 윙윙거리는 호흡

|| ६८ ||

veghādghośhaṁ pūrakaṁ bhṝṇghanādaṁ bhṝṇghinādaṁ recha kaṁ mandamandam

yoghīndrāṇamevamabhyāsa yoghāchchitte jātā kāchidānandalīlā

베가드고샴 푸리캄 브링가나담 브링기나담 레차캄 만다만담 |

요긴드라나메바마브야사 요가치떼 자타 카치다난달릴라 || 68 ||

베가드–고샤, 푸라카–마쉬는 숨, 브링가–벌, 브링기나다–수벌, 레차카–내쉬는 숨, 만다만다나–천천히, 요긴드라나–요가 수행자, 요가치떼–수행자의 마음 상태, 카치타–가득 찬, 아난다–지복의, 릴라–매력적인

벌소리 호흡법은 마시는 숨은 수벌의 날개에서 나는 소리처럼 빠르게 하고, 내쉬는 숨은 암벌의 날개에서 나는 소리처럼 천천히 한다. 이 호흡 수행을 하면 요가 행자의 마음은 말할 수 없이 황홀한 상태가 된다.

[해석] 브라마리(Bhrāmarī)는 양쪽 코로 호흡을 들이쉴 때 성문(聲門) 일부를 막고 코고는 소리를 내며, 내쉴 때에는 벌이 윙윙거리는 소리를 내면서 천천히 내쉰다. 이러한 수련을 통해서 목이 진동하면서 정화된다. 호흡을 내쉴 때는 긴 콧소리는 날숨을 길게 한다. 브라마리는 콧소리라고 하는데, 목소리를 깨끗하고 맑게 해준다. 목을 많이 쓰는 사람에게 필요한 호흡법이다.

무르짜 프라나야마(Mūrchchā Prānāyāma)
턱조임 호흡법

무르짜 프라나야마(Mūrchchā Prānāyāma)
턱조임 호흡법

2.69

पूरकान्ते गाढतरं बद्ध्वा जालन्धरं शनैः ।
रेचयेन्मूर्च्छाख्यं मनोमूर्च्छा सुखप्रदा ॥ ६९ ॥

pūrakānte ghāḍhataraṁ baddhvā jālandharaṁ śanaiḥ

rechayenmūrchchākhyeyaṁ manomūrchchā sukhapradā

푸라칸테 가다타람 바뜨바 잘란다람 사나이흐 |

레차옌무르차크예얌 마노무르차 수카프라다 || 69 ||

푸라－마시는, 칸테－목, 가다타라－강하게, 바뜨바－제한된, 잘란다라－목 반다, 사나이－천천히, 레차카－호흡 행함, 마노－마음, 무르차－가라앉히다, 수카－행복

마시는 숨이 끝났을 때 아주 강하게 목 반다를 하고, 천천히 숨을 쉬는 것이다. 이 자아 상실이라는 무르차 쿰바카인 턱조임의 멈춤 호흡은 마음을 가라앉혀 주고, 행복감을 준다.

프라비니 프라나야마(Plāvinī Prānāyāma)
부상(浮上) 호흡; 삼키는 호흡법

2.70

अनतःप्रवर्तितोदारमारुतापूरितोदरः ।

पयस्यगाधेऽपि सुखात्प्लवते पद्मपत्रवत् ॥ ७० ॥

antaḥ pravartitodāramārutāpūritodaraḥ

payasyaghādhe api sukhātplavate padmapatravat

안타흐프라바르티토다라마루타푸리토다라흐 |

파야스야가데아피 수카트플라바테 파드마파트라바트 || 70 ||

안타-안으로, 프라비니-입으로 숨을 먹어 위장을 가득 채우는 고차원적 호흡법이며, 코가 아닌 입으로 숨을 마셔 위장을 가득히 채우는, 물 위에 뜰 정도로 깊어지는 비전(秘傳)의 방법이다, 파야스야-흐르는, 수카타-쉽게, 플라바타-뜨다, 파드마파트라-연잎

프라비니인 부상 호흡은 몸속에 기를 충분히 채우는 호흡법으로 깊은 물속에서도 연잎처럼 쉽게 뜰 수 있다.

2.71

प्राणायामस्त्रिधा प्रक्तो रेचपूरककुम्भकैः ।
सहितः केवलस्चेति कुम्भको द्विविधो मतः ॥ ७१ ॥

prāṇāyāmastridhā prokto rechapūrakakumbhakaiḥ

sahitaḥ kevalaścheti kumbhako dvividho mataḥ

프라나야마스트리다 프록토 레차푸라카쿰바카이흐 |

사히타흐 케발라스체티 쿰바코 드비디도 마타흐 || 71 ||

레차카-내쉬는 호흡, 푸라카-들이쉬는 호흡, 쿰바카-멈추는 호흡, 사히타 쿰바카-

호흡에는 내쉬는 호흡과 마시는 호흡, 그리고 멈추는 호흡, 이 세 가지가 있다. 그 중 멈추는 호흡에는 두 가지가 있는데, 의식적으로 멈추는 멈춤 호흡과 무의식적으로 멈춰진 완전한 멈춤 호흡이 있다.

2.72

यावत्केवलसिद्धिः स्यात्सहितं तावदभ्यसे ।
रेचकं पूरकं मुक्त्वा सुखं यद्वायुधारणम् ॥ ७२ ॥

yāvatkevalasiddhiḥ syātsahitaṁ tāvadabhyaset
rechakaṁ pūrakaṁ muktvā sukhaṁ yadvāyudhāraṇam

야바트케발라시띠흐 스야트사히탐 타바다브야세트 |
레차캄 푸라캄 묵트밤 수캄 야드바유다라남 || 72 ||

야바트–그럼에도, 케발라시띠–케발라 쿰바카의 성공, 스야트–어떠한, 사히타–연결된, 레차카–내쉬는, 푸라카–가득 찬, 묵트바–제외한, 수카–편안한, 다라나–집중된

완전히 멈추는 호흡인 케발라 쿰바카에 성공할 때까지는 의식적으로 멈춤 호흡인 사히타 쿰바카를 계속해야 한다. 케발라 쿰바카란 마시고 내쉬는 숨이 없이 편안하게 호흡이 멈춰진 상태를 이야기한다.

[해석] 사히타 쿰바카는 들이쉬고 내쉬는 멈춤 호흡을 의식적으로 하는 것이다. 케발라 쿰바카인 완전한 멈춤 호흡은 자동적으로 왼쪽과 오른쪽 콧구멍이 조화롭게 멈추어진다.

2.73

प्राणायामोऽयमित्युक्तः स वै केवलकुम्भकः ।
कुम्भके केवमे सिद्ध रचपूरकवर्जिते ॥ ७३ ॥

prāṇāyāmo ayamityuktaḥ sa vai kevala kumbhakaḥ
kumbhake kevale siddhe rechapūrakavarjite

프라나야모아야미트육타흐 사 바이 케발라쿰바카흐 |
쿰바케 케발레 시떼 레차푸라카바르지테 || 73 ||

케발라–독립적인; 완전한, 쿰바카–멈춤, 육타–집중된, 시따–완전한; 성취, 레차카–내쉬는, 푸라카–가득 찬

완전 멈춤 호흡이야말로 진정한 호흡이다. 마시고 내쉬는 숨이 없는 완전한 쿰바카의 멈춤 호흡에 성공했을 때에는

2.74

न तस्य दुर्लभं किंचित्त्रिषु लोकेषु विद्यते ।
शक्तः केवलकुम्भेन यथेष्टं वायुधारणात् ॥ ७४ ॥

na tasya durlabhaṁ kiṁchittriṣhu lokeṣhu vidyate

śaktaḥ kevalakumbhena yatheṣhṭaṁ vāyudhāraṇāt

나 타스야 두를라밤 킴치뜨리슈 로케슈 비드야테 |

삭타흐 케발라쿰베나 야테쉬탐 바유다라남 || 74 ||

나–아닌, 뜨리 로카–삼계, 케발라쿰바–완전 호흡

삼계에서 얻을 수 없는 것은 하나도 없다. 완전 호흡으로 기를 자유롭게 멈출 수 있는 사람은

2.75

राजयोगपदं चापि लभते नात्र संशयः ।
कुम्भकात्कुण्डलीवोधः कुण्डलीवोधतो भवेत् ॥ ७५ ॥

rājayoghapadaṁ chāpi labhate nātra saṁśayaḥ

kumbhakātkuṇḍalībodhaḥ kuṇḍalībodhato bhavet

라자요가파담 차피 라바테 나트라 삼사야흐 |

쿰바카트쿤달리보다흐 쿤달리보다토 바베트 || 75 ||

라자요가–하타 요가를 달성한 다음 이루어지는 다라나 · 드야나 · 사마디의 단계, 쿰바카–멈춤 호흡

라자 요가의 단계에 도달한다. 이것은 의심할 여지가 없다. 쿰바카인 멈춤 호흡에 의해서 쿤달리니가 각성된다.

[해석] 이것을 요가수트라에서 마음의 움직임의 통제라는 "치트 브리티 니로다"라고 한다. 이것은 멈춤 호흡인 쿰바카를 통해서 쿤달리니가 상승하고, 에너지 통로인 수슘나를 막던 장애가 제거되어 하타 요가가 완성된다. 이렇게 라자 요가 안에서 하타 요가가 완성되면 그 둘은 하나가 되는 것이다.

2.76

अनर्गला सुषुम्णा च हठसिद्धिश्च जायते ।
हठं विना राजयोगो राजयोगं विना हठः ।
न सिध्यति ततो युग्ममानिष्पत्तेः समभ्यसेत् ॥ ७६ ॥

anarghalā suṣhumṇā cha haṭhasiddhiścha jāyate

haṭhṁ vinā rājayogho rājayoghaṁ vinā haṭhaḥ

na sidhyati tato yughmamāniṣhpatteṁ samabhyaset

아나르갈라 수슘나 차 하타시띠스차 자야테 |

하탐 비나 라나요고 라자요감 비나 하타흐 |

나 시드야티 타토 유그마마니쉬파떼흐 사마브야세트 || 76 ||

아나르가–자유롭게, 수슘나–중심 에너지, 하타시띠–하타 요가의 완성, 라자요가–명상 요가, 유그마–한 쌍의, 사마브야–바르게

쿤달리니 각성에 의해 수슘나 기도에 장애가 없어지고, 하타 요가가 완성된다. 하타 요가가 없으면 라자 요가에 성공할 수

없고, 라자 요가가 없으면 하타 요가도 성공할 수 없다. 그러므로 라자 요가에 성공할 때까지는 이 한 쌍의 수행을 바르게 해야 한다.

[해석] 하타 요가와 라자 요가를 같이 동시에 병행해야지만 요가를 완성할 수 있다는 중요한 말을 하타 요가의 정수인 이 경전에서 말하고 있는 것이다.

2.77

कुम्भक प्राणरोधान्ते कुर्याच्चित्तं निराश्रयम् ।
एवमभ्यासयोगेन राजयोगपदं ब्रजेत् ॥ ७७ ॥

kumbhaka prāṇarodhānte kuryāchchittaṁ nirāśrayam
evamabhyāsayoghena rājayoghapadaṁ vrajet

쿰바카프라나로단테 쿠르야치땀 니라스라얌 |
에바마브야사요게나 라자요가파담 브라제트 || 77 ||

쿰바카프라나–멈춤 호흡, 쿠르야치땀–마음의 움직임, 니라스라야–스스로, 에바마브야사요게나–그와 같은 요가 수행으로, 라자요가파다–라자 요가 단계

쿰바카인 멈춤 호흡에 의해 호흡이 멈춰진 상태에서 마음을 모든 대상에서 떼어 놓을 수 있다. 그와 같은 수행법에 의해 라자 요가의 단계에 도달할 수 있다.

[해석] 이것은 프라트야하라를 말하는 것인데, 바깥으로 쏠려진 감각을 안으로 모으는 것이다.

2.78

**वपुः कृशत्वं वदने प्रसन्नता नादस्फुटत्वं नयने सुनिर्मले ।
अरोगता विन्दुजयोऽग्निदीपनं नाडीविशुद्धिर्हठसिद्धिलक्षणम्
॥ ७८ ॥**

vapuḥ kṛśatvaṁ vadane prasannatā nādasphuṭatvaṁ nayane su nirmale
aroghatā bindujayo aghnidīpanaṁ nāḍīviśuddhirhaṭhasiddhilak ṣhaṇam

바푸흐크리사트밤 바다네 프라산타 나다스푸타트밤 나야네 수니르말레 |
아로가타 빈두자요아그니디파남 나디비수띠르하타시띨락샤남 || 78 ||

바푸-몸, 바다나-얼굴, 프라산-성공적인, 나다-내면의 소리, 나야나-눈의, 수니르마-깨끗해지다, 아로가-건강해지다, 빈두-정액; 씨앗, 아그니-불, 디파나-소화력의, 나디-에너지 선, 비수다-순수한, 하타-하타 요가, 시띠-완성, 락샤나-현상

하타 요가에 완성했다는 신호는 다음과 같다. 몸이 날씬하고, 안색이 밝으며, 내면의 소리인 나다가 들리고, 눈이 맑아지며, 병이 없고, 정액의 흐름이 조절되고, 소화력이 왕성하며, 나디인 에너지 선이 막히지 않고 흐른다는 것이다.

[해석] 스베타스바타라 우파니샤드(Svetasvatara Upanishad) 2장 13절에서 이르기를 "몸의 가벼움, 건강함, 욕망이 사라짐, 깨끗한 피부, 듣기 좋은 음성, 그윽한 체취, 적은 양의 배설물, 이러한 것들은 요가를 실천하였을 때 일어나는 첫번째 징조이다"라고 하였다.

इति हठप्रदीपिकायां द्वितीयोपदेशः ॥

Iti hathapradīpikāyām dvitīyopadeśaḥ

이티 하타프라디피카얌 드비티요파데사흐 ||

이로써 하타요가 프라디피카의 제2장 호흡법, 프라나야마에 대한 서술을 마친다.

제3장

वन्ध मुद्रा

반다(Bandha)와 무드라(Mudrā)

3.1

सशैलवनधात्रीणं यथाधारोऽहिनायकः ।
सर्वेषां योगतन्त्राणां तथाधारो हि कुण्डली ॥ १ ॥

saśailavanadhātrīmāṁ yathādhāro ahināyakaḥ

sarveṣhāṁ yoghatantrāṇāṁ tathādhāro hi kuṇṁalī

사사일라바나다트리남 야타다로아히나야카흐 |

사르베샴 요가탄트라남 타타다로 히 쿤달리 || 1 ||

사사일라-산, 바나다-비를 주는; 대지를 유지하는, 트리남-숲, 야타-왜냐하면, 다라-흐름, 나야카-이끄는 이, 사르바-전체, 요가-요가 수행, 탄트라-탄트라, 타타-그러한, 쿤달리니-쿤달리니

신과 숲이 있는 대지의 모든 것을 유지하고 있는 것이 뱀의 주신 아난타이듯이, 모든 탄트라 또는 요가 행법을 유지하고 있는 것이 쿤달리니이다.

아난타(Ananta)-인도 신화에 등장하는 뱀신의 왕 나가(Naga)이며, 천 개의 목을 가진 용이자 한계가 없다는 것을 뜻하며 세상의 시작과 끝에서만 나타난다고 한다. 인도 신화에서는 이 세상이 시작되기 이전에 우주는 혼돈의 바다였는데 3대 신의 한 명인 비쉬누가 아난타를 배로 삼아서 그 위에 누워 있었다고 한다.

3.2

सुप्ता गुरुप्रसादेन यदा जागर्ति कुण्डली ।
तदा सर्वाणि पद्मानि भिद्यन्ते ग्रन्थोऽपि च ॥ २ ॥

suptā ghuruprasādena yadā jāgharti kuṇḍalī

tadā sarvāṇi padmāni bhidyante ghranthayo api cha

수프타 구루프라사데나 야다 자가르티 쿤달리 |

타다 사르바니 파드마니 비드얀테 그란타요 아피 차 || 2 ||

수프타–잠자는, 구루 프라사드–스승의 은총, 자가르티–깨다, 쿤달리니–쿤달리니 에너지, 사르바니–모든, 파드마–연꽃, 그란타–에너지 마디

스승의 은총으로 잠자고 있던 쿤달리니가 눈을 떴을 때에 연꽃 안에 있는 모든 차크라와 에너지 마디들이 관통된다.

[해석] 스승의 은총이란, 스승에게 믿음을 가진다면 그대는 배울 준비가 된다.

그란티는 에너지 마디이며 수슘나이다. 브라흐마 그란티는 물라다라 차크라에 있으며, 비쉬누 그란티는 마니푸라 차크라에 있고, 루드라 그란티는 아그야 차크라에 있다. 그 마디들은 프라나야마나 반다와 무드라에 의해 소멸된다.

3.3

प्राणस्य शून्य पदवी तदा राजपथायते ।
तदा चित्तं निरालम्बं तदा कालस्य वञ्चनम् ॥ ३ ॥

prāṇasya śūnya padavī tadā rājapathāyate

tadā chittaṁ nirālambaṁ tad kālasya vañchanam

프라나스야 순야파다비 타다 라자파타야테 |

타다 치땀 사르바니 니랄람밤 타다 칼라스야 반차남 || 3 ||

프라나-에너지, 순야-비어 있는, 파다비-길, 라자파타-쉬운, 치타-의식, 사르바-전체, 닐라밤-부정적인, 칼라-시간; 죽음, 반차-넘어서다

그리하면 장애물이 없어진 수슘나는 에너지를 통행하기 쉬운 편리한 길이 된다. 그때 의식은 대상에서 자유로워지고, 죽음은 초월한다.

3.4

सुषुम्णा शून्यपदवी ब्रह्मरन्ध्रः महापथः ।
श्मशानं शाम्भवी मध्यमार्गश्चेत्येकवाचकाः ॥ ४ ॥

suṣhumṇā śūnyapadavī brahmarandhraḥ mahāpathaḥ

śmaśānaṁ śāmbhavī madhyamārghaśchetyekavāchakāḥ

수슘나 순야파다비 브라흐마란드람 마하파타흐 |

스마사남 삼바비 마드야마르가스체트예카바차흐 || 4 ||

수슘나-중앙 에너지 통로, 순야파다비-거대한 공허, 브라흐마렌드라-브라흐만의 통로, 마하파타-거대한 길, 스마사나-불타는 대지, 삼바비-경이로운 시바 신인 삼부의 존재, 마드야마르가-중앙의 길

수슘나, 순야파다비, 브라흐마렌드라, 마하파타, 스마사나, 샴바비, 마드야마르가인 중앙의 길 등은 모두가 같은 말이다.

[해석] 하타 요가에서 말하는 공허하다는 이 상태는 운마니 아바스타(Unmani Avasta)이며, 라자 요가에서는 아삼프라그야타 삼마디(Asampragyata Samadhi)이며, 박티 요가(Bhati Yoga)에서는 바바 사마디(Bhava Samadhi)이며, 그야나 요가에서는 니르비칼파 사마디(Nirvikalpa Samadhi)이다. 다 같은 말이다. 브라흐마렌드라는 브라흐마의 길이며, '참나'를 말한다. 사마디는 태운다는 의미이며, 삼스카라인 과거의 인상을 태워 버린다는 말이기도 하다.

3.5

तस्मात्सर्व प्रयत्नेन प्रबोधयितुमीश्वरीम् ।
ब्रह्मद्वारमुखे सपुतां मुद्राभ्यासं समाचरेत् ॥ ५ ॥

tasmātsarva prayatnena prabodhayitumīśvarīm
brahmadvāramukhe suptāṁ mudrābhyāsaṁ samācharet

타스마트사르바 프라야트네나 프라보다이투미스바림 |

브라흐마드바라무케 수프탐 무드라브야삼 사마차레트 || 5 ||

프라보다–지혜로운, 수프타–잠자다, 무드라브야사–무드라 수행

그래서 수슘나 입구에 잠자고 있는 여신인 쿤달리니를 깨우기 위해 수행자는 다양한 무드라 수행을 해야 한다.

무드라(Mudrā)

3.6

महामुद्रा महाबन्धो महावेधश्च खेचरी ।
उड्यानं मूलबन्धश्च बन्धो जालन्धराभिधः ॥ ६ ॥

mahāmudrā mahābandho mahāvedhaścha khecharī

uḍḍīyānaṁ mūlabandhaścha bandho jālandharābhidhaḥ

마하무드라 마하반도 마하베다스차 케차리 |

우드야남 물라반다스차 반도 잘란다라비다흐 || 6 ||

마하 무드라(Mahā Mudrā)–위대한 무드라, 마하반다–위대한 반다, 마하베다–대관통 무드라, 케차리 무드라–공중 비행 무드라, 우디야나 반다–복부 조이기, 물라반다–항문 조이기, 잘란다라 반다–목조이기

마하 무드라, 마하 반다, 마하 베다, 케차리 무드라, 우디야나 반다, 물라 반다, 잘란다라 반다,

[해석] 케차리 무드라는 혀밑의 근육을 제거하는데, 삼매의 종류이며 자다(Jada) 삼매라고 한다.

3.7

करणी विपरीताख्या वज्रोली शक्तिचालनम् ।
इदं हि मुद्रादशकं जारामरणनाशनम् ॥ ७ ॥

karaṇī viparītākhyā vajrolī śaktichālanam

idaṁ hi mudrādaśakaṁ jarāmaraṇanāśanam

카라니 비파리타캄 바즈롤리 삭티찰라남 |

이담 히 무드라다사캄 자라마라나나사남 || 7 ||

비파리타카라니–역전 무드라, 바즈롤리–금강 무드라, 삭티찰라남–삭티 자극 무드라, 자라마라–늙음과 죽음, 무드라다사–열 가지 무드라

비파리타카라니, 바즈롤리, 삭티찰라남 등, 이 열 가지 무드라는 늙음과 죽음을 파괴한다.

3.8

आदिनाथोदितं दिव्यमष्टैश्वर्यप्रदायकम् ।
वल्लभं सर्वसिद्धानां दुर्लभं मरुतामपि ॥ ८ ॥

ādināthoditaṁ divyamaṣhṭaiśvaryapradāyakam

vallabhaṁ sarvasiddhānāṁ durlabhaṁ marutāmapi

아디나토디탐 디브야마쉬타이스바르야프라다야캄 |

발라밤 사르바시따남 두를라밤 마루타마피 || 8 ||

디브야–신성한, 발라밤–일반적으로, 사르바시따–전체 초능력, 두를라바–힘들게 도달

이 열 가지 무드라는 시바 신이 가르친 성스러운 수행법이며,

여덟 가지의 초능력을 준다. 그러한 까닭에 이것들은 모든 수행자들이 애호하는 행법이지만, 신들조차도 이 수행법을 통달하기 어렵다.

3.9

गोपनीयं प्रयत्नेन यथा रत्नकरण्डकम् ।
कस्यचिन्नैव वक्तव्यं कुलस्त्रीसुरतं यथा ॥ ९ ॥

ghopanīyaṁ prayatnena yathā ratnakaraṇḍakam
kasyachinnaiva vaktavyaṁ kulastrīsuratam yathā

고파니얌 프라야트네나 타타 라트나카란다캄 |
카스야친나이바 박타브얌 쿨라스트리수라탐 야타 || 9 ||

고파니야–비밀로, 프라야타나–노력하다, 라트나–보석, 카란다–상자, 카스야–누구에게도, 나이바–아닌, 박타브야–말하다, 쿨라–집 안의, 수라타–조용한

이 수행법은 보석 상자처럼 감춰 놓아야 한다. 마치 양갓집 부인과의 불륜처럼 누구에게도 말해서는 안 된다.

마하 무드라(Mahā Mudrā)
위대한 무드라

3.10

पादमूलेन वामेन योनिं सम्पीड्य दक्षिणाम् ।

마하 무드라(Mahā Mudrā)
위대한 무드라

प्रसारितं पदं कृत्वा कराभ्यां धारयेद्दृढम् ॥ १० ॥

pādamūlena vāmena yoniṁ sampīḍya dakṣhiṇām

prasāritaṁ padaṁ kṝtvā karābhyāṁ dhārayeddṝḍham

파다물레나 바메나 요님 삼피드야 닥쉬남 |

프라사리탐 파담 크리트바 카라브얌 다라예드리담 || 10 ||

파다-발, 물레-밑, 바메나-압박하다, 요니-회음부, 삼피다-압박하다, 닥쉬나-오른쪽, 프라사리타-펴다, 크리트바-행하다, 다라야-유지하다

위대한 무드라인 마하 무드라는 왼발 뒤꿈치로 회음부를 압박하고, 오른발은 앞으로 편 다음 그 발을 양손으로 꽉 잡는다.

[해석] 앉아서 왼발의 뒤꿈치로 회음부를 압박하고, 오른발은 다리를 편 다음 잡는다. 호흡을 내쉬면서 오른쪽 엄지발가락을 잡고 앞으로 숙인다. 얼마 동안 등을 바로세우고 그 자세를 유지한다. 반대 다리로도 반복을 한다.

3.11

कण्ठेवन्धं समारोप्य धारयेद्वायुमूर्ध्वतः ।
यथा दण्डहतः सर्पो दण्डाकारः प्रजायते ॥ ११ ॥

kaṇṭhe bandhaṁ samāropya dhārayedvāyumūrdhvataḥ
yathā daṇḍahataṁ sarpo daṇḍākāraḥ prajāyate

칸테 반담 사마로프야 다라예드바유무르드바타흐 |
야타 단다하타흐 사르포 단다카라흐 프라자야테 || 11 ||

칸타-목, 반다-조임, 다라에-유지하다, 바유-공기, 무르드-위로, 단다-막대기, 사르포-뱀, 카라하-일어서다, 프라자야-이기다

그리고 턱을 당겨 목 반다를 하고, 기를 위로 끌어올린다. 그러면 마치 회초리에 맞은 뱀이 막대기로 일어서는 것처럼

3.12

ऋजवीभूता तधा शक्तिः कुण्डली सहसा णवत् ।
तदा सा मरणावस्था जायते द्विपुटाश्रया ॥ १२ ॥

ṛjvībhūtā tathā śaktiḥ kuṇḍalī sahasā bhavet

tadā sā maraṇāvasthā jāyate dviputāśrayā

리즈비부타 타타 삭티흐 쿤달리 사하사 바베트 |

타다 사 마라나바스타 자야테 드비푸다스라야 || 12 ||

리즈비-오른쪽, 부타-영역, 타타-그러므로, 삭티-에너지, 쿤달리-에너지, 사하사-갑자기, 바베트-그렇게, 타다-그래서, 사-그것, 마라나-죽음, 바스타-상태, 자야테-되다, 드비푸타-두 에너지

쿤달리니라는 삭티가 곧 똑바르게 일어난다. 이때 두 에너지의 흐름인 이다와 핑갈라는 죽음과 같은 상태가 된다.

3.13

ततः शमनै शनैरेव रेचयेन्नैव वेगतः ।

इयं खलु महामुद्रा महासिद्धैः प्रदर्शिता ॥ १३ ॥

tataḥ śanaiḥ śanaireva rechayennaiva veghataḥ

iyaṁ khalu mahāmudrā mahāsiddhaiḥ pradarśitā

타타흐 사나이흐 사나이레바 레차옌나이바 베가타흐 |

이얌 칼루 마하무드라 마하시따이흐 프라다르시따 || 13 ||

사나이-천천히, 레차-내쉬다, 나이바-아닌, 베가타-거칠게, 이얌-이렇게, 칼루-참으로, 마하무드라-위대한 무드라, 마하시따-위대한 성취자, 프라다르시따-지적하다

그러고 나서 아주 천천히 숨을 내쉰다. 결코 거칠고 난폭하게 내쉬어서는 안 된다. 이것이 위대한 성취자들이 위대한 무드라라고 가르친 것이다.

3.14

महाक्लेशादयो दोषाःश्रीयन्ते मरणादयः ।
महामुद्रां च तेनैव वदन्ति विबुधोत्तमाः ॥ १४ ॥

mahākleśādayo doṣhāḥ kṣhīyante maraṇādayaḥ
mahāmudrāṁ cha tenaiva vadanti vibudhottamāḥ

마하클레사다요 도샤흐 크쉬얀테 마라나다야흐 |
마하무드람 차 테나이바 바단티 비부도따마흐 || 14 ||

마하클레사-가장 큰 고통, 도샤-체질, 크쉬얀티-크쉬야 소멸하다, 마라나-죽음, 마하무드라-위대한 무드라, 비부타-훌륭한

이 수행을 하게 되면 가장 큰 고통인 번뇌 근심과 어리석음과 죽음 등의 고통이 소멸된다. 그래서 훌륭한 수행자들은 이 행법을 위대한 무드라라고 한다.

[해석] 고통인 클레사(Klesha)는 다섯 가지가 있는데 무지인 아비드야(Avidya), 에고인 아스미타(Asmita), 집착인 라가(Raga), 혐오감인 드베사(Dvesha), 삶의 집착인 아비니베사(Abhinivesa)이며, 마하 무드라는 모든 고통을 봉쇄한다는 뜻이다. 무드라는 막는다와 봉쇄하다

는 뜻이 있다.

3.15

चन्द्राङ्ग च समभ्यस्य सूर्याङ्गे पुनरभ्यसेत् ।
यावनुत्या भवेत् सङख्या ततो मुद्रां विसर्जये ॥ १५ ॥

chandrāngghe tu samabhyasya sūryāngghe punarabhyaset

yāvattulyā bhavetsangkhyā tato mudrāṁ visarjayet

찬드랑게 투 사마브야스야 수르양게 푸나라브야세트 |

야바뚤라야 바베트상크야 타토 무드람 비사르자예트 ||15 ||

찬드라-달; 왼쪽, 사마브야-같게, 수리야-태양; 오른쪽, 푸나라-다시 한 번, 무드라-무드라, 비사르자-끝내다

첫번째로 왼쪽을 한 후에 오른쪽도 왼쪽과 똑같은 횟수로 무드라를 실천한 다음에 끝낸다.

3.16

न हि पथ्यमपथ्यं वा रसाः सर्वेऽपि नीरसाः ।
अपि भुक्तं विषः घोरं पीयूषमिव जीर्यति ॥ १६ ॥

na hi pathyamapathyaṁ vā rasāḥ sarve api nīrasāḥ

api bhuktaṁ viṣhaṁ ghoraṁ pīyūṣhamapi jīryati

나 히 파트야마파트얌 바 라사흐 사르베아피 니라사흐 |

아피 북탐 비샴 고람 피유샤미바 지르야티 || 16 ||

파트야-바른, 마파트야-바르지 않는, 라사-음식, 사르바-모든, 니라사-제거하다, 북타-먹다, 비샤-독, 고라-무서운, 피유사-감로, 지르야트-소화되다

이 행법에 숙달되면 바르고 바르지 않은 식사의 구별이 없어지고, 맛있는 것이든 없는 것이든 모두 소화시킬 수 있다. 설령 무서운 독을 마시더라도 마치 감로처럼 소화된다.

3.17

क्षयकुष्ठगुदावर्तगुल्माजीपुरोगमः ।

तस्य दोषाः क्षयं यान्ति महामुद्रां तु योऽभ्यसेत् ॥ १७ ॥

kṣhayakuṣhṭhaghudāvartaghulmājīrṇapuroghamāḥ

tasya doṣhāḥ kṣhayaṁ yānti mahāmudrāṁ tu yo abhyaset

크샤야쿠쉬타구다르바타굴마지르나푸로가마흐 |

타스야 도샤흐 크샤얌 얀티 마하무드람 투 요아브야세트 || 17 ||

도샤-다양한 질병, 마하무드라-위대한 무드라

이 위대한 무드라를 수행한 사람에게는 결핵, 나병, 변비, 복부 질환, 소화 불량 등의 질병이 없어진다.

3.18

कथियं महमुद्रा महासिद्धिकरा नृणम् ।
गोपनीया प्रुत्नेन न देया कस्यचित् ॥ १८ ॥

kathiteyaṁ mahāmudrā mahāsiddhikarā nṝṇām

ghopanīyā prayatnena na deyā yasya kasyachit

카티테얌 마하무드라 마하시띠카리 느르남 |

고파니야 프라야트네나 나 데야 야스야 카스야치트 || 18 ||

카티타–말하다, 마하무드라–위대한 무드라, 마하시띠–위대한 초능력, 카리–행하다, 느르나–이끌다, 고파–비밀, 프라야타–전하다, 나–아닌, 데야–지불하다, 카스야–누구에게

이 위대한 무드라를 수행하는 자는 위대한 초능력을 얻는다고 앞에서 말하였다. 이 행법은 비밀로 해야 하며, 어떤 경우에도 자격이 안 되는 사람에게 전수해서는 결코 안 된다.

마하 반다(Mahābandha)
위대함 잠금

3.19

पार्ष्णिं वामस्य पादस्य योनिस्थाने नियोजयेत् ।
वामोरूपरि संस्थाप्य दक्षिणं चरणं चरणं तथा ॥ १९ ॥

pārṣhṇiṁ vāmasya pādasya yonisthāne niyojayet

vāmorūpari saṁsthāpya dakṣhiṇaṁ charaṇaṁ tathā

파르쉬님 바마스야 파다스야 요니스타네 니요자예트 |

바모루파리 삼스타프야 닥쉬남 차라남 타타 || 19 ||

파르쉬–뒤꿈치, 바마–밀다, 파다–발, 요니–회음부, 니요자–접촉하다, 바모루–대퇴부, 삼스타–멈추다, 닥쉬나–오른쪽, 차라나–움직이다, 타타–그러므로

마하 반다는 왼발 뒤꿈치를 회음부에 대고, 그 다음엔 오른발을 왼쪽 대퇴부 위에 올려놓는다.

3.20

पूरयित्वा ततो वायुं हृदये चुवुकं दृढम् ।
निष्पीद्य वायुमाकुञ्च्य मनो मध्ये नियोजयेत् ॥ २० ॥

pūrayitvā tato vāyuṁ hṛdaye chubukaṁ dṛḍham

niṣhpīḍyaṁ vāyumākuñchya mano madhye niyojayet

푸라이트바 타토 바윰 흐리다예 추부캄 드리담 |

니쉬피드야 바유마쿤챠 마노 마드예 니요자예트 || 20 ||

프라이트바–만족하는, 바유–호흡, 흐리다야–가슴, 추부카–턱, 드리다–확고하게, 니쉬피타–조이다, 마쿤챠–구부리다, 마노–마음, 마드야–중심, 니요자나–집중하다

그리고 숨을 마신 다음 턱을 가슴에 바짝 붙이는 목 반다와 항문을 수축하는 항문 반다를 하고, 마음을 수슘나 나디인 에너

마하 반다(Mahābandha)
위대함 잠금

지 통로에 집중한다.

[해석] 마하 반다는 위대한 잠금이란 뜻이며, 목 잠금인 잘란다라 반다, 복부 잠금인 우디야나 반다, 항문 잠금인 물라 반다, 이 세 가지를 동시에 잠그는 것을 마하 반다라고 한다.

3.21

धारयित्वा यथाशक्ति रेचयेदनिलं शनैः ।
सव्याङ्गे तु समभ्यस्य दक्षाङ्गे पुनरभ्यसेत् ॥ २१ ॥

dhārayitvā yathāśakti rechayedanilaṁ śanaiḥ
savyāngghe tu samabhyasya dakṣhāngghe punarabhyaset
다라이트바 야타삭티 레차예다닐람 사나이흐 |
사브양게 투 사마브야스야 닥샹게 푸나라브야세트 || 21 ||

다라-집중, 야타삭티-그러한 능력, 레차-내쉬는 것, 사나이-천천히, 사브야-왼쪽, 사마브야사-실천하다, 닥샤-오른쪽, 푸나라-반복하다

가능한 한 오랫동안 숨을 멈추고 천천히 내쉰다. 왼쪽을 하고 나서 오른쪽을 한다.

3.22

मतमत्र तु केषांचित्कण्ठवन्धं विवजयेत् ।
राजदन्तस्थजिह्वायां वन्धः शवेदिति ॥ २२ ॥

matamatra tu keṣhāṁchitkaṇṭhabandhaṁ vivarjayet

rājadantasthajihvāyā bandhaḥ śasto bhavediti

마타마트라 투 케샨치트칸타반담 비바르자예트 |

라자단타스타지흐바얌 반다흐 사스토 바베디티 || 22 ||

마타–가정하는, 마트라–정도, 칸타–목, 반다–반다, 비바르자야–포기하는, 라자단타–앞니, 지바야–생기 있게, 사스타–좋은

이 잘란다라 반다인 목 반다에 대해 일부의 사람들은 다른 견해를 가지고 있다. 그것은 목 반다를 하지 않고 혀를 앞니에 대는 반다가 좋다는 것이다.

3.23

अयं तु सर्वनाडीनामूर्ध्वंगतिनिरोधकः ।
अयं खलु महाबन्धो महासिद्धिप्रदायकः ॥ २३ ॥

ayaṁ tu sarvanāṇīnāmūrdhvaṁ ghatinirodhakaḥ

ayaṁ khalu mahābandho mahāsiddhipradāyakaḥ

아얌 투 사르바나디나무드르바가티니로다카흐 |

아얌 칼루 마하반도 마하시띠프라다야카흐 || 23 ||

아얌–이것, 사르바–모든, 가티–움직임, 니로다–통제하다, 칼루–매우, 마하반다–위대한 잠금, 마하시띠–위대한 초능력

이 마하 반다인 위대한 반다 무드라는 모든 에너지인 나디에서 에너지의 상승을 통제한다. 위대한 반다는 위대한 초능력을 생기게 한다.

3.24

कालपाशमहाबन्धविमोचविचक्षणः ।
त्रिवेणीसङ्गमं धत्ते केदारं प्रापयेन्मनः ॥ २४ ॥

kālapāśamahābandhavimochanavichakṣhaṇaḥ
triveṇī sangghamaṁ dhatte kedāraṁ prāpayenmanaḥ

칼라파사마하반다비모차나비차크샤나흐 |
트리베니상가맘 다떼 케다람 프라파옌마나흐 || 24 ||

칼라–죽음, 파사–오랏줄, 마하반다–위대한 잠금, 비모차나–자유, 비차크샤나–현명한, 트리베니–세 부분, 상가마–조화, 케다람–시바 신, 프라파야–자리잡다

이 무드라는 죽음의 신의 오랏줄을 벗기는 데 적당한 방법이며, 세 흐름인 이다와 핑갈라와 수슘나를 하나로 연결시키고 마음을 이마 중심에 있는 시바 신에 자리잡게 한다.

[해석] 이다와 핑갈라와 수슘나가 끝이 나는 위치가 바로 시바 신의 제3의 눈인 영적인 눈이다. 수행자가 이 상태에 들어갈 때 모든 에너지인 쿤달리니의 종착점이 되며, 이때부터 영적인 상승인 천개의 연꽃인 사하스라라의 상태에 들어갈 수가 있다.

3.25

रूपलावण्यसम्पन्ना तथा स्त्री पुरुषं विना ।
महामुद्रामहाबन्धौ निष्फलौ वेधवर्जितौ ॥ २५ ॥

rūpalāvaṇyasampannā yathā strī puruṣhaṁ vinā
mahāmudrāmahābandhau niṣhphalau vedhavarjitau

루팔라반야삼판나 야타 스트리 푸루샴 비나 |
마하무드라마하반다우 니쉬팔라우 베다바르지타우 || 25 ||

루파–형태, 라반야–미모, 삼판나–결과, 스트리–부인, 푸루샤–자식; 사람, 비나–~없다, 마하무드라–위대한 무드라, 마하반다–위대한 잠금, 니쉬팔라–결과가 없는, 마하베다–위대한 관통 무드라

아무리 미모와 매력을 갖춘 여인이라 하더라도 남편이 없으면 자식을 낳을 수 없는 것처럼 앞에서 말한 마하 무드라인 위대한 무드라와 마하 반다 무드라도 마하 베다 무드라인 위대한 관통 무드라 없이는 결과를 얻을 수 없다.

마하 베다 무드라(Mahā vedha Mudrā)
위대한 관통 무드라

3.26

महाबन्धस्थितो योगी कृत्वा पूरकमेमधीः ।
वायूनां गीतमावृत्य निभृतं कण्ठमुद्रया ॥ २६ ॥

마하 베다 무드라(Mahā vedha Mudrā)
위대한 관통 무드라

mahābandhasthito yoghī kṝtvā pūrakamekadhīḥ

vāyūnāṁ ghatimāvṝtya nibhṝtaṁ kaṇṭhamudrayā

마하반다스티토 요기 크리트바 푸라카메카디흐 |

바유남 가티마브리트야 니브리탐 칸다무드라야 || 26 ||

마하반다-위대한 잠금, 스티타-확고한, 요기-수행자, 크리트바-행하다, 푸라카-흐름, 메카디-영역, 바유-호흡, 가티마-움직임, 브리트야-주다, 니브리타-고요한, 칸타무드라-목 무드라

위대한 반다 무드라와 같은 것으로 마음을 집중하여 호흡을 마시고, 목 반다를 하여 모든 에너지가 위아래로 움직이는 것을 멈추게 한다.

3.27

समहस्तयुगो भूमौ सिफचौ संताडयेच्छनैः ।
पुटद्वयमतिक्रम्य वायुः स्फुतति मध्तगः ॥ २७ ॥

samahastayugho bhūmau sphichau samāḍayecchanaiḥ

puṭadvayamatikramya vāyuḥ sphurati madhyaghaḥ

사마하스타유고 부마우 스피차우 삼타나예짜나이흐 |

푸타드바야마티크람야 바유흐 스푸라티 마드야가흐 || 27 ||

사마-붙이다, 하스타유가-양손, 부마-바닥, 스피-엉덩이, 사마다-자리잡고, 차나-가다, 푸타-접고, 드바야-둘의, 마티-구축하다, 크람야-휘젓다, 바유-공기, 스

푸라트–흔들다, 마드야–중앙의

양손을 쭉 펴서 바닥에 붙이고 발뒤꿈치를 회음부에 댄 왼발과 함께 엉덩이를 바닥에서 조금 들어올렸다가 다시 천천히 바닥에 댄다. 그렇게 하면 에너지는 두 에너지 통로인 이다와 핑갈라를 떠나 중앙의 통로인 수슘나로 강하게 흘러 들어간다.

3.28

सोमसूर्याग्निसंवन्धो जायते चामृताय वै ।
मृतावस्था समुत्पन्ना ततो वायुं विरेचयेत् ॥ २८ ॥

somasūryāghnisambandho jāyate chāmṛtāya vai

mṛtāvasthā samutpannā tato vāyuṁ virechayet

소마수르야그니삼반도 자야테 참리타야 바이 |

므리타바스타 사무트판나 타토 바윰 비레차예트 || 28 ||

소마–달 에너지, 수르야–태양 에너지, 아그니–불 에너지, 삼반드–연결되다, 자야테–원인, 암리타야–불멸; 불사(不死), 므리타–죽음, 사무트–분리되다, 타트–그것, 바유–숨

이때 세 에너지의 흐름이 하나로 합쳐진다. 이것이야말로 참된 불사의 원인이다. 숨이 끊어져 죽은 사람과 같은 상태가 되면 숨을 천천히 내쉬게 된다.

3.29

महावेधोऽयमभ्यासान्महासिद्धिप्रदायकः ।
वलीपलितवेपघ्नः सेव्यते साधकोत्तमैः ॥ २९ ॥

mahāvedho ayamabhyāsānmahāsiddhipradāyakaḥ

valīpalitavepaghnaḥ sevyate sādhakottamaiḥ

마하베도아야마브야산마하시띠프라다야카흐 |

발리팔리타베파그나흐 세브야테 사다코따마이흐 || 29 ||

마하베다-위대한 관통, 아야마-멈추다, 브야사-공포, 마하시띠-위대한 초능력, 프라다야-공급하다, 발리-떨림, 팔리타-노화, 베파-주름, 그나-없애다, 사다카-수행자

이 위대한 마하 베다 무드라인 관통 무드라 수행으로 위대한 초능력이 생긴다.이 방법은 노인의 주름과 백발과 떨림을 없애 주기 때문에 탁월한 요가 수행자들이 이 행법에 매진한다.

3.30

एतत्त्रयं महागुह्यं जरामृत्युविनाशनम् ।
वह्निवृद्धिकरं चैव ह्यणिमादिगुणप्रदम् ॥ ३० ॥

etattrayaṁ mahāghuhyaṁ jarāmṝtyuvināśanam

vahnivṝddhikaraṁ chaiva hyaṇimādighuṇapradam

에타뜨라얌 마하구흐얌 자람리트유비나사남 |

바흐니브리띠카람 차이바 흐야니마디구나프라담 || 30 ||

에타-이것, 뜨라얌-세 가지, 마하-위대한, 구흐야-비밀, 자라-늙음, 므리트유-죽음, 비나사나-사라지게 하다, 바흐니-소화의 불, 브리띠카람-증가시키다, 차이바-그리고, 흐야-등의, 아니마-몸을 축소하는, 니구나-비밀

이 무드라는 세 가지의 비밀스런 능력을 준다. 늙음과 죽음을 막아 주고, 소화의 불을 증가시키며, 몸을 축소하는 등의 초능력을 주기 때문에 비밀로 간직해야 한다.

3.31

अष्टधा क्रियते चेव यामे यामे दिने दिने ।
प्पुण्यसंभार संधायि पापौघीभदुरं सदा ।
सम्यक्शिक्षावतामेवं स्वल्पं प्रथमसाधनम् ॥ ३१ ॥

aṣhṭadhā kriyate chaiva yāme yāme dine dine

puṇyasaṁbhāra sandhāya pāpaugha bhiduraṁ sadā

samyakśikṣhāvatāmevaṁ svalpaṁ prathamasādhanam

아쉬타다 크리야테 차이바 야메 야메 디네 디네 |

푼야삼바라 삼다이 파파우가비두람 사다 |

삼약식샤바타메밤 스발팜 프라타마사다남 || 31 ||

아쉬타-여덟 가지, 크리야-행법, 야마-세 시간, 디네-천천히, 푼야-공덕, 삼바라-좋은, 파파-죄, 비두라-사라지다, 사다-영원히, 삼약-올바른, 식사-배우다, 스발

팜-적은, 프라타마-처음부터, 사다나-수행하다

이 세 개의 무드라는 매일 세 시간마다 한 번씩 여덟 가지의 다른 방법으로 수행한다.그렇게 하면 좋은 공덕이 축적되고, 부정적인 죄가 사라진다. 스승으로부터 올바르게 배운 사람은 처음에는 이것을 단계적으로 천천히 행한다.

[해석] 요가 경전에는 24시간을 16번으로 나누면 90분이 되는데 그것을 가리야(Ghariya)라고 하며, 8로 나누면 3시간인데 이 3시간을 야마(Yama)라고 일컫는다. 이 경전의 저자인 스와트마라마는 마하 무드라, 마하 반다, 마하 베다 무드라를 3시간마다 수행해야 한다고 가르친다.

케차리 무드라(Khecharī Mudrā)
공중 비행 무드라

3.32

कपाल कुहरे जिह्वा प्रविष्टा विपरीतगा ।
भ्रुवोरन्तर्गता दृष्टिर्मुद्रा भवति खेचरी ॥ ३२ ॥

kapāla kuhare jihvā praviṣhṭā viparītaghā

bhruvorantarghatā dṛṣhṭirmudrā bhavati khecharī

카팔라쿠하레 지흐바 프라비쉬타 비파리타가 |

브루보란타르가타 드리쉬티르무드라 바바티 케차리 || 32 ||

카팔라–두개골, 지흐바–혀, 프라비쉬타–넣다, 비파리타–뒤집어서, 브루–양미간, 드리쉬타–시선, 무드라–무드라, 바바티–이것, 케차리–공중비행무드라

혀를 뒤집어 두개(頭蓋)의 구멍에다 넣은 다음 시선을 미간 쪽에 고정시킨다. 이것이 케차리 무드라인 공중 비행 무드라이다.

3.33

छेदनचालनदोहैः कलां क्रमेणाथ वर्धयेत्तावत् ।
सा यावद्भ्रूमध्यं स्पृशति तदा खचरीसिद्धिः ॥ ३३ ॥

chedanachālanadohaiḥ kalāṁ krameṇātha vardhayettāvat
sā yāvadbhrūmadhyaṁ spṝśati tadā khecharīsiddhiḥ

체다나찰라나도하이흐 칼람 크라메나 바르다예따바트 |
사 야바드브루마드얌 스프리사티 타다 케차리시띠흐 || 33 ||

체다나–자르다, 찰라나–움직이다, 도하–우유를 짜듯이, 칼라–시간, 크라메나–점진적으로, 바르다야–확장하다, 야바드–~동안, 브루–강하게, 스프리사티–접촉하다, 케차리시띠–공중 비행 무드라의 성공

혀 아랫부분에 있는 힘줄을 끊은 다음, 혀를 두 손가락에 끼워 좌우로 흔들며 소젖을 짜듯이 끌어내는 방법으로 혀를 점차 길게 해서 혀가 미간에 닿을 정도가 되면 공중 비행 무드라는

성공한 것이다.

[해석] 케차리 무드라는 원래 혀가 긴 사람은 구태여 혀 아랫부분의 힘줄을 자르지 않고도 가능할 수 있다. 반복적으로 당기고 하여 혀가 입안을 통해 미간 쪽으로 닿게 되면 강한 에너지가 위로부터 쏟아져 내리고, 영적인 제3의 눈을 여는 데 도움이 된다. 이것은 절대적으로 도달한 스승의 가르침을 통해 가능하다.

3.34

स्नुहीपत्रनिभं शस्त्रं सुतीक्ष्णं स्निग्धनिर्मलम् ।
समादाय ततस्तेन रोममात्रं समुच्छिनेत् ॥ ३४ ॥

snuhīpatranibhaṁ śastraṁ sutīkṣhṇaṁ snighdhanirmalam
samādāya tatastena romamātraṁ samuchchinet

스누히파트라니밤 사스트람 수틱샤남 스니그다니르말람 |
사마다야 타타스테나 로마마트람 사무찌네트 || 34 ||

스누-근육, 파트라-섬세한, 사스트라-면도날, 수틱사-통증이 있는, 스니그다-부드럽게, 니말라-깨끗하게, 사마다-같이, 로마나-머리카락, 마트라-크기, 사무찌타-자르는 것을 행하다

매우 날카롭고 윤이 나는 깨끗한 칼로 혀의 힘줄을 머리카락 굵기로 자른다.

[해석] 혀 밑을 자르는 방법은 전문적인 수행자의 안내 아래에 해야 할 것이다.

3.35

ततः सैन्धवपथ्याभ्यां चूर्णिताभ्यां प्रघर्षयेत् ।
पुनः सप्तदिने प्राप्ते रोममात्रं समुच्छिनेत् ॥ ३५ ॥

tataḥ saindhavapathyābhyāṁ chūrṇitābhyāṁ pragharṣhayet
punaḥ saptadine prāpte roma mātraṁ samuchchinet

타타흐 사인다바파트야브얌 추르니타브얌 프라다르샤예트 |
푸나흐 사프타디네 프라페테 로마마트람 사무치네트 || 35 ||

사인다-소금, 바파티-자르다, 추리-칼, 프라가르야-능숙하게, 사프타-7일, 로마나-머리카락, 마트라-크기, 사무찌타-자르는 것을 행하다

그런 다음 가루소금과 강황가루를 섞어서 바른다. 일주일이 지난 다음 다시 머리카락 굵기로 자른다.

3.36

एवं क्रमेण षण्मासं नित्यं युक्तः समाचरेत् ।
षण्मासाद्रसनामूलशिराबन्धः प्रणश्यति ॥ ३६ ॥

evaṁ krameṇa ṣhaṇmāsaṁ nityaṁ yuktaḥ samācharet
ṣhaṇmāsādrasanāmūlaśirābandhaḥ praṇāyati

에밤 크라메나 샤마삼 니트얌 육타흐 사마차레트 |

샤마사드라사나물라시라반다흐 프라나야티 || 36 ||

에바–이와 같이, 크라메나–점진적으로, 샤마삼–6개월, 물라시라–혀뿌리, 프라나야티–사라지다

이와 같이 6개월간 규칙적으로 계속한다. 6개월이 지나면 혀뿌리 쪽의 엷은 테가 없어진다.

3.37

कलां पराङ्मुखीं कृत्वा त्रिपथे परियोजयेत् ।
सा भवेत्खेचरी मुद्रा व्योमचक्रं तदुच्यते ॥ ३७ ॥

kalāṁ parāṅgmukhīṁ kṛtvā tripathe pariyojayet

sā bhavetkhecharī mudrā vyomachakraṁ taduchyate

칼람 파랑무킴 크리트바 트리파테 파리요자예트 |

사 바베트케차리 무드라 브요마차크람 타두챠테 || 37 ||

칼람–시간, 파랑무카–전환하다, 크리트바–행하다, 트리파테–세 가지, 파리요자야–합치다, 케차리무드라–공중 비행 무드라, 브요마차크라–공중 차크라

그러면 혀를 구부려 세 가지의 에너지가 합류하는 곳인 목구멍에 합칠 수 있다. 이것이 케차리 무드라인 공중 비행 무드라이다. 일명 브요마 차크라인 공중 차크라라고 한다.

3.38

रसनामुर्ध्वगां कृत्वा क्षणर्धमपि तिष्ठति ।
विषैर्विमुच्यते योगी व्याधिमृजरादिभिः ॥ ३८ ॥

rasanāmūrdhvaghāṁ kṝtvā kṣhaṇārdhamapi tiṣhṭhati

viṣhairvimuchyate yoghī vyādhi mṝtyu jarādibhiḥ

라사나무르다감 크리트바 크샤나르다마피 티쉬타티 |

비샤이르비무챠테 요기 브야디므리트유자라디비흐 || 38 ||

크사나–1시간, 비사–독, 무차–자유로운, 브야디–질병, 므리트유–죽음, 자라–늙음

만약 혀를 위로 들어올린 상태로 반 크샤나만이라도 있을 수 있다면 독에 중독되지도 않고, 질병과 죽음과 늙음에서 벗어날 수 있다.

3.39

न रोगो मरणं तन्द्रा न निद्रा न क्षुध तृषा ।
न च मूर्च्छा भवेत्तस्व यो मुद्रां वेत्ति खेचरीम् ॥ ३९ ॥

na rogho maraṇaṁ tandrā na nidrā na kṣhudhā tṝṣhā

na cha mūrchchā bhavettasya yo mudrāṁ vetti khecharīm

나 로고 마라남 탄드라 나 니드라 나 크슈다 트리샤 |

나 차 무르차 바베따스야 요 무드람 베띠 케차림 || 39 ||

나–아닌, 로가–질병, 마라남–죽음, 탄드라–게으름, 니드라–잠, 크슈다–배고픔, 트

리사–목마름, 무르차–기절; 졸도, 무드라–무드라, 케차리–케차리

이 케차리 무드라인 공중 비행 무드라를 터득한 사람에게는 질병, 죽음, 우둔함, 잠, 배고픔, 목마름, 기절과 같은 것이 없다.

3.40

पीड्यते न स रोगेण लिप्यते न च कर्मणा ।
वाध्यते न स कालेन यो मुद्रां वेत्ति खेचरीम् ॥ ४० ॥

pīḍyate na sa roghenạ lipyate na cha karmaṇā

bādhyate na sa kālena yo mudrāṁ vetti khecharīm

피드야테 나 사 로게나 리프야테 나 차 카르마나 |

바드야테 나 사 칼레나 요 무드람 베띠 케차림 || 40 ||

피드야테–영향을 받다, 나–아닌, 로가–질병, 리프야테–괴로움, 카르마–카르마; 업(業), 칼레–죽음, 케차리–케차리 무드라

케차리 무드라를 터득한 사람은 질병의 괴로움이 없고, 카르마인 업(業)에 오염되지 않으며, 죽음에 구애받지 않는다.

3.41

चित्तं चरति खे यस्माज्जिह्वा चरति खे गता ।
तेनैषा खेचरी नाम मुद्रा सिद्धैर्निरूपित ॥ ४१ ॥

chittaṁ charati khe yasmājjihvā charati khe ghatā

tenaiṣhā khecharī nāma mudrā siddhairnirūpitā

치땀 차라티 케 야스마지흐바 차라티 케 가타 |

테나이샤 케차리 나마 무드라 시따이르니루피타 || 41 ||

치땀–마음, 치흐바–혀

이 무드라를 수행하면 혀가 목구멍 속을 걷고, 마음도 미간 속을 걷는다. 그래서 수행자들은 공중 비행이라고 이름 붙였다.

3.42

खेचर्या मुद्रितं येन विवरं लम्बिकोर्ध्वतः ।
न तस्य क्षरते बिन्दुः कामिन्याः श्लेषितस्य ॥ ४२ ॥

khecharyā mudritaṁ yena vivaraṁ lambikordhvataḥ

na tasya kṣharate binduḥ kāminyāḥ śloṣitasya cha

케차르야 무드리탐 예나 비바람 람비코르드바타흐 |

나 타스야 크샤라테 빈두흐 카민야흐 슬로쉬타스야 차 || 42 ||

케차르 무드라–공중 비행 무드라, 비바라–구멍, 타스야–여자, 크사라타–흐르다, 빈두–정액, 카민–사랑을 하는, 슬로쉬타–행하다

만약 수행자가 공중 비행 무드라의 행법으로 입천장 위쪽에 있는 구멍인 두개공을 막을 수 있다면, 그는 언제나 젊고 정열

적인 여인을 포옹한다 하여도 정액을 배설하지 않는다.

3.43

चलितोऽपि यदा बिन्दुः सम्प्राप्तो योनिमण्डलम् ।
व्रजत्यूर्ध्वं हृतः शक्त्या निबद्धो योनि मुद्रया ॥ ४३ ॥

chalito api yadā binduḥ samprāpto yonimaṇḍalam

vrajatyūrdhvaṁ hṝtaḥ śaktya nibaddho yoni mudrayā

찰리토아피 야다 반두흐 삼프라프토 요니만달람 |

브라자트유르드밤 흐리타흐 삭트야 니바또 요니무드라야 || 43 ||

찰리타–흔들다, 야다–언제나, 빈두–정액, 삼프라카–지금, 요니 무드라(Yoni Mudrā)–태궁 무드라인 바즈롤리 무드라(Vajroli Mudra)라고도 한다, 브라자–길, 흐르타–나누다, 삭티–에너지, 니바타–돌리다

만약 정액인 빈두가 흘러내려서 생식기로 왔을지라도 요니 무드라인 태궁 무드라로 강력하게 위로 되돌릴 수 있다.

3.44

ऊर्ध्वजिह्वः स्थिरो भूत्वा सोमपानं करोति यः ।
मासार्धेन न सदेहो मृत्युं जयति योगवित् ॥ ४४ ॥

ūrdhvajihvaḥ sthiro bhūtvā somapānaṁ karoti yaḥ

māsārdhena na sandeho mṝtyuṁ jayati yoghavit

우르드바지흐바흐 스티로 부트바 소마파남 카로티 야흐 |

마사르데나 나 삼데호 므리트윰 자야티 요가비트 || 44 ||

우르드바–올리다, 지바–혀, 스티라–확고한, 소마(Soma)–리그 베다에 나오는 달의 에너지를 말하며 불멸의 주스로 알려져 있다, 카로티–행하다, 마사르데나–입, 나–아닌, 삼데하–위험, 므르트–죽음, 자야타–넘어서다, 요가–요가

요가에 도달한 수행자가 혀를 위로 말아넣고 마음을 가라앉혀서 소마 주스를 마시면 보름 만에 죽음을 넘어설 수가 있다.

[해석] 소마 또는 달의 에너지는 인간의 뇌인 천 개의 연꽃에 위치하며, 시바의 머리와 같다. 거기에서 주스가 흘러내린다.

3.45

नितयं सोमकलापूर्णं शरीरं यस्य योगिनः ।
तक्षकेणापि टष्टस्य विषं तस्य न सपरति ॥ ४५ ॥

nityaṁ somakalāpūrṇaṁ śarīraṁ yasya yoghinaḥ

takṣhakeṇāpi daṣhṭasya viṣhaṁ tasya na sarpati

니트얌 소마칼라푸르남 사리람 야스야 요기나흐 |

탁샤케나피 다쉬타스야 비샴 타스야 나 사르파티 || 45 ||

니트야–영원한, 소마–감로, 사리라–몸, 탁샤카(Takṣaka)–엄청난 독을 지닌 뱀, 비샤–독, 나–아닌, 사르파티–퍼지다

만약에 수행자가 계속해서 달의 감로인 소마로 몸을 채우게 된다면, 비록 뱀의 왕인 탁샤카 독사에 물린다 하여도 독이 몸 안으로 퍼지지 않는다.

3.46

इन्धनानि यथा वह्निस्तैल वर्तिं च दीपकः ।
तथा सोमकलापूर्णं देही देहं न मुञ्चति ॥ ४६ ॥

indhanāni yathā vahnistailavarti cha dīpakaḥ

tathā somakalāpūrṇaṁ dehī dehaṁ na muñchati

인다나니 야타 바흐니스타일라 바르팀 차 디파카흐 |

타타 소마칼라푸르남 데히 데함 나 문차티 || 46 ||

인다나–나무, 야타–떠나다, 바흐니–불, 스타이–머물다, 바르티–심지, 디파–빛, 소마칼라푸르남–소마 에너지로 차 있다, 데히–몸, 나–아닌, 문차티–가다

불이 나무를 떠나지 않고, 등불이 심지와 기름을 떠나지 않은 것같이 육체의 생명의 중심인 몸이 소마 에너지로 채워져 있으면 몸을 떠나지 않게 된다.

3.47

गोमांसं भक्षयेन्नत्यं पिवेदमरवारुणीम् ।
कुलीनं तमहं मन्येचतरे कुलघातकाः ॥ ४७ ॥

ghomāṁsaṁ bhakṣhayennityaṁ pibedamara vāruṇīm

kulīnaṁ tamahaṁ manye chetare kula ghātakāḥ

고맘삼 박샤옌니트얌 피베다마라바루님 |

쿨리남 타마함 만예 체타레 쿨라가타카흐 || 47 ||

고맘사(Gomāṁsa)–소고기, 박샤–마시다, 아마라 바루나(Amara vāruna)–아마라의 주(酒), 쿨라(Kula)–가계; 집안

나는 매일 소고기를 먹고 아마라 주를 마시는 이를 명문 가계라고 생각한다. 그러지 않는 이들은 진정한 명문가가 아니다.

[해석] 정확하게 해석하면, 언제나 혀를 삼키는 사람은 불멸이란 뜻의 아마라 음료인 바루나(Vauna)를 매일같이 마시는 사람이라 한다. 이 사람이야말로 진정한 명문 가계라고 할 수 있다.

3.48

गाशव्दोनोदिता जिह्वा तत्प्रवेशो हि तालुनि ।
गोमांसभक्षणं तत्तु महापातकनाशनम् ॥ ४८ ॥

ghośabdenoditā jihvā tatpraveśo hi tāluni

ghomāṁsabhakṣhaṇaṁ tattu mahāpātakanāśanam

고사브데노디타 지흐바 타트프라베소 히 탈루니 |

고맘사박샤남 타뚜 마하파타카나사남 || 48 ||

고–소, 사브드–불리는, 지흐바–혀, 고마–소, 마하파타–대역죄

앞절의 단어 '고(gho)'는 소의 혀를 의미한다. 혀를 앞에서 말한 두개공에 넣는 것을 "고기를 먹는다"라고 말한다. 이것은 다섯 가지의 대역죄를 씻어 준다.

[해석] 다섯 가지 죄는 제사장인 브라흐만을 죽이는 것, 술을 마시는 것, 도둑질, 간통, 범죄를 저지르는 것 등을 말한다.

3.49

जिह्वाप्रवेशसम्भूतवह्निनोत्पादित ः खलु ।
चन्द्रात्स्रवति यः सारः सा स्वादमरवारुणी ॥ ४९ ॥

jihvāpraveśa sambhūtavahninotpāditaḥ khalu

chandrātsravati yaḥ sāraḥ sā syādamaravāruṇī

지흐바프라베사삼부타바흐니노트파디타흐 칼루 |

찬드라트스라바티 야흐 사라흐 사 스야다마라바루니 || 49 ||

찬드라–달, 스라바티–흐르다, 스야다–빠른, 아마라–죽지 않는, 바루니–주(酒)

아마라(Amara) 주(酒)이며 불사의 감로는, 혀를 동공에 넣을 때 생기는 열로 인해 달에서 흘러나오는 액체이다.

3.50

चुम्वन्ती यदि लम्विकाग्रमनिशं जिह्वा रसस्यनिदनी
सक्षारा कटुकाम्लदुग्धसदृशी मध्वाज्यतुल्या तथा ।
व्याधीनां हरणं जरान्तकरणं शस्त्रागमोदीरणं
तस्य स्यादमरत्वमष्टगुणितं सिद्धाङ्गनाकर्षणम् ॥ ५० ॥

chumbantī yadi lambikāghramaniśaṁ jihvā rasa syandinī
sa kṣhārā kaṭukāmla dughdha sadṝśī madhvājya tulyā tathā
vyādhīnāṁ haraṇaṁ jarānta karaṇaṁ śastrāghamodīraṇaṁ
tasya syādamaratvamaṣhṭa ghuṇitaṁ siddhāngghanākarṣhaṇam

춤반티 야디 람비카그라마니삼 지흐바 라사스얀디니
삭샤라 카투카믈라두그다사드리시 마드바즈야툴랴 타타 |
브야디남 하라남 자란타카라남 사스트라가모디라남
타스야 스야다마라트바마쉬타구니탐 시땅가나카르샤남 || 50 ||

춤바–접촉하다, 람비카–목젖; 구개, 지흐바–혀, 시따–초능력

혀를 계속해서 연구개(軟口蓋) 위쪽에 대고 있으면 짠맛 · 매운맛 · 신맛 또는 우유 · 버터 맛과 비슷한 감로가 분비된다. 그렇게 되면 질병이 사라지고, 노화가 멈추며, 위험이 없어지고, 죽지 않고, 여덟 가지 초능력을 얻고 천상을 매혹시킬 수 있다.

3.51

मूर्ध्नः षोडश पत्र पद्म गलितं प्राणादवाप्तं हठाद्
ऊर्ध्वर्शास्यो रसनां नियम्य विवरे शक्तिं परां चिन्तयन् ।

उत्कल्लोल कला च विमलं धारामयं यः पिबेन्
निर्व्याधिः स मृणाल कोमल वपुर्योगी चिरं जीवति ॥ ५१ ॥

mūrdhnaḥ ṣoḍaśa padma galitaṁ prāṇādavāptaṁ
ūrdvhāsyo rasanāṁ niyamya vivare śaktiṁ paraṁ chintayan
utkallola kalā jalaṁ cha vimalaṁ dhārāmayaṁ yaḥ piben
nirvyādhiḥ sa mṛṇāla komala vapuryoghī chiraṁ jīvati

무르드나흐 소다사 파트라 파드마 갈리탐 프라나다바프탐 하타드
우르드바스요 라사남 니얌야 비바레 삭팀 파람 친타얀 |
우트칼롤라칼라잘람 차 비말람 다라마얌 야흐 피벤
니르브야디흐 사 므리날라코말라바푸르요기 치람 지바티 || 51 ||

소다시-성스러운 어머니이면서 16개의 꽃잎을 가진 비슈다 차크라의 주인

위로 향해 누워서 혀를 연구개(軟口蓋) 위쪽의 혈에 붙여 삭티인 쿤달리니를 집중하면서 하타 요가 호흡법으로 달에서 흘러나온 감로가 16개의 꽃잎을 가진 연꽃인 목 차크라인 비슈다 차크라 위로 흐르는 것을 마신다면 병으로부터 자유롭고, 연 줄기처럼 부드럽고 아름다운 몸으로 장수할 수 있다.

3.52

यत्प्रालेयं प्रहित सुषिरं मेरु मूर्धान्त स्थं
तस्मिंस्तत्त्वमं प्रवदति सूधीस्तन् मुखं निम्नगानाम ।
चन्द्रात्सारः स्त्रवति वपुषस्तेन मृत्युर्नराणां

तद्बध्नीयात्सुकरणमधो नान्यथा काय सिद्धिः ॥ ५२ ॥

yatprāleyaṁ prahita suṣhiraṁ meru mūrdhāntara sthaṁ
tasmiṁstattvaṁ pravadati sudhīstan mukhaṁ nimnaghānām
chandrātsāraḥ sravati vapuṣhastena mṛtyurnarāṇāṁ
tadbadhnīyātsukaraṇamadho nānyathā kāya siddhiḥ

야트프랄레얌 프라히타수쉬람 메루무르단타라스탐
타스밈스타뜨밤 프라바다티 수디스탄무캄 님나가남 |
찬드라트사라흐 스라바티 바푸샤스테나 므리트유르나라남
타드바드니야트수카라나마테 난야타 카야시띠흐 || 52 ||

메루–인도 고대 신화인 푸라나 경전에 나오는 신화적인 산

척추를 따라서 메루인 수슘나에 소마를 저장하는 동굴이 있다. 수행자들은 그 속에 참나인 아트만이 있다고 말한다. 그곳은 여러 가지 나디가 흐르는 관의 배출구이다. 그곳의 달에서 육체의 정수인 감로가 흘러나가기 때문에 인간에게 죽음이 있다. 그러므로 탁월한 공중 비행 무드라를 수행해야 한다. 다른 방법으로는 완전한 육체를 얻지 못한다.

3.53

सुषिरं ज्ञानजाकं पञ्चस्त्रोतः समन्वितम् ।
तिष्ठते खेचरी मुद्रा तस्मिन्शून्ये निरञ्जने ॥ ५३ ॥

suṣhiraṁ gyāna janakaṁ pañcha srotaḥ samanvitam

tiṣhṭhate khecharī mudrā tasmanṣūnye nirañjane

수쉬람 그야나자나캄 판차스로타흐사만비탐 |

티쉬타테 케차리 무드라 타스만순예 니란자네 || 53 ||

그야나–지혜, 판차–5개, 스로타–강; 바다, 사만비탐–합류하는, 케차리 무드라–공중 비행 무드라, 니란자–순수한

이 수슘나의 5개 강이 합류하는 곳이며, 참된 지혜를 낳는 곳이다. 이 동굴 속이 깨끗하고 오염되지 않았을 때 케차리 무드라인 공중 비행 무드라는 이곳에 확고하게 안착한다.

[해석] 수슘나의 우리 몸의 에너지가 흐르는 강이란 이다(Ida) · 핑갈라(Pingala) · 수슘나(Sushumna) · 간다라(Gandhara) · 하스티지흐바(Hastijihva)의 강이며, 모두가 아즈나 차크라(Ajna Chakra)에서 만난다. 일반적인 강은 강가(Ganga) · 야무나(Yamuna) · 사라스와티(Saraswati) · 나르마다(Narmada) 강 등을 말한다.

3.54

एकं सृष्टिमयं वीजमेका च खेचरी ।
एको देवो निरालम्व एकावस्था मनोन्मनी ॥ ५४ ॥

ekaṁ sṛṣhṭimayaṁ bījamekā mudrā cha khecharī

eko dev ekaṁ sṛṣhṭimayaṁ bījamekā mudrā cha khecharī

에캄 스리쉬티마얌 비자메카 무드라 차 케차리 |

에코 데보 니라람바 에카바스타 마논마니 || 54 ||

에카–유일한, 스리쉬–높은 비자–종자(種子), 무드라–무드라, 케차리–공중 비행, 데바–신, 니라람바–최고의, 에카바스타–독립된, 마논마니–마논마니 삼매

옴(OM)은 천지창조의 유일한 최고의 종자이며, 케차리 무드라인 공중 비행 무드라는 유일한 최고의 무드라이며, 아트만은 유일한 최고의 신이며, 마논마니 삼매는 유일한 최고의 영적인 경지이다.

[해석] 케차리 무드라(Khecari Mudra)는 몸과 마음을 발전시키는 최고의 무드라이다.

우띠야나 반다(Uḍḍīyāna Bandha)
복부 수축 반다

3.55

बद्धो येन सुसुम्णयां प्राणस्तूड्डीयते यतः ।
तस्मादुड्डीयनाख्योऽयं योगिभिः समुदाहृतः ॥ ५५ ॥

baddho yena suṣhumṇāyāṁ prāṇastūḍḍīyate yataḥ

tasmāduḍḍīyanākhyo ayaṁ yoghibhiḥ samudāhṛtaḥ

바또 예나 수슘나얌 프라나스투띠야테 야타흐 |

타스마두띠야나쿄아얌 요기비흐 사무다흐리타흐 || 55 ||

수슘나-중앙 통로 에너지, 우띠야나-복부 수축 반다, 요기-요가 수행자

프라나 에너지는 이 반다에 연결되어 수슘나 관을 통하여 솟아오르기 때문에 요가 수행자들은 우띠야나라고 한다.

3.56

उड्डीनं कुरुते यस्मादविश्रान्तं महाखगः ।
उड्डीयानं तदेव स्यात्तत्र बन्धोऽभिधीयतेः ॥ ५६ ॥

uḍḍīnaṁ kurute yasmādaviśrāntaṁ mahā khaghaḥ

uḍḍīyānaṁ tadeva syāttava bandho abhidhīyate

우띠남 쿠루테 야스마다비스란탐 마하카가흐 |

우띠야남 타데바 스야따트라 반도아비디야테 || 56 ||

우띠야나-복부 수축

프라나 에너지가 끊임없이 허공으로 솟아오르는 것이 복부 수축인 우띠야나이다. 이것을 하기 위한 반다를 설명하겠다.

[해석] 우띠야나(Uddiyana)는 산스크리트 어원으로 우트(Ut)와 디(Di)의 의미는 공중 비행을 말하는 것이다.

우띠야나 반다(Uḍḍīyāna Bandha)
복부 수축 반다

3.57

उदरे पश्चिमं तानं नाभेरूर्ध्वं च कारयेत् ।
उड्डीयानो ह्यसौ वन्धशे मृत्युमाङ्गकेसरी ॥ ५७ ॥

udare paśchimaṁ tānaṁ nābherūrdhvaṁ cha kārayet

uḍḍīyāno hyasau bandho mṛtyu mātanggha kesarī

우다레 파스치맘 타남 마베루르드밤 차 카라예트 |

우띠야노 흐야사우 반도 므리트유마탕가케사리 || 57 ||

우띠야-복부 수축, 반다-수축, 므리트-죽음, 마탕가-코끼리, 케사리-사자

배꼽에서 위쪽의 복부 전체를 수축하게 된다. 이 복부 수축 반다는 죽음의 신인 코끼리를 내쫓는 사자와 같다.

[해석] 우띠야나 반다는 세 가지 반다 중 가장 동적인 것이며, '위로 날아오르는'이라고 번역될 수 있다. 날숨의 끝에서 '비어 있는' 우띠야나 반다의 자세를 쉽게 발견할 수 있다.

3.58

उड्डीयानं यु सहजं गुरुण कथितं सदा ।
अभ्यसेत्सततं यस्तु वृद्धोऽपि तरुणायते ॥ ५८ ॥

uḍḍīyānaṁ tu sahajaṁ ghuruṇṁ kathitaṁ sadā

abhyasetsatataṁ yastu vṛūddho api taruṇāyate

우띠야남 투 사하잠 구루나 카티탐 사다 |

아브야세트사타탐 야스투 브리또아피 타루나야테 || 58 ||

우띠야나-복부 수축, 사하자-자연스런, 구루-스승, 카티타-연결되다, 사다-영원한, 아브야-일어나다, 타루나야테-젊어지다

구루, 곧 스승이 이끌어 준 대로 복부 반다인 우띠야나 반다를 열심히 수행하여 그것이 언제나 자연스럽게 일어나도록 하라. 그러면 비록 늙었을지라도 다시 젊어진다.

3.59

नाभेरूर्ध्वमधश्चापि तानं कुर्यात्प्रयत्नतः ।

षण्मासमभ्यसेन्मृत्युं जयत्येव न संशयः ॥ ५९ ॥

nābherūrdhvamadhaśchāpi tānaṁ kuryātprayatnataḥ

ṣhaṇmāsamabhyasenmṝtyuṁ jayatyeva na saṁśayaḥ

나보루르드바마다스차피 타남 쿠르야트프라야트나타흐 |

샨마사마브야센므르트윰 자야트예바 나 삼사야흐 || 59 ||

나보-배꼽, 우르드바-위, 므르트유-죽음, 자야트-극복하다, 나-아닌, 삼사야-불확실한

배꼽 위아래의 복부에 힘을 주어 수축한다. 이 무드라를 6개월간 수행하면 틀림없이 죽음을 극복할 수 있다.

3.60

सर्वेषामेव वन्धानां उत्तमो ह्युड्डीयानकः ।

उड्डियाने दृढे वन्धे मुः स्वाभाविकी भवेत् ॥ ६० ॥

sarveṣhāmeva bandhānāṁ uttamo hyuḍḍīyānakaḥ

uḍḍiyāne dṛḍhe bandhe muktiḥ svābhāvikī bhavet

사르베샤메바 반다나무따모 흐유띠야나카흐 |

우띠야네 드리데 반데 묵티흐 스바바비키 바베트 || 60 ||

묵티-자유; 해탈

진정으로 복부 반다는 모든 반다 가운데 최고이다. 복부 반다를 통달하면 해탈은 저절로 오게 된다.

[해석] 복부 반다인 우띠야나 반다가 숙련되면, 수슘나를 통해 프라나가 상승되면 물라다라 차크라에서 척추를 타고 올라가 가장 미묘한 공동(空洞)인 브라흐마(Brahma)의 자리이며 해탈과 희열의 공간인 브라흐마란드라(Brahmarandhra)에 이른다.

물라 반다(Mūla Bandha)
항문 수축 반다

3.61

पार्ष्णि िगेन सम्पीड्य योनिमाकुञ्चयेद्गुदम् ।

अपानमूर्ध्वमाकृष्य मूलबन्धोऽभिधीयते ॥ ६१ ॥

pārṣhṇi bhāghena sampīḍya yonimākuñchayedghudam

apānamūrdhvamākṝṣhya mūla bandho abhidhīyate

파르쉬니바게나 삼피드야 요니마쿤차예드구담 |

아파나무르드바마크리쉬야 물라반도아비디야테 || 61 ||

물라 반다–항문 반다

발뒤꿈치로 회음부를 누르고 항문을 수축한 다음 아파나 에너지를 위로 끌어올린다. 이것이 물라 반다인 항문 반다 무드라이다.

3.62

अधो गतिमपानं वा ऊर्ध्वगं कुरुते बलात् ।
आकुञ्चनेन तं प्राहूर्मूल बन्धं हि योगिनः ॥ ६२ ॥

Adho ghatimapānaṁ vā ūrdhvaghaṁ kurute balāt

ākuñchanena taṁ prāhurmūla bandhaṁ hi yoghinaḥ

아도가티마파남 바 우르드감 쿠루테 발라트 |

아쿤차네나 탐 프라후르물라반담 히 요기나흐 || 62 ||

우르드가–상승

항문을 수축하여서 내려가려는 아파나 에너지를 힘을 주어 상승시킨다. 이것이 바로 요가 수행자들이 말하는 물라 반다인 항문 반다이다.

3.63

गुदं पार्ष्ण्यं तु सम्पीद्य वायुमाकुञ्जयेद्बलात् ।
वारं वारं यथा चोर्ध्वं समायाति समीरणः ॥ ६३ ॥

ghudaṁ pārṣhṇyā tu sampīḍya vāyumākuñchayedbalāt
vāraṁ vāraṁ yathā chordhvaṁ samāyāti samīraṇaḥ

구담 파르쉰야 투 삼피드야 바유마쿤차예드발라트 |
바람 바람 야타 초르드밤 사마야티 사미라나흐 || 63 ||

구다-항문, 파르쉬-뒤꿈치, 바라-점차적으로

발뒤꿈치로 회음을 압박하여 아파나 에너지가 수슘나 흐름 속으로 상승할 수 있도록 힘을 주고 반복적으로 조여 에너지를 끌어올린다.

3.64

प्राणापानौ नादबिन्दू मूलबन्धेन चैकताम् ।
गत्वा तोगस्य संसिद्धिं यच्छतो नात्र संशयः ॥ ६४ ॥

prāṇāpānau nāda bindū mūlabandhena chaikatām
ghatvā yoghasya saṁsiddhiṁ yachchato nātra saṁśayaḥ

프라나파나우 나다빈두 물라반데나 차이카탐 |
구트바 요가스야 삼시띰 야차토 나트라 삼사야흐 || 64 ||

프라나파나우-프라나와 아파나, 나다빈두-내면의 소리와 집중 에너지

프라나와 아파나 그리고 내면의 소리인 나다와 빈두는 이 물라 반다인 항문 반다의 힘에 의해 결합해서 요가를 완성시킨다.

[해석] 항문을 조이는 물라 반다는 프라나와 아파나를 합쳐 수슘나로 흘러들게 한다.

3.65

अपान प्राणयोरैक्यं क्षयो मूत्रपुरीषयोः ।
युवा भवति वृद्धोऽपि सततं मूलबन्धनात् ॥ ६५ ॥

apāna prāṇayoraikyaṁ kṣhayo mūtra purīṣhayoḥ
yuvā bhavati vṛddho api satataṁ mūlabandhanāt
아피나프라나요라이캄 크샤요 무트라푸리샤요흐 |
유바 바바티 브리또아피 사타탐 물라반다나트 || 65 ||

아파나-하강 에너지, 무트라-소변

끊임없이 항문 반다인 물라 반다를 수행하면 아파나와 프라나의 합일이 이루어진다. 그렇게 된다면 대소변은 감소되며, 늙

은이도 짧어진다.

3.66

अपाने ऊर्ध्वगे जाते प्रयाते वह्नि मण्लम् ।
तदाऽनल शिखा दीर्घा जायते वायुनाऽहत ॥ ६७ ॥

apāna ūrdhvaghe jāte prayāte vahni maṇḍalam

tadānala śikhā dīrghā jāyate vāyunāhatā

아파나 우르드바게 자테 프라야테 바흐니 만달람 |

타다날라시카 디르가 자야테 바유나하타 || 66 ||

마니달라–마니푸라 차크라; 배꼽 차크라

아파나 에너지가 상승하기 시작하여 마니푸라 차크라에 도달하면, 마니푸라 차크라의 불꽃이 아파나 에너지의 영향을 받아서 길게 펴진다.

[해석] 배꼽 아래의 쿤달리니의 불꽃이 확장해서 아파나와 프라나가 합쳐진다면 쿤달리니가 상승되기 시작한다.

3.67

ततो यातो वह्न्यपानौ प्राणमुष्ण स्वरूपकम् ।
तेनात्यन्त प्रदीप्तस्तु ज्वलनो देहजस्तथा ॥ ६७ ॥

tato yāto vahnyapānau prāṇamuṣhṇa svarūpakam

tenātyanta pradīptastu jvalano dehajastathā

타토 야토 바흐냐파나우 프라나무쉬나스바루파캄 |

테나트얀타 프라디프타스투 즈발라노 데하자스타타 || 67 ||

테나-그래서, 프라디-일어나다, 즈발라-빛, 데하자-몸에서

그래서 그 불과 아파나는 프라나와 만나게 된다. 그러한 결과로 육체 내부에 생긴 불꽃은 강하고 밝게 빛난다.

3.68

तेन कुण्डलिनी सपुता सन्तप्ता सम्प्रवुध्यते ।
दण्डाहता भुजङ्गीव निश्वस्व ॠजुतां ब्रजेत् ॥ ६८ ॥

tena kuṇḍalinī suptā santaptā samprabudhyate

daṇḍāhatā bhujangghīva niśvasya ṝjutāṁ vrajet

테나 쿤달리니 푸프타 삼타프타 삼프라부드야테 |

단다하타 부장기바 니스바스야 리주탐 브라제트 || 68 ||

부장기-뱀, 니스바스야-소리내다

잠자고 있던 쿤달리니가 뜨거운 그 불꽃에 의해 눈을 뜨게 되고, 채찍을 맞은 수뱀과 같이 소리내면서 숨을 내쉬면서 일어선다.

3.69

बिलं प्रविष्टेव ततो ब्रह्मनाद्यन्तरं व्रजेत् ।
तस्मान्नित्यं मूल बन्धः कर्तव्यो योगिभिः सदा ॥ ६८ ॥

bilaṁ praviṣhṭeva tato brahmanāḍyaṁ taraṁ vrajet

tasmānnityaṁ mūla bandhaḥ kartavyo yoghibhiḥ sadā

빌람 프라비쉬테바 타토 브라흐마나드얀타람 브라제트 |

타스만니트얌 물라반다흐 카르타브요 요기비흐 사다 || 69 ||

브라흐마나디–에너지 통로

마치 에너지 쿤달리니인 뱀이 수슘나 관으로 들어가 브라흐마 나디로 진입한다. 그러므로 요가 행자는 언제나 이 항문 반다를 수행해야 한다.

[해석] '언제나'라는 타스만 니트야(Tasman Nitya)는 밑으로부터 쿤달리니를 상승시키기 위해 만트라를 반복하면서 수행한다. 수슘나 관을 통해 브라흐마 나디로 해서 몸 전체로 에너지가 확장되는 것이다.

잘란다라 반다(Jālandharā Bandha)
목잠금 반다

3.70

कण्ठमाकुञ्च्य हृदये स्थापयेच्चिबुकं दृढम् ।

बन्धो जालन्धराख्योऽयं जरामृत्युनिशकः ॥ ७० ॥

kaṇṭhamākuñchya hṝdaye sthāpayechchibukaṁ dṝḍham

bandho jālandharākhyoayaṁ jarāmṝtyuvināśakaḥ

칸타마쿤챠 흐리다예 스타파예치부캄 드리담 |

반도 잘란다라쿄아얌 라자므리트유비나사카흐 || 70 ||

칸타—목, 자라—늙음, 므르트유—죽음

목을 당겨서 조이고, 턱을 가슴에 꽉 붙인다. 이것이 잘란다라 반다인 목 반다로서 늙음과 죽음을 극복한다.

3.71

बध्नाति हि सिराजालमधो गामि नभोजलम् ।
ततो जालन्धरो बन्धः कण्ठदुःखौघनाशनः ॥ ७१ ॥

badhnāti hi sirājālamadho ghāmi nabhojalam

tato jālandharo bandhaḥ kaṇṭhaduḥkhaughanāśanaḥ

바드나티 히 시라잘라마도가미 나보잘람 |

타토 잘란다로 반다흐 칸타두흐카우가나사나흐 || 71 ||

칸타—목, 두흐카—질병, 나사나—사라지게 한다

이 잘란다라 반다는 많은 나디 에너지를 막아 감로가 위에서 흘러내리지 못하게 하기 때문에 이렇게 이름 붙였다. 이 잘란다라 반다는 목의 모든 질병을 없애 준다.

3.72

जालन्धरे कृते कण्ठसंकोच लक्षणे ।
न पीयूषं पतत्यग्नौ न च वायुःप्रकुप्यति ॥ ७२ ॥

jālandhare kṛte bandhe kaṇṭhasaṁkocha lakṣhaṇe

na pīyūṣhaṁ patatyaghnau na cha vāyuḥ prakupyati

잘란다레 크리테 반데 칸타삼코찰락샤네 |

나 피유샴 파타트야그나우 나 차 바유흐 프라쿠프야티 || 72 ||

나-아닌, 피유삼-감로, 파타트-떨어지다, 야그나-소화, 바유-공기; 바람, 프라쿠프야티-진행되다

잘란다라 반다의 특징은 목을 수축하는 데 있다. 이 반다를 수행하면 감로가 위가 소화하는 불 속으로 떨어지지 않고 에너지인 나디가 바르게 흐른다.

3.73

कण्ठसंकोचनेनेव द्वे नाड्यौ स्तम्भयेद्दृढम् ।
मध्यचक्रमिदं ज्ञेयं षोडशाधारबन्धनम् ॥ ७३ ॥

kaṇṭha saṁkochanenaiva dve nāḍyau stambhayeddṛḍham

Madhya chakramidaṁ jṣeyaṁ ṣhoḍaśādhārabandhanam

칸타삼코차네나이바 드베 나드야우 스탐바예뜨리담 |

마드야차크라미담 그예얌 쇼다사다라반다남 || 73 ||

칸타–목, 삼코차–수축, 스탐바–기둥의, 마드야차크라–중앙 차크라, 쇼다사–16의

잘란다라 반다인 목을 수축하면 이다 핑갈라의 흐름을 완전히 멈출 수 있다. 목의 비슈다 차크라는 중앙의 차크라이기 때문에 이 반다는 몸의 16부위에 대한 반다가 된다.

3.74

मूलस्थानं समाकुञ्च्य उड्डियानं तु कारयेत् ।
इडां च पिङ्गलां बद्ध्वा वाहयेत्पश्चिमे पथि ॥ ७४ ॥

mūla-sthānaṁ samākuñchya uḍḍiyānaṁ tu kārayet

iḍāṁ cha pingghalāṁ baddhvā vāhayetpaśchime pathi

물라스타남 사마쿤챠 우띠야남 투 카라예트 |

이담 차 핑갈람 바뜨바 바하예트파스치메 파티 || 74 ||

이담 핑갈라–음과 양의 에너지

항문을 수축하여 복부 반다를 하고, 이다와 핑갈라의 두 길을 막는 목 반다를 해서 나디를 수슘나 나디로 인도하라.

3.75

अनेनैव विधानेन प्रयाति पवनो लयम् ।
ततो न जायते मृत्युर्जरागादिकं तथ ॥ ७५ ॥

anenaiva vidhānena prayāti pavano layam
tato na jāyate mṛtyurjarā roghādikaṁ tathā

아네나이바 비다네나 프라야티 파바노 라얌 |
타토 나 자야테 므르트유르자라로가디캄 타타 || 75 ||

라얌–부동의; 움직이지 않는, 나–아닌, 므르트유자라–죽음과 늙음, 로가–질병

이러한 방법으로는 수슘나 나디 속에서 부동의 상태가 된다. 이때에는 죽음이나 늙음 · 질병 등도 없다.

3.76

बन्धत्रयमिदं श्रेष्ठं महासिद्धैश्च सेवितम् ।
सर्वेषां हठतन्त्राणां साधनं योगिनो विदुः ॥ ७६ ॥

bandha trayamidaṁ śreṣhṭhaṁ mahā siddhaiścha sevitam
sarveṣhāṁ haṭha tantrāṇāṁ sādhanaṁ yoghino viduḥ

반다트라야미담 스레쉬탐 마하시따이스차 세비탐 |
사르베샴 하타탄트라남 사다남 요기노 비두흐 || 76 ||

트라야–3개의, 스레쉬탐–옛날의

모든 요가 수행자들은 위대한 옛 수행자들의 수행 중에 이 3

개의 반다가 최고의 반다로서 모든 하타 요가 수행법을 완성시킨다고 알고 있다.

3.77

यत्किंचित्स्रवते चन्द्रादमृतं दिव्यरूपिणः ।
तत्सर्वं ग्रसते सूर्यस्तेन पिण्डो जरायुतः ॥ ७७ ॥

yatkiṁ chitsravate chandrādamṛtaṁ divya rūpiṇaḥ
tatsarvaṁ ghrasate sūryastena piṇḍo jarāyutaḥ

야트킴치트스라바테 찬드라담리탐 디브야루피나흐 |
타트사르밤 그라사테 수르야스테나 핀도 자라유타흐 || 77 ||

야트–그것, 킴–무엇, 치트–일어나다, 스라바–흐르다, 찬드라–달; 소마(Soma), 디브야–성스러운, 그라사테–삼키다, 수르야–태양, 자라–노화

성스러운 형태의 달에서 나오는 소마의 감로를 태양이 완전히 삼켜 버린다. 그래서 몸은 노화가 진행된다.

[해석] 마치 달인 찬드라의 감로의 흐름을 태양인 수르야가 삼켜 버려 노화가 진행된다고 하는 것이다. 이것은 현대 의학의 태양이 피부 노화를 촉진한다는 것과 같은 맥락이다.

비파리타카라니 무드라(Viparītakarani Mudrā)
역전(逆轉) 무드라

3.78

तत्रास्ति करणं दिव्यं सूर्यस्य मुखवञ्चनम् ।
गुरूपदेशतो ज्ञेयं न तु शास्त्रार्थकोटिभिः ॥ ७८ ॥

tatrāsti karaṇaṁ divyaṁ sūryasya much -vañchanam

gurūpadeśato gyeyaṁ na tu śāstrāātha koṭibhiḥ

타트라스티 카라남 디브얌 사르야스야 무카반차남 |

구루파데사토 그예얌 나 투 사스트라르타 코티비흐 || 78 ||

구루-스승, 우파데사-전수하다, 그예야-알다, 사스트라르타-경전의, 코티-100만의

태양의 입을 속이는 훌륭한 방법이 있다. 그러나 이것은 스승의 가르침에 의해서만 배울 수 있을 뿐 100만 가지 이론이나 경전으로 결코 터득할 수 없다.

3.79

ऊर्ध्वं नाभेरधस्तालोरूर्ध्वं भानुरधः शशी ।
करणी विपरीताख्या गुरुवाक्येन लभ्यते ॥ ७९ ॥

ūrdhva nābheradhastālorūrdhvaṁ bhānuradhaḥ śaśī

karaṇī viparītākhā ghuru vākyena labhyate

우르드바나베라다스탈로루르드밤 바누라다흐 사시 |

카라니 비파리타캬 구루바케나 라브야테 || 79 ||

비파리타-역전, 카라니-동작, 구루 바크-스승의 가르침

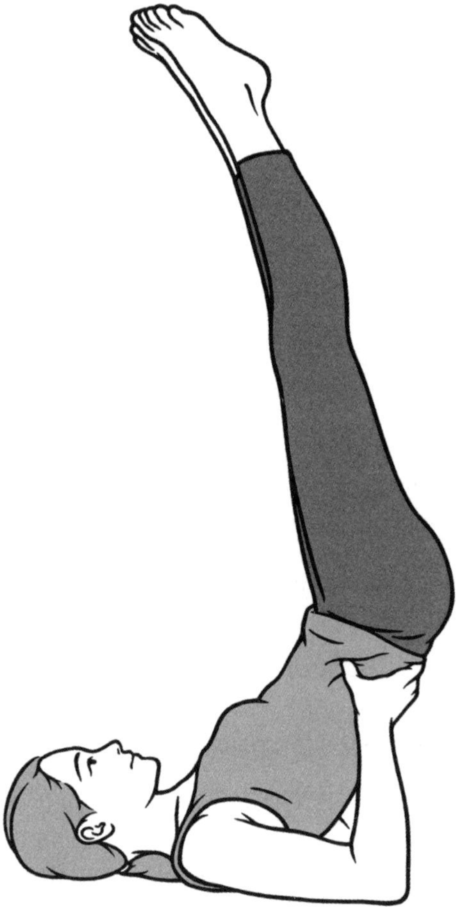

비파리타카라니 무드라(Viparītakarani Mudrā)
역전(逆轉) 무드라

배꼽이 위에 있고 입천장이 아래에 있는 자세를 취할 때, 태양이 위로 가고 달이 아래로 가게 된다. 이 비파리타, 즉 역전이라고 하는 이름의 카라니인 동작은 스승의 가르침을 받고 배워야 한다.

3.80

नित्यमभ्यासयुक्तस्य जठराग्निविवर्धिनी ।
आहारो बहुलस्तस्य सम्पाद्यः साधकस्य च ॥ ८० ॥

nityamabhyāsa yuktasya jaṭharāghni vivardhanī

āhāro bahulastasya sampādyaḥ sādhakasya cha

니트야마브야사 육타스야 자타라그니 비바르다니 |

아하로 바훌라스타스야 삼파드야흐 사다카스야 차 || 80 ||

니트야-언제나; 영원한, 브야사-공포, 육타-하나되는, 자타라그니-소화되는 불, 비바르다나-증가하다, 아하라-음식, 바훌라-많은, 삼파드야-획득하는, 사다카-수행자

이 비파리타카라니 무드라를 수행하면 음식을 소화시키는 불이 증가한다. 그래서 이 무드라 수행자는 음식을 충분히 섭취해야 한다.

3.81

अलपाहारो यदि वेदग्निर्दहति तत्क्षणात् ।
अधःशिराश्चो र्ध्वपादः क्षणं यात्प्रथमे दिने ॥ ८१ ॥

alpāhāro yadi bhavedaghnirdahati tatkṣhaṇāt

adhaḥ śirāśchordhva pādaḥ kṣhaṇaṁ syātprathame dine

알파하로 야디 바베다그니르다하티 타트크샤나트 |

아다흐시라스초르드바파다흐 크샤남 스야트프라타메 디네 || 81 ||

알파하라–적은 음식, 야다–그때, 바바–행위, 아그니–불, 다하티–태우다, 타트크샤나–바로, 아다–아래, 시라–머리, 파다–발, 크샤나–짧게, 스야트–그러므로, 프라타 디네–첫째 날

만약 음식이 부족하면 소화의 불이 곧바로 몸을 태워 버릴 것이다. 첫날에는 머리를 아래로 하고 발을 위로 하는 자세는 짧게 하는 것이 좋다.

[해석] 이것은 사르방가아사나(Sarvangasana)인 어깨로 서기하고는 다르다. 비슈다 차크라를 자극하여 갑상선과 부갑상선이 좋아진다. 이 자세로 자극을 하면 프라나가 흐르게 된다.

3.82

क्षणाच्च किंचिदधिकमभ्यसेच्च दिने दिने ।
वलितं पलितं चैव षणमासोर्ध्वं न दृश्यते ।
याममात्रं तु यो नित्यमभ्यसेत्स तु कालजित् ॥ ८२ ॥

kṣhaṇāccha kiṁchidadhikamabhyaseccha dine dine

valitaṁ palitaṁ chaiva ṣhaṇmāsordhvaṁ na dṝśyate

yāma mātraṁ tu yo nityamabhyasetsa tu kālajit

크샤나짜 킴치다디카마브야세짜 디네 디네 |

발리탐 팔리탐 차이바 샨마소르드밤 나 드르스야테 |

야마마트람 투 요 니트야마브야세트사 투 칼라지트 || 82 ||

크샤나–짧게, 킴치트–어떠한, 아브야사–실천하다, 디네–천천히, 발리타–나타나다, 팔리타–늙은, 차이바–그리고, 샨마사–6개월, 나–아닌, 드르스야타–보이는, 야마–3시간, 마트라–정도, 니트야–영원한, 아브야사–실천, 칼라–죽음

이것을 날마다 조금씩 늘려 간다. 그러면 6개월 후에는 주름과 백발이 없어진다. 매일을 1야마인 약 3시간 동안 한다면 죽음을 극복할 수 있다.

바즈롤리 무드라(Vajrolī Mudrā)
천둥 무드라

3.83

स्वेच्छया वर्तमानोऽपि योगोक्तैर्नियमैर्विना ।
वज्रालीं यो विजानाति स योगी सिद्धिभाजनम् ॥ ८३ ॥

svecchayā vartamānoapi yoghoktairniyamairvinā

vajrolīṁ yo vijānāti sa yoghī siddhi bhājanam

바즈롤리 무드라(Vajrolī Mudrā)
천둥 무드라

스베짜야 바르타마노아피 요고크타이르니야마이르비나 |

바즈롤림 요 비자나티 사 요기 시띠바자남 || 83 ||

바르타마-적용, 요고타-요가 수행자, 니야마-해야 될 계율, 바즈라-천둥; 번개; 금강(金剛); 비의 신인 인드라 신의 무기, 비자나타-확고한, 요기-요가 수행자, 시띠-성취, 바자나-나누다

금강의 감로 무드라를 제대로 체득한 요가 수행자는 명문화된 요가의 계율을 지키지 않더라도 요가의 성취를 이룰 수 있다.

[해석] 바즈롤리 무드라 또는 금강 감로 무드라를 체득한 요가 수행자가 요가의 경지를 이루었다는 것은 과장될 수가 있다. 다만 이 수행법의 위대함을 표현한 것이다.

3.84

तत्र वस्तुद्वयं वक्ष्ये दुर्लभं यस्य कस्यचित् ।
क्षीरं चैकं द्वितीयं तु नारी च वशवर्तिनी ॥ ८४ ॥

tatra vastu dvayaṁ vakṣhye durlabhaṁ yasya kasyachit

kṣhīraṁ chaikaṁ dvitīyaṁ tu nārī cha vaśa-vartinī

타트라 바스투드바얌 박셰 두를라밤 야스야 카스야치트 |

크쉬람 차이캄 드비티얌 투 나리 차 바사바르티니 || 84 ||

타트라-그러한, 바스투-대상, 드바야-두 가지, 바크스야-전하다, 두를라바-귀한,

야스야-수행하다, 카스야-누구, 크쉬라-우유; 액체, 드비티야-두 가지, 크쉬람-감로의 액체, 나리-나디, 바사-머물다, 바르티-행하다

이 행법을 수행하는 데는 일반 사람으로는 구하기 어려운 두 가지 조건이 필요하다. 두 가지 조건이란, 하나는 크쉬라인 감로의 액체이며 다른 하나는 나디의 통제이다.

[해석] 두 가지 조건이란, 하나는 크쉬라(Kshira)인데 이것은 목구멍 안에 달 에너지인 찬드라(Chandra)와 연결된 감로의 액체인 빈두(Bindu)이며, 다른 하나는 에너지 선인 나디(Nadi)인데 치트라 나디(Chitra Nadi)이며 회음부 위에서 정액을 양산하는 나디이다. 바즈롤리 무드라는 치트라 나디에서 생성된 정액을 상승시켜 목구멍에 연결된 감로의 액체와 섞이게 한다. 이 에너지는 신들의 음식처럼 불로불사(不老不死)하다고 수행자들은 믿는다. 목구멍에서 분비된 감로의 액체는 잘 흘러내려야 하며, 이것을 잘 보존하는 것이 바즈롤리 무드라를 성취하는 데 중요하다. 치트라 나디는 시바니 나디(Sivani Nadi) 또는 회음 나디라고도 하며, 이 나디는 골반 · 신경 계통에 영향을 준다. 핵심 중추 나디인 수슘나 나디에 위치하기 때문에 회음 나디와의 결합이 중요하다.

3.85

मेहनेन शनैः सम्यगूर्ध्वाकुञ्चनमभ्यसेत् ।
पुरुषोऽप्यथवा नारी वज्रोली सिद्धिमाप्नुयात् ॥ ८५ ॥

mehanena śanaiḥ samyaghūrdhvākuñchanamabhyaset

puruṣho apyathavā nārī vajrolī siddhimāpnuyāt

메하네나 사나이흐 삼야구르드바쿤차나마브야세트 |

푸루쇼아프야타바 나리 바즈롤리시띠마프누야트 || 85 ||

메하나-성기, 사나이-천천히, 삼야-바르게, 우르드바-곧게, 쿤차-수축하다, 아브야사-행하다, 푸루사-남성, 아프야-액체, 나리-나디(에너지 선), 바즈롤리-천둥 무드라, 시띠-숙달; 완성, 아파나스-행하다

성교시 천천히, 그리고 바르게 정액을 빨아올리는 수행을 해야 한다. 남성은 물론 여성도 금강의 감로 무드라에 숙달할 수 있다.

[해석] 게란다 삼히타(Gherand Samhita)의 경전에는 바즈롤리 무드라가 몸에서 엉덩이 부위와 발끝에서 머리 꼭대기까지 균형을 이루는 것이라고 한다. 비뇨기 계통과 비뇨생식기 근육이 자동적으로 수축된다. 이 근육이 수축됨으로써 다른 작용들도 일어날 수가 있는 것이다. 바즈롤리 무드라(Vajroli Mudra)의 여성을 위한 단어는 사하졸리 무드라(Sahajoli Mudra)라고도 부른다. 이를 잘못 해석해 잘못된 수행 방식으로 빠지기가 쉬워 하타요가 프라디피카 해석을 할 때 바즈롤리 · 사하졸리 · 아마롤리의 부분을 빼고서 해석하는 경우도 많다.

3.86

यत्नतः शस्तनालेन फूतकारं वज्रकन्दरे ।
शनैः शनैः प्रकुर्वीत वायुसंचारकारणत् ॥ ८६ ॥

yatnataḥ śasta nālena phūtkāraṁ vajra kandare

śanaiḥ śanaiḥ prakurvīta vāyu-saṁchāra-kāraṇāt

야트나타흐 사스타날레나 푸트카람 바즈라칸다레 |

사나이흐 사나이흐 프라쿠르비타 바유삼차라카라나트 || 86 ||

야트나-음경, 사스타-다가가다, 날라-관, 푸트카라-불다, 바즈라-강하게, 칸다-부분, 사나이-천천히, 프라쿠르타-움직이다, 바유-공기, 삼차라-길, 차라나-행하다

그렇게 하기 위해서는 관을 사용해서 주의 깊게 공기가 천천히 점차적으로 들어가도록 음경에 숨을 불어넣는다.

3.87

नारीभगे पतद्बिन्दुमभभ्यासेनोर्ध्वमाहरेत् ।
चलितं च निजं बिन्दुमूर्ध्वमाकृष्य रक्षयेत् ॥ ८७ ॥

nārī bhaghe padad bindumabhyāsenordhvamāharet

chalitaṁ cha nijaṁ bindumūrdhvamākṝṣhya rakṣhayet

나리바게 파타드빈두마브야세노르드바마하레트 |

찰리탐 차 니잠 빈두무르드바마크리쉬야 락샤예트 || 87 ||

나리-나디, 바가-나누다, 파다-발, 빈두-정액, 아브야사-행하지 않다, 찰리타-떠나다, 차-그리고, 니자-본래로, 빈두-정액, 우르드바-반대로, 아크리쉬야-자신으

로 당겨서, 락샤–보존하다

이 바즈롤리 무드라 수행법으로 여성의 질 내부에 막 떨어지려고 하는 정액도 다시 끌어올릴 수 있다. 만약 사정을 했으면 정액을 다시 끌어올려 회수해서 정기를 보존해야 한다.

3.88

एवं संरक्षयेद्बिन्दुं मृत्युं जयति योगवित् ।
मरणं बिन्दुपातेन जीवनं बिन्दुधारणात् ॥ ८८ ॥

evaṁ saṁrakṣhayedbinduṁ mṝtyuṁ jayati yoghavit

maraṇaṁ bindu pātena jīvanaṁ bindu dhāraṇāt

에밤 삼락셰드빈둠 므리트윰 자야티 요가비트 |

마라남 빈두파테나 지바남 빈두다라나트 || 88 ||

에밤–이처럼, 삼락샤–보존하다, 빈두–정액, 므리트윰–죽음, 자야티–극복하다, 요기–요가 수행자, 마라나–죽음, 지바나–삶, 다라나트–모으다

요가의 수행을 통달한 사람은 이처럼 빈두인 정액을 보존하여 죽음을 극복한다. 정액을 소모하면 죽음이 있으며, 정액을 보존하면 삶이 있는 것이다.

3.89

सुगन्धो योगिनो देहे जायते बिन्दुधारणात् ।

यावद् बिन्दुः स्थिरो देहे तावत्कालभयं कुतः ॥ ८९ ॥

sughandho yoghino dehe jāyate bindu-dhāraṇāt

yāvadbinduḥ sthiro dehe tāvatkāla bhayaṁ kutaḥ

수간도 요기노 데헤 자야테 빈두다라나트 |

야바드빈두흐 스티로 데헤 타바트칼라바얌 쿠타흐 || 89 ||

수간다–향기가 난다, 요기–요가 수행자, 데헤–몸, 자야티–그렇게 되다, 빈두–정액, 다라나트–보존하다, 야바드–그렇게 되면, 스티라–안정된, 타바트칼라–조금의 시간, 바야–행하다, 쿠타–~할 필요가 없다

빈두인 정액을 보존하면 요가 행자의 몸에서 향기로운 냄새가 난다. 빈두인 정액이 완전히 체내에 보존되어 있다면 죽음에 대한 공포를 가질 필요가 없다.

3.90

चित्तायत्तं नृणां शुक्रं शुक्रायत्तं च जीवितम् ।
तस्माच्छुक्रं मनश्चैव रक्षणीयं प्रयत्नतः ॥ ९० ॥

chittāyattaṁ nṝṇāṁ śukraṁ śukrāyattaṁ cha jīvitam

tasmāchukraṁ manaśchaiva rakṣhaṇīyaṁ prayatnataḥ

치따야땀 느리남 수크람 수카야땀 차 지비탐 |

타스마추크라크람 마나스차이바 락샤니얌 프라야트나타흐 || 90 ||

치타–마음, 야타–행해지다, 느르나–이끌다, 수크라–명료한, 차–그리고, 지비타–

생명의, 마나스–마음, 락샤–보존하다, 프라야트나–노력하다

인간의 빈두인 정액은 마음에 의해 통제되고, 생명은 정액에 의존한다. 그래서 정액과 마음을 잘 보존하고 통제하도록 노력해야 한다.

사하졸리 무드라(Shajolī Mudrā)
자연스런 자극 무드라

3.91

ऋतुमत्या रजोऽप्येवं निजं बिन्दुं च रक्षयेत् ।
मेढ्रेणाकर्षयेदूर्ध्वं सम्यगभ्यासयोगवित् ॥ ९१ ॥

ṛtumatyā rajo apyeva nijaṁ binduṁ cha rakṣhayet

meḍhreṇākarṣhayedūrdhvaṁ samyaghabhyāsa-yogha-vit

르투마트야 라조아프예밤 니잠 빈둠 차 락샤예트 |

메드레나카르샤예두르드밤 삼야가브야사요가비트 || 91 ||

르투마트야–수행을 실천, 라자–행하다, 니잠–본래의, 빈두–정액, 차–그리고, 락스야–보존하다, 메다라–생식기, 아카르사–당기다, 우르드바–올리다, 삼약–올바르게, 브야사–행하다

이 수행을 완벽히 실천하여 빈두인 정액이 여성의 생식기로부터 끌어당겨서 보존된다.

3.92

सहजोलिश्चामरोलिर्वज्रोल्या भेद एकतः ।
जले सुभस्म निक्षिप्य दग्धगोमयसम्भवम् ॥ ९२ ॥

sahajoliśchāmarolirvajrolyā bheda ekataḥ
jale subhasma nikṣhipya daghdha ghomaya sambhavam
사하졸리스차마롤리르바즈롤랴 베다 에카타흐 |
잘레 수바스마 닉쉬프야 다그다고마야삼바밤 || 92 ||

사하졸리–공생 감로, 아마롤리–불멸의 감로, 바즈롤리–금강 감로, 베다–행하다, 에카타–하나로, 잘라–물, 수바–경이롭게, 닉쉬프야–소비하다, 다그다–태우다, 고마야–소똥, 삼바바–근원

사하졸리와 아마롤리는 바즈롤리의 변형이다. 공생의 감로와 불멸의 감로는 금강의 감로 무드라의 변형이다. 쇠똥을 태워서 만든 재를 물과 혼합한다.

3.93

वज्रोलीमैथुनादूर्ध्वं स्त्रीपुंसोः स्वङ्गलेपनम् ।
आसीनयोः सुखेनैव मुक्तव्यापारयोः क्षणात् ॥ ९३ ॥

vajrolī maithunādūrdhvaṁ strī puṁsoḥ svāngghalepanam
āsīnayoḥ sukhenaiva mukta vyāpārayoḥ kṣhaṇāt
바즈롤리마이투나두르드밤 스트리 품소흐 스방갈레파남 |

아시나요흐 수케나이바 묵타 브야파라요흐 크샤나트 || 93 ||

바즈롤리–금강 감로, 마이투나–성교, 우르드바–올리다, 스트리품사–남성과 여성, 스방가–자신의 몸; 움직이다, 레파나–연고, 아시나–앉다, 묵타–해방된, 브야–행하다, 크샤나–기회

바즈롤리의 성교를 행한 후에 쾌감이 고조에 이르러서 금강의 감로 무드라 성교로 쾌감이 고조에 달할 때 성행위를 중단하고, 두 남녀는 행복한 기분으로 앉아서 그 물을 자기 몸의 뛰어난 곳에 발라야 한다.

3.94

सहजोलिरियं प्रोक्ता श्रद्धेया योगिभिः सदा ।
अयं शुभकरो योगो ेगयुक्तोऽपि मुक्तिदः ॥ ९४ ॥

sahajoliriyaṁ proktā śraddheyā yoghibhiḥ sadā
ayaṁ śubhakaro yogho bhogha-yukto api muktidaḥ

사하졸리리얌 프록타 스라떼야 요기비흐 사다 |
아얌 수바카로 요고 보가육토 아피 묵티다흐 || 94 ||

사하졸리–공생 감로, 프록사–말하다, 스라다–믿음, 요기–요가 수행자, 사다–언제나, 아얌–이, 수바–좋은, 육타–하나되는, 묵티–해탈

이 수행법은 요가 수행자들이 옛부터 신뢰하던 사하졸리라고

하며, 공생의 감로 무드라이다. 이 요가는 행복을 가져오고, 해탈을 이루게 한다.

3.95

अयं योगः पुण्यवतां धीराणां तत्त्वदर्शिनाम् ।
निर्मत्सराणां वै सिध्येन्न तु मत्सरशालिनाम् ॥ ९५ ॥

ayaṁ yoghaḥ puṇyavatāṁ dhīrāṇāṁ tattva-darśinām
nirmatsarāṇāṁ vai sidhyenna tu matsara-śālinām

아얌 요가흐 푼야바탐 디라남 타뜨바다르시남 |
니르마트사라남 바이 시드옌나 투 마트사라살리남 || 95 ||

아얌–이, 요가–요가, 푼야–덕망, 디라나–헌신적인, 타뜨바–참으로, 다르시–수용하다, 니르마트–이루다, 시드예니–성공하다, 마트사라–질투, 사리나–지배하는

이 요가는 덕망이 있고, 진리를 직시하고 질투심이 없는 사람만이 이러한 요가에 성공한다. 질투심이 있는 사람은 결코 성공할 수 없다.

아마롤리 무드라(Amarollī Mudrā)
불멸의 감로 무드라

3.96

पित्तोल्वणत्वात्प्रथमाम्बुधारां विहाय निःसारतयान्त्यधाराम् ।

निषेव्यत शीतलध्यधारा कापालिके खण्डमतेऽमरोली ॥ ९६ ॥

pittolbaṇatvātprathamāmbu dhārāṁ vihāya niḥsāratayāntyadhā

rām

niṣhevyate śītala madhya dhārā kāpālike khaṇḍamate amarolī

피똘바나트바트프라타맘부다람 비하야 니흐사라타얀트야다람 |

니셰브야테 시탈라마드야다라 카팔리케 칸다마체아마롤리 || 96 ||

다라나–집중, 비하야–제외하고, 시탈라–냉정히, 마드야–중간의, 다라–카팔리카

파–카팔리카 단체, 아마롤리–불멸의 감로

요료(尿療)의 첫부분은 담즙을 증가시키므로 버리고, 마지막 부분 또한 정분이 부족하므로 버려서 냉정히 중간 부분만을 소중하게 사용한다. 이것이 카팔리카파의 종지로 아마롤리인 불멸의 감로 무드라라고 한다.

3.97

अमरीं यः पिबेन्नित्यं नस्यं कुर्वन्दिने दिने ।
वज्रोलीमभ्यसेत्सम्यक्सामरोलीति कथ्यते ॥ ९७ ॥

amarīṁ yaḥ pibennityaṁ nasyaṁ kurvandine dine

vajrolīmabhyasetsamyaksāmarolīti kathyate

아마림 야흐 피벤니트얌 나스얌 쿠르반디네 디네 |

바즈롤리마브야세트삼약사마롤리티 카트야테 || 97 ||

아마르–불멸; 불사(不死), 나스야–풍요로운, 바즈롤리–금강 무드라, 카트야테–정리하다

매일 향기를 맡으며 아마리인 불멸의 감로를 마시고, 바즈롤리인 금강의 감로 무드라를 알맞게 수행하는 것을 아마롤리인 불멸의 감로 무드라라고 한다.

[해석] 탄트라와 요가에서는 불멸의 감로인 아마롤리는 시바 신으로 알려져 있으며, 인간의 기본적인 요소라고 한다. 요료(尿療) 또는 소변의 중간을 마시는 것은 요가에서 중요하게 여긴다. 그래서 요료법의 과학은 의학에서도 중요하게 다루고 있다. 그야나르바 탄트라(Gyanarva Tantra) 22절에서는 "오 파르바티 여신이여, 신성한 힘은 요료로 만들어진 물에 살아 있다"라고 하였다.

3.98

अभ्यासान्निःसृतां चान्द्रीं विभूतया सह मिश्रयेत् ।
धारयेदुत्तमाङ्गेषु दिव्यदृष्टिः प्रजायते ॥ ९८ ॥

abhyāsānniḥsṝtāṁ chāndrīṁ vibhūtyā saha miśrayet
dhārayeduttamāngghesḥu divya dṝśhṭiḥ prajāyate

아브야산니흐수탐 찬드림 비부트야 사하 미스라예트 |
다라예두따망게슈 디브야 드리쉬티흐 프라자야테 || 98 ||

비부티–재, 디브야–시야, 디브야 드리쉬티–천안통, 프라자야테–행하다

아마롤리인 불멸의 감로 무드라 수행으로 유출된 감로에 재를 혼합하여 육체의 뛰어난 곳에 발라야 한다. 그러면 천안통이 열린다.

3.99

पुंसो बिन्दुं समाकुञ्च्य सम्यगभ्यासपाटवात् ।
यदि नारी रजो रक्षेद्वज्रोल्या सापि योगिनी ॥ ९९ ॥

puṁso binduṁ samākuñchya samyaghabhyāsa pāṭavāt
yadi nārī rajo rakṣhedvajrolyā sāpi yoghinī

품소 빈둠 사마쿤챠 삼야가브야사파타바트 |
야디 나리 라조 락셰드바즈롤랴 사피 요기니 || 99 ||

품사–남자, 빈두–정액, 락샤–지키다, 요기니–여자 요가 수행자

많은 수행을 통해 성취를 이룬 부인이 금강의 감로 무드라로 빈두인 남성의 정액을 흡수하여 자신의 것으로 유지한다면 그 여성을 요가 수행자인 요기니라고 할 수 있다.

3.100

तस्याः किंचिद्रजो नाशं न गच्छति न संशयः ।
तस्याः शरीरे नादश्च बिन्दुतामेव गच्छति ॥ १०० ॥

tasyāḥ kiṁchidrajo nāśaṁ na ghacchati na saṁśayaḥ

tasyāḥ śarīre nādaścha bindutāmeva ghacchati

타스야흐 킴치드라조 나솜 나 가차티 나 삼사야흐 |

타스야흐 사리레 나다스차 빈두타메바 가차티 || 100 ||

타스야-그것, 킴치트-어떤, 라조-행하다, 나사-소모하다, 나-아닌, 가차-가다; 하나되다, 삼사야-의심, 사리라-몸, 나다-내면의 소리, 빈두-점; 정액

그 여자가 정액을 조금도 소모하지 않는다면, 그때 그 여자의 몸속에서 나다는 빈두와 합일한다.

3.101

स बिन्दुस्तद्रजश्चैव एकीभूय स्वदेहगौ ।
वज्रोल्यभ्यासयोगेन सर्वसिद्धिं प्रयच्छतः ॥ १०१ ॥

sa bindustadrajaśchaiva ekībhūya svadehaghau

vajroly-abhyāsa-yoghena sarva-siddhiṁ prayacchataḥ

사 빈두스타드라자스차이바 에키부야 스바데하가우 |

바즈롤야브야사요게나 사르바시띰 프라야짜타흐 || 101 ||

사-그것, 빈두-정액, 라자스-분비액, 에카-하나, 스바데하-자신의 몸, 바즈롤리-금강 무드라, 아브야스야-실천하다, 요게나-요가 수행자, 사르바시띰-모든 초능력, 프라야짜-완성되다

남성의 빈두인 정액과 여성의 라자스인 분비액은 바즈롤리 무

드라인 금강의 감로 무드라 수행에 의해 자신의 몸속에서 합일하여 요기니가 된다. 이때 초능력인 시띠가 완성된다.

3.102

रक्षेदाकुञ्चनादूर्ध्वं या सा हि योगिनी ।
अतीतानागतं वेत्ति खेचरी च भवेद्ध्रुवम् ॥ १०२ ॥

rakṣhedākuñchanādūrdhvaṁ yā rajaḥ sā hi yoghinī
atītānāghataṁ vetti khecharī cha bhaveddhruvam

락셰다쿤차나두르드밤 야 라자흐 사 히 요기니 |
아티타나가탐 베띠 케차리 차 바베뜨루밤 || 102 ||

락샤–보존하다, 아쿤차–굽히다, 우르드바–위로, 라자–행동성, 사 히–그것, 요기니–여성 요가 수행자, 아티타–지나가는, 케차리–공중 비행 무드라, 바베다–~그러하다

여성이 자신의 라자스인 행동성을 끌어올려 그것을 보존한다면, 그 여성은 요가 수행자인 요기니라고 할 수 있다. 그 여성은 공중 비행 무드라인 케차리 무드라로 모든 초능력을 성취할 수 있을 것이다.

3.103

देहसिद्धिं च लभते वज्रोल्यभ्योगतः ।
अयं पुण्यकरो योगो भुक्तेऽपि मुक्तिदः ॥ १०३ ॥

deha-siddhiṁ cha labhate vajroly-abhyāsa-yoghataḥ

ayaṁ puṇya karo yogho bhoghe bhukte api muktidaḥ

데하시띰 차 라바테 바즈롤랴브야사요가타흐 |

아얌 푼야카로 요고 보게 북테아피 묵티다흐 || 103 ||

데하-몸; 육체, 시띠-완벽함, 바즈롤리-감로 금강 무드라, 푼야카-경이로움, 요고-요가, 보가-감각, 북타-즐거움, 묵타-해탈; 자유

바즈롤라 무드라인 금강의 감로 무드라 수행으로 육체의 완벽함을 얻는다. 이 경이로운 요가는 감각 기관의 얽힘으로부터 자유를 준다.

삭티 차라나(śakti Cālana)
삭티 에너지 행위

3.104

कुटिलाङ्गी कुण्डलिनी भुजङ्गी शक्तिरीश्वरी ।
कुण्डल्यरुन्धती चैते शब्दाः पर्यायवाचकाः ॥ १०४ ॥

kuṭilāngghī kuṇḍalinī bhujangghī śaktirīśvarī

kuṇḍalyarundhatī chaite śabdāḥ paryāya vāchakāḥ

쿠틸랑기 쿤달리니 부장기 삭티리스바리 |

쿤달야룬다티 차이테 사브다흐 파르야야바차카흐 || 104 ||

쿠틸랑기–구부러진 몸, 쿤달리니–에너지, 부장기–뱀

쿠틸랑기, 쿤달리니, 부장기, 삭티, 이스바리, 쿤달리니, 아룬다티, 이 모든 것은 같은 동의어이다.

3.105

उद्घाटयेत्कपाटं यथा कुंञ्चिकया हठात् ।
कुण्डलिन्या तथा योगी मोक्षद्वारं विभेदयेत् ॥ १०५ ॥

udghāṭayetkapāṭaṁ tu yathā kuṁchikayā haṭhāt

kuṇḍalinyā tathā yoghī mokṣhadvāraṁ vibhedayet

우드가타예트카파탐 투 야타 쿤치카야 하타트 |

쿤달린야 타타 요기 목샤드바람 비베다예트 || 105 ||

우드가타–가다, 쿤치카야–열쇠로 열다, 하타–하타 요가, 쿤달리니–쿤달리니, 요기–요가 수행자, 목샤–해탈

마치 열쇠로 문을 열 수 있는 것과 같이 요가 수행자는 하타 요가 수행으로 각성된 쿤달리니를 이용하여 해탈의 문을 열어야 한다.

3.106

येन मार्गेण गन्तव्यं ब्रह्मस्थानं निरामयम् ।
मुखेनाच्छद्य तादद्वरं प्ररमेश्वरी ॥ १०६ ॥

yena mārgheṇa ghantavyaṁ brahma-sthānaṁ nirāmayam

mukhenāchchādya tadvāraṁ prasuptā parameśvarī

예나 마르게나 간타브얌 브라흐마스타남 니라마얌 |

무케나차드야 타뜨바람 프라수프타 파라메스바리 || 106 ||

브라흐마스타남-브라흐만의 동굴, 프라수프타-깊은 잠, 파라메스바리-지고의 여신

이 지고한 여신 파라메스바리인 쿤달리니는 고통이 없는 브라흐만의 동굴로 가는 길 입구를 얼굴로 막고 잠자고 있다.

3.107

कन्दोर्ध्वं कुण्डली शक्तिः सपुता मो ज्ञाय योगिनाम् ।

बन्धनाय च मूढानां यस्तां वेत्ति स योगवित् ॥ १०७ ॥

kandordhve kuṇḍalī śaktiḥ suptā mokṣhāya yoghinām

bandhanāya cha mūḍhānāṁ yastāṁ vetti sa yoghavit

칸도르드밤 쿤달리 삭티흐 수프타 목샤야 요기남 |

반다나야 차 무다남 야스탐 베띠 사 요가비트 || 107 ||

칸다-배꼽과 성기 사이의 칸다에서 72000의 나디가 솟아오른다, 쿤달리 삭티-에너지, 수프타-잠, 목샤-해탈, 요기나-요가, 반다-잠금, 무다-어리석은, 야스타-신뢰하는, 베띠-지켜보다, 사-이것, 요가비트-요가를 안다

쿤달리니 삭티는 배꼽인 칸다에 잠자고 있다. 이것이 요가 행

자에게는 해탈의 원인이 되고, 어리석은 자에게는 속박의 원인이 된다. 이 여신을 아는 자만이 요가를 안다.

3.108

कुण्डली कुटिलाकारा सर्पवत्परिकीर्तिता ।
सा शक्तिश्चालिता येन स मुक्तो नात्र संशयः ॥ १०८ ॥

kuṇḍalī kuṭilākārā sarpavatparikīrtitā
sā śaktiśchālitā yena sa mukto nātra saṁśayaḥ

쿤달리 쿠틸라카라 사르파바트파리키르티타 |
사 삭티스찰리타 예나 사 묵토 나트라 삼사야흐 || 108 ||

쿤달리-응집된 에너지, 쿠틸라-감추다, 사르파-뱀, 삭티-드러나는 에너지, 찰리타-일어나다, 예나-그러한, 사-사람, 묵타-해탈, 나트라 삼사야-의심 없이

쿤달리니는 꼬리를 감고 있는 뱀과 같다. 이 삭티를 움직여 나가게 하는 자는 틀림없이 곧 해탈에 이를 수 있다.

3.109

गङ्गायमुनयोर्मध्ये बालरण्डां यपस्विनीम् ।
बलात्कारेण गृह्णीयात्तद्विष्णोः परमं पदम् ॥ १०९ ॥

ghangghāyamunayormadhye bāla raṇḍāṁ tapasvinīm
balātkāreṇa ghṝhṇīyāttadviṣhṇoḥ paramaṁ padam

강가야무나요르마드예 발라란담 타파스비님 |
발라트카레나 그리흐니야따드비쉬노흐 파라맘 파담 || 109 ||

강가-갠지스 강, 야무나-야무나 강, 마드야-중간의, 발라란다-젊은 여자, 타파스야-고행자, 발라트-붙잡다, 카레나-이 시간에, 그르흐나-맞아들이다, 비쉬누-유지의 신, 파라마-지고의, 파다-처소

강가 강과 야무나 강의 두 강 중간에 있는 젊은 여자 고행자를 힘껏 붙잡는다. 그것이 우리를 비쉬누가 머무는 지고한 처소로 인도한다.

3.110

इडा भगवती गङ्गा पिङ्गला यमुना नदी ।
इडापिङ्गलयोर्मध्ये बालरण्डा च कुण्डली ॥ ११० ॥

iḍā bhaghavatī ghangghā pingghalā yamunā nadī
iḍāpingghalayormadhye bālara iṇḍā cha kuṇḍalī
이다 바가바티 강가 핑갈라 야무나 나디 |
이다핑갈라요르마드예 발라란디 차 쿤달리 || 110 ||

이다 바가바티 강가-여성 에너지, 핑갈라 야무나-남성 에너지, 마드야-중간의, 발라란디-젊은 여자, 쿤달리-에너지

성스러운 강가 강은 이다 나디이고, 야무나 강은 핑갈라 나디

이다. 이다와 핑갈라의 중간에 있는 젊은 여자란 쿤달리니를 말한다.

3.111

पुच्छे प्रगृह्य भुजगीं सुप्तामुद्बोधयेच्च ताम् ।
निद्रां विहाय सा शक्तिरूर्ध्वमुत्तिष्ठते हठात् ॥ १११ ॥

pucche pragṝhya bhujangghīṁ suptāmudbodhayeccha tām
nidrāṁ vihāya sā śaktirūrdhvamuttiṣhṭhate haṭhāt

푸체 프라그리흐야 부장김 수프타무드보다예짜 탐 |
니드람 비하야 사 삭티루르드바무띠쉬타테 하타트 || 111 ||

푸차–꼬리, 프라그리흐야–함께, 부장가–뱀, 수프타–잠자는, 보다–깨어나는, 니드라–잠, 비하야–바라보는, 삭티–에너지, 우르드바–위로, 쉬타테–머물다, 하타트–강하게

이 잠자고 있는 뱀의 꼬리를 잡고 깨워야 한다. 그러면 그 여인은 잠에서 깨어나 강력하게 위로 오르기 시작한다.

[해석] 어떻게 그것의 꼬리를 잡을까? 그것은 반다와 무드라에 의해서이다. 이것은 스승에게 비밀스런 과정이다.

3.112

अवीस्थता चैव फणवती सा प्रातश्च सायं प्रहरार्धमात्रम् ।

ङ्गृर्यसुर्यात्परिधानयुक्त्याप्रगृह्यनित्यंपरिचालनीया ॥ ११२ ॥

avasthitā chaiva phaṇāvatī sā prātaścha sāyaṁ praharārdha māt

ram

prapūrya sūryātparidhāna yuktyā praghṛhya nityaṁ parichālanī

yā

아바스티타 차이바 파나바티 사 푸라타스차 사얌 프라하라르다마트람 |

프라푸르야 수르야트파리다나 육트야 프라그리흐야 니트얌 파리찰라니야 || 112 ||

아바스티타–실천하다, 차이바–그리고, 파나바–마시다, 사얌–저녁, 프라하라–불다, 마트라–정도, 프라푸르야–가득 찬, 수르야–아침, 프라그르야–능숙하게, 니트야–언제나, 파리찰라–순환

항상 활기 없이 누워 있는 이 뱀을 오른쪽 코로 숨을 마신 후 꼬리를 잡아서 아침저녁으로 1시간 30분씩 움직이게 해야 한다.

3.113

ऊर्ध्वं वितस्तिमावं विस्तारं चतुरङ्गुलम ।
मृदुलं धवलं प्राक्तं वेष्टिताम्वरलक्षणम् ॥ ११३ ॥

ūrdhvaṁ vitasti mātraṁ tu vistāraṁ chaturangghulam

mṛdulaṁ dhavalaṁ proktaṁ veṣhṭitāmbara lakṣhaṇam

우르드밤 비타스티마트람 투 비스타람 차투랑굴람 |

므르둘람 다발람 프록탐 베쉬티탐바랄락샤남 || 113 ||

우르드바-위로, 비타스티-길이, 마트라-정도; 확장된, 차투라-4; 손가락, 므르둘라-부드러운, 다발람-하얀, 프록타-말하다, 베쉬티타-구별된, 락샤나-모양

칸다 위치는 항문에서 12지인 약 22센티미터 위쪽에 있으며, 너비는 4지인 약 7.3센티미터 정도이다. 부드럽고 흰색이며 접은 의복과 같은 모양을 하고 있다.

3.114

सति वज्रासने पादौ कराभ्यां धारयेद्दृढम् ।
गुल्फदेशसमीपे च कन्दं तत्र प्रपीडयेत् ॥ ११४ ॥

sati vajrāsane pādau karābhyāṁ dhārayeddṛḍham
ghulpha deśa-samīpe cha kandaṁ tatra prapīḍayet

사티 바즈라사네 파다우 카라브얌 다라예뜨르담 |
굴파 데사사미페 차 칸담 타트라 프라피다예트 || 114 ||

사티-끝, 바즈라-금강좌, 파다우-발, 브야-행하다, 다라야-잡다, 드르다-확고한, 굴파-발목, 데사-방향, 사미페-가까운, 차-그리고, 칸담-동그란 부분, 프라피다나-압박하다

금강좌인 바즈라사나를 하고, 양손으로 양발목 근처를 꽉 잡고 칸다의 부위를 강력하게 압박한다.

3.115

वज्रासने स्थितो योगी चालयित्वा च कुण्डलीम् ।
कुर्यादनन्तरं भस्त्रां कुण्डलीमाशु बोधयेत् ॥ ११५ ॥

vajrāsane sthito yoghī chālayitvā cha kuṇḍalīm
kuryādanantaraṁ bhastrāṁ kuṇḍalīmāśu bodhayet

바즈라사네 스티토 요기 찰라이트바 차 쿤달림 |
쿠르야다난타람 바스트람 쿤달리마수 보다예트 || 115 ||

바즈라사나－금강좌, 스티타－확고한, 요기－요가 수행자, 찰라이－외부적인, 쿤달리－에너지, 쿠르야－행하다, 바스트라－풀무 호흡, 보다야－일어나다

수행자는 금강좌인 바즈라사나로 앉아서 바스트리카인 풀무 호흡으로 쿤달리니를 움직이게 하면 쿤달리니는 곧 눈을 뜰 것이다.

3.116

भानोराकुञ्चनं कुर्यात्कुण्डलीं चालयेत्ततः ।
मृत्युवक्त्र गतस्यापि तस्य मृत्युभयं कुतः ॥ ११६ ॥

bhānorākuñchanaṁ kuryātkuṇḍalīṁ chālayettataḥ
mṝtyu vaktra ghatasyāpi tasya mṝtyu bhayaṁ kutaḥ

바노라쿤차남 쿠르야트쿤달림 찰라예따타흐 |
므르트유 박트라가타스야피 타스야 므르트유바얌 쿠타흐 || 116 ||

바나－부수다, 쿤차－굽히다, 쿤달리니－에너자, 찰라야－움직이다, 므르트유－죽음,

박트라–말하다, 가타–가다, 바얌–행하다

금강좌인 바즈라사나로 앉아 배꼽 주위에 있는 태양을 수축하여 쿤달리니를 움직이게 해야 한다. 그러면 비록 죽음의 문턱에 있어도 죽음에 대한 공포가 없다.

3.117

मुहूर्तद्वयपर्यन्तं निर्भयं चालनादसौ ।
ऊर्ध्वमाकृष्यते किंचित्सुषुम्णायां समुद्गता ॥ ११७ ॥

muhūrtadvaya-paryantaṁ nirbhayṁ chālanādasau
ūrdhvamākṝṣhyate kiṁchitsuṣhumṇāyāṁ samudghatā

무후르타드바야파르얀탐 니르바얌 찰라나다사우 |
우르드바마크리쉬야테 킴치트수슘나얌 사무드가타 || 117 ||

무후르타드바야–1무후르타는 48이며 2무후르타는 1시간 30분, 파르얀타–경계, 니르바야–공포 없이, 우르드바–올라가다, 수슘나–중앙 에너지관, 사무드가타–적용하다

1시간 30분 동안 두려움 없이 이 쿤달리니를 움직이게 한다면, 쿤달리니는 수슘나 나디 속으로 들어가 조금씩 올라간다.

3.118

तेन कुण्डलिनी तस्याः सुषुम्णाया मुखं ध्रुवम् ।

जहाति तस्मात्प्राणोऽयं सुषुम्णां ब्रजति स्वतः ॥ ११८ ॥

tena kuṇḍalinī tasyāḥ suṣhumṇāyā mukhaṁ dhruvam

jahāti tasmātprāṇo ayaṁ suṣhumṇāṁ vrajati svataḥ

테나 쿤달리니 타스야흐 수슘나야 무캄 드루밤 |

자하티 타스마트프라노아얌 수슘남 브라자티 스바타흐 || 118 ||

쿤달리니–에너지, 수슘나–중앙 에너지관, 무캄–위로, 드루밤–영향을 주다, 자하티–제거하다, 타스마트–이러한, 프라나–에너지, 브라자티–움직이다, 스바타–독립적으로

이렇게 하면 쿤달리니는 수슘나 나디의 문을 확실하게 열 것이다. 그러면 나디 에너지는 자연히 수슘나 나디 속을 흐른다.

3.119

तस्मात्संचालयेन्नित्यं सुखसुप्तामरुन्धतीम् ।
तयाः संचालनेनैव योगी रोगैः प्रमुच्यते ॥ ११९ ॥

tasmātsaṁchālayennityaṁ sukha suptāmarundhatīm

tasyāḥ saṁchālanenaiva yoghī roghaiḥ pramuchyate

타스마트삼찰라옌니트얌 수카수프타마룬다팀 |

타스야흐 삼찰라네나이바 요기 로가이흐 프라무챠테 || 119 ||

타스마트–이러한, 삼찰라–움직이는, 수카–평온한, 수프타–잠자는, 아룬다티–쿤달리니, 로가–질병, 프라무차–사라지게 하다

그러므로 조용히 자고 있는 쿤달리니 여신을 매일 운동시켜야 한다. 요가 수행자는 단순히 쿤달리니를 운동시키는 것만으로도 질병에서 벗어날 수 있다.

3.120

येन संचालिता शक्तिः स योगी सिद्धिभाजनम् ।
किमत्र बहुनोक्तेन कालं जयति लीलया ॥ १२० ॥

yena saṁchālitā śaktiḥ sa yoghī siddhi bhājanam
kimatra bahunoktena kālaṁ jayati līlayā

예나 삼찰리타 삭티흐 사 요기 시띠바자남 |
키마트라 바후녹테나 칼람 자야티 릴라야 || 120 ||

삼찰라–움직이다, 삭티–에너지, 요기–요가 수행자, 시띠–초능력, 키마–이것은, 칼라–죽음, 자야–정복, 릴라–유희

삭티 여신을 운동시키는 수행자는 초능력의 소유자가 된다. 이것은 말할 필요가 없다. 그는 마치 유희하듯이 죽음을 정복할 것이다.

3.121

ब्रह्मचर्यरतस्यैव नित्यं हितमिताशिशनः ।
मण्डलाद्दृश्यत् सिद्धिः कुण्डल्पभ्यासयोगिनः ॥ १२१ ॥

brahmacharya ratasyaiva nityaṁ hita-mitāśinaḥ

maṇḍalāddṝśyate siddhiṁ kuṇḍaly-abhyāsa-yoghinaḥ

브라흐마차르야라타스야이바 니트얌 히타미타시나흐 |

만달라뜨리샤테 시띠흐 쿤달야브야사요기나흐 || 121 ||

브라흐마차리-금욕, 라타-성(性), 니트야-언제나, 히타-좋은, 미타-절도 있게, 만달라뜨리샤테-발현되다, 시띠-초능력, 쿤달야브야사요기-쿤달리니 수행자

금욕의 삶을 즐기고 언제나 건강에 좋은 음식물을 절도 있게 섭취하는 쿤달리니 수행자에게는 40일이면 초능력이 발현된다.

3.122

कुण्लीं यालयित्वा तु भस्त्रां कुर्याद्विशेषतः ।
एवमभ्यसतो नित्यं यमिनोः कुतः ॥ १२२ ॥

kuṇḍalīṁ chālayitvā tu bhastrāṁ kuryādviśeṣhataḥ

evamabhyasyato nityaṁ yamino yama-bhīḥ kutaḥ

쿤달림 찰라이트바 투 바스트람 쿠르야드비세샤타흐 |

에바마브야스야토 니트얌 야미노 야마비흐 쿠타흐 || 122 ||

쿤달림-에너지 수행, 찰라-움직이다, 바스트라-풀무 호흡, 쿠르야-행하다, 에밤아브야사-수행, 니트야-언제나, 야마-죽음, 비흐-공포, 쿠타-사라지다

쿤달리니를 움직이는 데에는 바스트리카 쿰바카인 풀무 호흡

을 수행해야 한다. 그렇게 되면 결단코 죽음의 신인 야마에 대한 공포가 사라진다.

3.123

द्वासप्ततिसहस्राणां नाडीनां मलशोधने ।
कुतः प्रक्षालनोपायः कुण्डल्यभ्यसनादृते ॥ १२३ ॥

dvā saptati sahasrānāṁ nāḍīnāṁ mala-śodhane
kutaḥ prakṣhālanopāyaṁ kuṇḍaly-abhyasanādṛte

드바사프타티사하스라남 나디남 말라소다네 |
쿠타흐 프락샬라노파야흐 쿤달리아브야사나브리테 || 123 ||

드바사프타티사하스라남-72000, 나디-에너지선, 말라-비순수한, 소다나-정화, 쿠타-어디에서, 프락샬라-씻어내다, 쿤달리아브야사-에너지 수행

쿤달리니의 수행말고는 72000개의 비순수한 나디를 정화할 수 있는 길이 없다.

3.124

इयं तु मध्यमा नाडी दृढाभ्यासेन योगिनाम् ।
आसनप्राणसंयाममुद्राभिः सरला भवेत् ॥ १२४ ॥

iyaṁ tu madhyamā nāḍī dṛḍhābhyāsena yoghinām
āsana-prāṇa saṁyāma mudrābhiḥ saralā bhavet

이얌 투 마드야마 나디 드르다브야세나 요기남 |

아사나프라나삼야마무드라비흐 사랄라 바베트 || 124 ||

마드야마 나디-중앙 통로 수슘나, 드르다-확고한, 요기-요가 수행자, 아사나-자세, 프라나-호흡, 삼야마-수행, 무드라-무드라, 사랄라-바르게

중앙의 에너지 통로인 수슘나는 요가 수행자가 아사나 자세, 호흡, 무드라 등을 철저하게 수행함으로써 올바르게 된다.

3.125

अभ्यासे तु विनिद्राणां मनो धृत्वा समाधिना ।

रुद्राणी वा परा द्रां सिद्धिं प्रयच्छति ॥ १२५ ॥

abhyāse tu vinidrāṇāṁ mano dhṝtvā samādhinā

rudrāṇī vā parā mudrā bhadrāṁ siddhiṁ prayachchati

아브야세 투 비니드라남 마노 드르트바 사마디나 |

루드라니 바 파라 무드라 바드람 시띰 프라야차티 ||125 ||

아브야사-수행하다, 비니드라-잠에 빠지지 않고, 마노-마음, 드르트바-움직임, 사마디-삼매, 루드라니-특별한; 보존하다, 파라-다른, 무드라-무드라, 바드라-경이로운, 시띠-초능력, 프라야차-얻다

수행할 때 잠에 떨어지지 않고 삼매로 마음 작용을 움직이지 않게 보존한 사람들은 미간 응시 무드라, 또는 그밖의 다른 무

드라로 경이로운 초능력을 얻는다.

3.126

राजयोगं विना पृथ्वी राजयोगं विना निशा ।
राजयोगं विना मुद्रा विचित्रापि न शोभते ॥ १२६ ॥

rajayoghaṁ vinā pṝthvī rājayoghaṁ vinā niśā

rajayoghaṁ vinā mudrā vichitrāpi na śobhate

라자요감 비나 프리트비 라자요감 비나 니사 |

라자요감 비나 무드라 비치트라피 나 소바테 || 126 ||

라자요가–라자 요가, 비나–없이는, 프리트비–대지; 땅, 니사–밤, 무드라–무드라,

비치트라–아름다움, 나–아닌, 소바테–빛나는

라자 요가가 없으면 어떤 아름다움도, 대지인 자세도, 밤인 호흡도, 무드라도 쓸모가 없다.

3.127

मारुतस्य विधिं सर्वं मनोयुक्तं समभ्तसेत् ।
ऽतरत्र न कर्तव्या मनोवृत्तिर्मनीषिणा ॥ १२७ ॥

mārutasya vidhiṁ sarvaṁ mano yuktaṁ samabhyaset

itaratra na kartavyā mano vṝttirmanīṣhiṇā

마루타스야 비딤 사르밤 마노 욱탐 사마브야세트 |

이타라트라 나 카르타브야 마노브리띠르마니쉬나 || 127 ||

마루타-호흡, 비디-방법, 사르바-모든, 마노-마음, 욱타-집중, 사마브야-실천하다, 이타라트라-그외의, 나-아닌, 카르타브야-의무, 브리티-작용, 마니쉬나-어떠한

모든 호흡법은 정신을 집중해서 해야 한다. 지혜로운 사람은 마음 작용이 수행하는 대상 이외의 것으로 향하게 해서는 안 된다.

3.128

इति मुद्रा दश प्रोक्ता आदिनाथेन शम्भुना ।
एकैका तासु यमिनाः महा सिद्धिप्रदायिनी ॥ १२८ ॥

iti mudrā daśa proktā ādināthena śambhunā

ekaikā tāsu yamināṁ mahā siddhi pradāyinī

이티 무드라 다사 프록타 아디나테나 삼부나 |

에카이카 타수 야미남 마하시띠프라다이니 || 128 ||

이티-이러한, 무드라-무드라, 다사-10, 프록타-말하다, 아디나타-독립적인, 삼부-시바 신, 에카이카-하나하나, 마하시띠-위대한 초능력, 프라다야-주다

이상 10가지의 무드라는 최고의 신인 시바가 설한 것이다. 그것의 하나하나는 수행자에게 위대한 초능력을 준다.

3.129

उपदेशं हि मुद्राणां यो साम्प्रदायिकम् ।
स एव श्रीगुरुः स्वामी साक्षादीश्वर एव सं ॥ १२९ ॥

upadeśaṁ hi mudrāṇāṁ yo datte sāmpradāyikam

sa eva śrīghuruḥ svāmī sākṣhādīśvara eva saḥ

우파데삼 히 무드라남 요 다떼 삼프라다이캄 |

사 에바 스리구루흐 스바미 삭샤디스바라 에바 사흐 || 129 ||

우파데사–가르침, 무드라–무드라, 삼프라다야–전승, 사–그, 스리구루–성스러운 스승, 스바미–스와미, 삭샤이스바라–인격화한 스승

이 전통적인 무드라를 전수하는 사람은 스승인 구루이고, 인격화한 신인 이스바라이며, 이 무드라는 스승에서 스승으로 전승되어 내려온다.

3.130

तस्य वाक्यपरो भूत्वा मुद्राभ्यासे समाहितः ।
अणिमादि गुणैः सार्धं लभते कालवञ्चनम् ॥ १३० ॥

tasya vākya-paro bhūtvā mudrābhyāse samāhitaḥ

aṁimādi ghuṇaiḥ sārdhaṁ labhate kāla-vañchanam

타스야 바캬파로 부트바 무드라브야세 사마히타흐 |

아니마디구나이흐 사르담 라브테 칼라반차남 || 130 ||

타스야–그, 바크야–말하다, 파라–넘어서다, 무드라브야사–무드라 수행, 사마히타–확고하게, 아니마–미세한, 구나–요소, 사르다–같이, 라브테–얻는, 칼라–시간; 죽음, 반차–환영(幻影)

스승의 가르침을 신봉하고 무드라 수행에 전념하는 사람은 몸을 미세하게 만드는 등의 초능력을 몸에 익혀서 죽음을 극복할 수 있게 된다.

इति हठप्रदीपिकायां तृतीयोपदेशः ॥

iti haṭhapradīpikāyāṁ tṛtīyopadeśaḥ

이티 하타프라디피카얌 트리티요파데사흐 ||

이로써 하타요가 프라디피카의 제3장 무드라에 대한 서술을 마친다.

제4장

समाधि

사마디(Samādhi)-삼매(三昧)

4.1

नमः शिवाय गुरवे नादविन्दुकलात्मते ।
निरञ्जनपदं याति नित्यं तत्र परायण ः ॥ १ ॥

namaḥ śivāya ghurave nāda-bindu-kalātmane

nirañjana padaṁ yāti nityaṁ tatra parāyaṇaḥ

나마흐 시바야 구라베 나다빈두칼라트마네 |

니란자나파담 야티 니트얌 타트라 파라야나흐 || 1 ||

나마-귀의하다, 시바-시바 신, 구라베-스승, 나다-내면의 소리, 빈두-중심; 점, 칼라-초월적인 흐름, 니란자나-순수한, 파다-자리, 니트야-영원한, 타트라-그곳, 파라야나-이르다

나다와 빈두와 칼라로 나타나신 구루 시바 신께 귀의합니다. 이 신에 귀의하는 사람은 청정한 경지에 이른다.

[해석] 나다는 내면의 소리와 에너지이다. 빈두는 점이며 중심이다. 칼라는 초월적인 흐름 또는 시간이다. 나다와 빈두는 시바와 삭티이다. 나다인 소리 에너지와 빈두인 고정된 힘과 칼라인 초월적인 에너지를 말한다. 이 장은 라자 요가를 표현하고 있다. 내면의 소리인 나다는 우주적인 소리인 옴(OM)이다. 빈두는 프라나바인 옴(OM) 소리에서의 'M' 음절이, 칼라는 내면의 소리인 나다의 특수함이다.

4.2

अथेदानीं प्रवक्ष्यामि समाधिक्रममुत्तमम् ।
मृत्युघ्नं च सुखोपायं ब्रह्मानन्दकरं परम् ॥ २ ॥

athedānīṁ pravakṣhyāmi samādhikramamuttamam
mṝtyughnaṁ cha sukhopāyaṁ brahmānanda karaṁ param

아테다님 프라박샤미 사마디크라마무따맘 |
므르트유그남 차 수케파얌 브라흐마난다카람 파람 || 2 ||

사마디–삼매, 크라마–단계; 체계, 므르트유–죽음, 그남–없애는, 수카–행복, 브라흐마난다–브라흐만의 희열, 파람–최고의

그래서 나는 가장 훌륭한 삼매의 여러 단계에 대해 표현하겠다. 이것이야말로 죽음을 없애 주고, 행복의 수단이며, 브라흐만이 주는 최고의 희열이다.

4.3

राजयोगः समाधिश्च उन्मनी च मनोन्मनी ।
अमरत्वं लयस्तत्त्वं शून्याशून्यं परं पदम् ॥ ३ ॥

rāja-yoghaḥ samādhiścha unmanī cha manonmanī
amaratvaṁ layastattvaṁ śūnyāśūnyaṁ paraṁ padam

라자요가흐 사마디스차 운마니 차 마논마니 |
아마라트밤 라야스타트밤 순야순얌 파람 파담 || 3 ||

운마니–프라나 통제를 통한 삼매, 마논마니–수슘나에 프라나가 들어가 이룬 상태, 아마라트바–불멸; 불사, 라야–몰입, 타뜨바–진실, 순야순야–공불공(空不空); 텅 비지 않음 안에 텅 빔, 파람 파다–지고의 상태

라자 요가, 삼매, 운마니, 마논마니, 불멸, 몰입, 진실, 공불공(空不空), 지고의 경지이며

4.4

अमनस्कं तथाद्वैतं निरालम्बं निरञ्जनम् ।
जीवन्मुक्तिश्च सहजा तुर्या चेत्येकवाचकाः ॥ ४ ॥

amanaskaṁ tathādvaitaṁ nirālambaṁ niraṣjanam
jīvanmuktiścha sahajā turyā chetyeka-vāchakāḥ

아마나스캄 타타드바이탐 니랄람밤 니란자남 |
지반묵티스차 사하자 투르야 체트예카바차카흐 || 4 ||

아마나스카–한계 없는 마음, 아드바이타–둘이 아닌 마음(不二心), 니랄람바–독립성, 니란자나–순수성, 사하자–자연스런 상태, 투르야–제4의 상태

한계되지 않는 마음, 둘이 아닌 마음(不二心), 독립성, 순수성, 현세의 해탈, 자연스런 상태, 제4의 초월 상태 등 모든 이런 상태이다.

4.5

सलिले सैन्धवं यद्वत्साम्यं भजति योगतः ।
तथात्मनसोरैक्यं समाधिरभिधीयते ॥ ५ ॥

salile saindhavaṁ yadvatsāmyaṁ bhajati yoghataḥ

tathātma manasoraikyaṁ samādhirabhidhīyate

살릴레 사인다밤 야드바트삼얌 바자티 요가타흐 |

타타트마 마나소라이캼 사마디라비디야테 || 5 ||

살릴라–흐름, 사인다–소금, 삼야–하나되다, 바자티–주어지다, 요가타흐–하나되는, 아트만–참나, 마나사–마음, 사마디–삼매, 아비디야–드러나다

소금이 물에 녹아서 물과 하나가 되듯이 참나인 아트만과 마음이 합하여 하나가 된 상태가 삼매이다.

4.6

यदा संक्षीयते प्राणो मानसं च प्रलीयते ।
तदा समरसत्वं च समाधिरभिधीयते ॥ ६ ॥

yadā saṁkṣhīyate prāṇo mānasaṁ cha pralīyate

tadā samarasatvaṁ cha samādhirabhidhīyate

야다 삼크쉬야테 프라노 만나삼 차 프랄리야테 |

타다 사마라사트밤 차 사마디라비디야테 || 6 ||

삼크쉬야테–사라진, 프라나–프라나 에너지, 만나–마음, 프랄리야테–흡수되다, 사마라사트바–조화로운 상태, 사마디–삼매; 초월적인

에너지인 프라나가 조금도 움직이지 않고 마음이 참나에 흡수된 조화로운 상태를 삼매라고 한다.

4.7

तत्समं च द्वयोरैक्यं जीवात्मपरमात्मनोः ।
प्रनष्टसर्वसङ्कल्पः समाधिः सोऽभिधीयते ॥ ७ ॥

tat samaṁ cha dvayoraikyaṁ jīvātma-paramātmanoḥ
pranaṣhṭa sarva sangkalpa samādhiḥ soabhidhīyate

타트사맘 차 드바요라이캼 지바트마파라마트마노흐 |
프라나쉬타사르바상칼파흐 사마디흐 소아비디야테 || 7 ||

지바 아트마–개인적인 나, 파라 아트마–우주적인 나, 프라나쉬타–사라지다, 사르바 상칼파–모든 상념, 사마디–삼매

개인적인 나와 우주적인 나가 균형을 이루어 합일한 상태가 되면 모든 상념이 멈춘다. 이 상태를 삼매라고 한다.

[해석] 이 상태를 아바두타 기타(Avdhuta Gita) 1장 51절에서는 "마치 물이 물에 부어졌을 때 우주적인 나인 푸루샤와 자연적인 속성인 프라크리티가 나에게 다르지 않게 나타난다"라고 하였다.

4.8

राजयोगस्य माहात्म्यं को जानाति तत्त्वतः ।

ज्ञानं मुक्तिः स्थितिः सिद्धिर्गुरुवाक्येन लभ्यते ॥ ८ ॥

rāja yoghasya māhātmyaṁ ko vā jānāti tattvataḥ

jñānaṁ muktiḥ sthitiḥ siddhirghuru vākyena labhyate

라자요가스야 마하틈얌 코 바 자나티 타뜨바타흐 |

그야남 묵티흐 스티타흐 시띠르구루바크예나 라브야테 || 8 ||

그야나-지혜, 묵티-해탈; 자유, 스티타-확고함, 시띠-신통력; 초능력, 구루바크야-스승의 가르침, 라브야테-이어지다

누가 진정으로 라자 요가의 위대함을 아는가? 지혜, 해탈, 확고한 마음, 신통력은 스승의 가르침으로 이어진다.

4.9

दुर्लभो विषयत्यागो दुर्लभं तत्त्वदर्शनम् ।
दुर्लभो सहजावस्था सद्गुरोः करुणो विना ॥ ९ ॥

durlabho viṣhaya tyāgho durlabhaṁ tattva darśanam

durlabhā sahajāvasthā sad-ghuroḥ karuṇāṁ vinā

두를라보 비샤야트야고 두를라밤 타뜨바다르사남 |

두를라바 사하자바스타 사드구로흐 카루남 비나 || 9 ||

두를라보-진정한, 비사야-영역, 트야가-벗어나다, 타뜨바-세속의, 다르사나-방향, 사하자바스타-지고의 상태, 사드구루-진정한 스승, 카루나-자비, 비나-제외되다

진정한 스승의 자비가 없다면 세속적인 향락에서 벗어나거나 진리와 지고의 상태를 획득하기가 어렵다.

4.10

विविधैरासनैः कुम्भेर्वचित्रैः करणेरपि ।
प्रबुद्धायां महाशक्तौ प्राणः शून्ये प्रलीयते ॥ १० ॥

vividhairāsanaiḥ kubhairvichitraiḥ karaṇairapi

prabuddhāyāṁ mahāśaktau prāṇaḥ śūnye pralīyate

비비다이라사나이흐 쿰바이르비치트라이흐 카라나이라피 |

프라부따얌 마하삭타우 프라나흐 순예 프랄리야테 || 10 ||

비비다–여러, 아사나–자세, 카라나–행위, 마하삭티–위대한 삭티; 쿤달리니, 순야–텅 빈 허공; 진공(眞空)

여러 종류의 아사나와 호흡법과 무드라 등의 수행법으로 저 위대한 삭티인 쿤달리니가 깨어났을 때 프라나는 텅 빈 허공 속에 멈추게 된다.

4.11

उत्पन्नशक्तिबोधस्य त्यक्तनिःशेषकर्मणः ।
योगिनः सहजावस्था स्वयमेव प्रजायते ॥ ११ ॥

utpanna śakti bodhasya tyakta niḥśeha karmaṇaḥ

yoghinaḥ sahajvasthā svayameva prajāyate

우트판나삭티보다스야 트약타니흐세샤카르마나흐 |

요기나흐 사하자바스타 스바야메바 프라자야테 || 11 ||

우트판나-일어나다, 삭티-에너지, 보다-깨어나다, 트약타-떨쳐내다, 니흐사-소멸하다, 카르마-행위, 요기나-하나된, 사하자바스타-자연스런 삼매 또는 몰아의 상태, 스바야-자동적으로, 프라자야-이겨내다

요가 수행자로서 삭티가 깨어나고 모든 카르마를 떨쳐 버린다면 그는 스스로 자연스런 삼매, 또는 하나된 몰아(沒我)의 상태에 이르게 된다.

4.12

सुषुम्णवाहिनि प्राणे शून्ये विशति मानसे ।
तदा सर्वाणि कर्माण कर्माणि निमूलयति योगवित् ॥ १२ ॥

suḥhumṇā vāhini prāṇe śnye viśati mānase

tadā sarvāṇi karmāṇi nirmūlayati yoghavit

수숨나바히니 프라네 순예 비사티 마나세 |

타다 사르바니 카르마니 니르물라야티 요가비트 || 12 ||

수숨나-중앙 에너지, 바히니-통로, 프라나-에너지, 순야-텅 빈, 비사타-잘라내다, 마나사-마음, 타다-이, 사르바-모든, 카르마-행위, 니르물라-뿌리를 제거하다, 요가비트-요가 수행자

프라나가 수슘나로 흘러들어 마음이 텅 빈 허공으로 들어갈 때 이 요가 수행자는 모든 카르마의 뿌리를 잘라 버린 것이다.

4.13

अमराय नमस्तूभ्यं सोऽपि कालस्त्वया जितः ।
पतितं वदने तस्य जगदेतच्चराचरम् ॥ १३ ॥

amarāya namastubhyaṁ soapi kālastvayā jitaḥ

patitaṁ vadane yasya jaghadetaccharācharam

아마라야 나마스투브얌 소아피 칼라스트바야 지타흐 |

파티탐 바다네 야스야 자가데타짜라차람 || 13 ||

아마라-불멸의, 나마스투-귀의하다, 소아피-그대, 칼라-시간, 지타흐-극복하다, 파티타-떨어지는, 바다나-입, 야스야-죽이는, 자가드-세상, 차라-움직이는

불멸의 요가 수행자인 당신에게 귀의합니다. 입 속에 들어오는 생물과 무생물을 모두 삼켜 버리는 죽음의 신인 시간을 당신께서는 극복하셨습니다.

4.14

चित्ते समत्वमापन्ने वायौ ब्रजति मध्यमे ।
तदामरोली वज्रोली सहजोली प्रजायते ॥ १४ ॥

chitte samatvamāpanne vāyau vrajati madhyame

tadāmarolī vajrolī sahajolī prajāyate

치떼 사마트바마판네 바야우 브라자티 마드야메 |

타다마롤리 바즈롤리 사하졸리 프라자야테 || 14 ||

치따-마음, 사마트-평정한, 아파나-호흡, 바유-공기, 브라자티-흐르다, 마드야-중간의, 아마롤리-불멸의 감로, 바즈롤리-금강 감로, 사하졸리-공생 감로, 프라자야테-이루어지다

마음이 평정한 상태에서 프라나가 수슘나로 흐를 때 아마롤리인 불멸의 감로 무드라와 바즈롤리인 금강의 감로 무드라, 사하졸리인 공생의 감로 무드라 등의 행법이 성취된다.

4.15

ज्ञानं कुतो मनसि सम्भवतीह तावत्
प्राणेऽपि जीवति मनो म्रियते न यावत् ।
प्राणो मनो द्वयमिदं विलयं नयेद्यो
मोक्षं म गच्छति नरो न कथंचिदन्य ः ॥ १५ ॥

gyñānaṁ kuto manasi sambhavatīha tāvat

prāṇo api jīvati mano mriyate na yāvat

prāṇo mano dvayamidaṁ vilayaṁ nayedyo

mokṣhaṁ sa ghacchati naro na kathaṁchidanyaḥ

그야남 쿠토 마나시 삼바바티하 타바트

프라노아피 지바티 마노 므르야테 나 야바트 |

프라노 마노 드바야미담 빌라얌 나예드요

목샴 사 가짜티 나로 나 카탐치단야흐 || 15 ||

그야나-지혜, 쿠타-어떻게, 마나사-마음, 삼바바티-일어나다, 타바트-참으로, 프라나-에너지, 아피-또한, 지바티-삶, 마노-마음, 므르야테-죽음, 나-아닌, 야바트-그럼에도, 프라나-에너지, 드바야-둘의, 빌라야-죽음, 목샤-해탈, 가짜티-이르다, 나라-사람, 카탐-어떻게, 치다-의식

프라나가 살아 움직이고 의식이 죽지 않았는데 어찌 지혜가 의식 속에서 생기겠는가? 프라나와 의식을 소멸시킬 수 있는 사람은 해탈에 이르지만, 그밖의 사람은 절대 해탈에 이를 수 없다.

[해석] 브리하드아란야카 우파니샤드나 아쉬타바크라에 나오는 위대한 자나카 왕은 모든 것을 놓아 버리고 지혜로써 해탈의 문을 넘어섰다고 하였다.

4.16

ज्ञात्वा सुषुम्णासद्भेदं कृत्वा वायु च मध्यगम् ।
स्थित्वा सदैव सुस्थाने ब्रह्मरन्ध्रे निरोधयेत् ॥ १६ ॥

jñātvā suṣhumṇāsad bhedaṁ kṝtvā vāyuṁ cha madhyagham
sthitvā sadaiva susthāne brahmarandhre nirodhayet

그야트바 수슘나사드베담 크르트바 바윰 차 마드야감 |

스티트바 사다이바 수스타네 브라흐마란드레 니로다예트 || 16 ||

그야트바-지성, 수슘나-중앙 통로, 크르트바-행위, 바유-공기, 차-그리고, 마드야-중앙, 스티트바-머물다, 사다이바-언제나, 수스타-적합한, 브라흐마란드라-희열과 지복에 찬 브라흐만의 동굴, 니로다-통제하다

항상 수행하기에 적합한 장소에 살면서 수슘나를 여는 방법을 잘 알아 나디를 중앙의 수슘나로 흐르게 하여 브라흐만의 동굴에 머물도록 해야 한다.

4.17

सुर्याचन्द्रमसौ धत्तः कालं रात्रिंदिवात्मकम् ।
भोक्वी सुषुम्ना कालस्य गुह्ममेतदुदाहृतम् ॥ १७ ॥

sūryachandramasau dhattaḥ kālaṁ rātrindivātmakam

bhoktrī suṣhumnā kālasya ghuhyametadudāhṛtam

수르야찬드라마사우 다따흐 칼람 라트림디바트마캄 |

복트리 수슘나 칼라스야 구흐야메타두다흐르탐 || 17 ||

수르야-태양, 찬드라-달, 다타-적응하는, 칼라-시간, 라트리-밤, 디바트-낮, 복트리-먹다, 수슘나-중앙 통로 에너지, 칼라스야-시간, 구흐야-비전(秘傳); 비밀, 우다흐르타-말하다

태양인 핑갈라와 달인 이다가 낮과 밤을 이루는 시간을 만든다. 수슘나 나디는 이 시간을 먹는다. 이것을 비전(秘傳)이라고 한다.

4.18

द्वासप्ततिसहस्त्राणि नाडी द्वाराणि पञ्जरे ।
सुषुम्णा शाम्भवी शक्तिः शेषास्ततेव निरर्थकाः ॥ १८ ॥

dvāsaptatisahasrāṇi nāḍī dvārāṇi pañjare

suṣhumṇā śāmbhavī śaktiḥ śeṣhāstveva nirarthakāḥ

드바사프타티사하스라니 나디 드바라니 판자레 |

수슘나 삼바비 삭티흐 세샤스트베바 니라르타카흐 || 18 ||

드바사프타티사하스라니-72000, 나디-에너지선, 드바라-문, 판자레-몸, 수슘나-중앙 통로 에너지, 삼바비-가능한, 삭티-여성 에너지, 세샤-그밖에, 니라르타카-필요 없다

몸 속에는 72,000개의 나디가 존재한다. 여기에서 수슘나 나디만이 요가 수행자에게 유익한 힘을 준다. 그밖의 나디는 중요하지 않다.

4.19

वायुः परिचितो यस्मादग्निना सह कुण्डलीम् ।
वोधयित्वा सुषुम्णायां प्रविशेदनिरोधतः ॥ १९ ॥

vāyuḥ parichito yasmādaghninā saha kuṇḍalīm
bodhayitvā suṣhumṇāyāṁ praviśedanirodhataḥ

바유 파리치토 야스마다그니나 사하 쿤달림 |
보다이트바 수숨나얌 프라비세다니로다타흐 || 19 ||

바유-호흡, 파리치타-친밀한, 야스마트-그래서, 아그니-불, 사하-같이, 쿤달리-쿤달리니, 보다-깨어나는, 수숨나-중앙 통로 에너지, 프라비사-영역, 니로다-통제

바유인 호흡이 수행자에 의해 통제되었을 때 소화의 불의 도움으로 쿤달리니가 깨어나고, 장애 없이 수숨나 나디 속으로 들어갈 수 있다.

4.20

सुषुम्णावाहिनि प्राणे सिद्ध्यात्येव मनोन्मनी ।
अनयथा त्वितराभ्यासाः प्रयासायैव योगिनाम् ॥ २० ॥

Suṣhumṇāvāhini prāṇe siddhyatyeva manonmanī
anyathā tvitarābhyāsāḥ prayāsāyaiva yoghinām

수숨나바히니 프라네 시뜨야트예바 마논마니 |
안야타 트비타라브야사흐 프라야사야이바 요기남 || 20 ||

수숨나-중앙 통로 에너지, 바히니-통로, 프라나-에너지, 시뜨야-넘어서다, 마논마니-넘어선 삼매, 안야타-다른, 트바-그대, 아브야사-습관, 프라야사-노력, 이바-그리고, 요기-요가 수행자

나디가 수숨나 나디로 흐를 때 마음을 넘어선 마논마니 삼매의 경지가 된다. 그렇지 않은 다른 종류의 수행은 요가 행자에게 피로만 가져올 뿐이다.

4.21

पवनो बध्यते येन मनस्तेनैव बध्यते ।
मनश्च बध्याते येन पवनस्तेबधये ॥ २१ ॥

pavano badhyate yena manastenaiva badhyate
manaścha badhyate yena pavanastena badhyate

파바노 바드야테 예나 마나스테나이바 바드야테 |
마나스차 바드야테 예나 파바나스테나 바드야테 || 21 ||

파바나–호흡; 에너지, 바드야테–통제하다, 마나스–마음, 파바나–정화하는

호흡을 통제하는 것은 마음의 움직임을 통제하는 것이고, 마음을 통제하는 것은 호흡을 통제하는 것이다.

4.22

हेतुद्वयं तु चितस्य वासना च समीतणः ।
तताविंनष्ट एकस्मिंस्तौ द्वावपि विनश्यतः ॥ २२ ॥

hetu dvayaṁ tu chittasya vāsanā cha samīraṇaḥ
tayorvinaṣhṭa ekasmintau dvāvapi vinaśyataḥ

헤투드바얌 투 치따스야 바사나 차 사미라나흐 |

타요르비나쉬타 에카스민타우 드바바피 비나샤타흐 || 22 ||

헤투-원인, 드야나-둘의, 치따-의식, 바사나-인상, 사미라나-호흡, 비나쉬타-소멸하다, 에카스민-하나, 드바이-둘, 아피-그리고, 비나스야-사라지다

의식이 작용하는 원인은 프라나와 인상이다. 이 둘 중에서 하나가 소멸되면 나머지도 소멸된다.

[해석] 호흡이 줄어들면 생각이 줄어든다.

4.23

मनो यत्र विलीयेत पवनस्तत्रं लीयते ।
पवनो लीयते यत्र मनस्तत्र विलीयते ॥ २३ ॥

mano yatra vilīyeta pavanastatra līyate

pavano līyate yatra manastatra vilīyate

마노 야트라 빌리예타 파바나스타트람 리야테 |

파바노 리야테 야트라 마나스타트라 빌리야테 || 23 ||

마노-마음, 야트라-움직이다, 빌리예타-녹다, 파바나-프라나; 에너지, 리야테-사라지다, 파바노-프라나 에너지, 마나스-마음, 타트라-그곳

마음 작용이 멈추면 프라나의 에너지 작용도 멈추고, 프라나

의 작용이 멈추면 의식 작용도 멈춘다.

4.24

दुग्धाम्वुवत्संमिलितावुभौ तुल्यक्रियौ मानसमारुतौ हि ।
यतो मरुत्तत्र मनःप्रवृत्तिर्यतो मनस्तत्र मरुत्प्रवृत्ति ॥ २४ ॥

dughdhāmbuvatsaṁmilitāvubhau tau tulya kriyau mānasa mā rutau hi
yato maruttatra manaḥ pravṛttir yato manastatra marut pravṛttiḥ

두그담부바트삼밀리타부바우 타우 툴야크리야우 마나사마루타우 히 |
야토 마루따트라 마나흐프라브리띠르야토 마나스타트라 마루트프라브리띠흐 || 24 ||

두그다–우유, 툴야–~처럼, 크리야–행하다, 마나사–마음, 마루타–공기; 프라나, 프라브리띠–움직이다, 마나스타–마음, 마루트–공기; 프라나

우유와 물처럼 마음과 프라나는 혼합되어 같은 작용을 한다. 프라나가 작용하는 곳에 마음이 작용하고, 마음이 작용하는 곳에 프라나가 작용한다.

4.25

तत्रैक नाशादपरस्य नाश एकप्रवृत्तेरपरप्रवृत्तिः ।
अधवस्तयोश्चेन्द्रियवर्गवृत्तिः प्रध्वस्तयोर्मोक्षपदस्य सिद्धिः ॥ २५ ॥

tatraika nāśādaparasya nāśa ekapravṝtterapara pravṝttiḥ
adhvastayośchendriya vargha vṝttiḥpradhvastayormokṣha pada
sya siddhiḥ

타트라이카 나사다파라스야 나사 에카프라브리떼라파라프라브리띠흐 |
아드바스타요스첸드리야바르가브리띠흐 프라드바스타요르목샤파다스야 시띠흐
|| 25 ||

나사–멈추다, 에카–하나, 프라브리띠–움직이다, 아드바스타–덮어지다, 인드리야–감각 기관, 바르가–지나가는, 브리띠–작용, 프라드바–떨어진, 목샤–해탈, 시띠–경지에 이르다

둘 중 하나가 멈추면 다른 쪽도 멈춘다. 한쪽 작용이 일어나면 다른 쪽도 작용이 일어난다. 둘 다 작용이 멈추지 않으면 감각 기관은 대상을 향해 계속 작용한다. 그러므로 이 둘의 작용이 없어져야 해탈의 경지에 이를 수 있다.

4.26

रसस्य मनसश्चैव चञ्चलत्वं स्वभावतः ।
रसो वद्धो मनो किं न सिद्ध्यति भतले ॥ २६ ॥

rasasya manasaśchaiva chañchalatvaṁ svabhāvataḥ
raso baddho mano baddhaṁ kiṁ na siddhyati bhūtale

라사스야 마나사스차이바 찬찰라트밤 스바바바타흐 |
라소 바또 마노 바땀 킴 나 시뜨야티 부탈레 || 26 ||

라소–수은, 마나스–마음, 차이바–그리고, 찬찰라–움직이다, 스바바–본성, 바따–연결되다, 나–아닌, 시뜨야–성취하다, 부타–지상

수은과 마음은 원래 작용하지 않는 것이다. 수은과 마음을 움직이지 않게 할 수 있다면 지상에서 할 수 없는 것은 없다.

[해석] 순수한 마음 또는 순수 의식은 마치 모든 것의 근원이며, 모든 것을 행할 수가 있다. 수액은 뿌리 · 줄기 · 꽃 · 잎 · 나무 등 모든 곳에 존재하며, 모든 것을 할 수가 있다.

4.27

मूर्च्छितो हरते व्याधीन्मृतो जीवयति स्वयम् ।
बद्धः खेचरतां धत्ते रसो वायुश्च पार्वति ॥ २७ ॥

mūrcchito harate vyādhīnmṛto jīvayati svayam

baddhaḥ khecharatāṁ dhatte raso vāyuścha pārvati

무르치토 하라테 브야딘므르토 지바야티 스바얌 |

바따흐 케차라탐 다떼 라소 바유스차 파르바티 || 27 ||

무르치타–움직이지 않는, 하라테–행하다, 브야디–질병, 므르타–죽음, 지바–생명, 스바야–자신의, 바따–연결하다, 케차라–허공을 날다, 라소–수은, 바유–프라나, 파르바티–연결된

움직이지 않게 된 수은과 프라나는 모든 질병을 제거하고 스

스로 죽어서 다른 사람에게 생명을 준다. 움직이지 않게 단단히 묶여진 수은과 프라나는 허공을 날 수 있게 한다.

4.28

मनःस्थैर्य स्थिरो वायुस्ततो विन्दुः स्थिरो भवेत् ।
विन्दुस्थैर्यात्सदा सत्त्वं पिण्डस्थैर्यं प्रजायते ॥ २८ ॥

manaḥ sthairyā sthiro vāyustato binduḥ sthiro bhavet
bindu sthairyātsadā sattvaṁ piṇḍa sthairyaṁ prajāyate

마나흐스타이르예 스티로 바유스타토 빈두흐 스티로 바베트 |
빈두스타이르야트사다 사뜨밤 핀다스타이르얌 프라자야테 || 28 ||

마나스-마음, 스티로-안정, 바유-호흡, 빈두-점; 중심 에너지, 사뜨밤-밝은 상태, 핀다-확고한, 프라자야테-자아내다; 새로 태어나다

마음이 안정되면 호흡도 안정되고, 더불어 빈두도 안정된다. 빈두가 안정될 때 밝고 안정된 상태가 되고 있고, 몸을 확고하게 안정시킨다.

4.29

इन्द्रियाणां मनो नाथो मनोनाथस्तु मारुतः ।
मारुतस्य लयो नाथः स लयो नादमाश्रितः ॥ २९ ॥

indriyāṇāṁ mano nātho manonāthastu mārutaḥ

mārutasya layo nāthaḥ sa layo nādamāśritaḥ

인드라야남 마노 마토 마노나타스투 마루타흐 |

마루타스야 라요 나타흐 사 라요 나다마스리타흐 || 29 ||

인드리야–감각 기관, 마노–마음, 마루타–호흡; 바람, 라요–라야; 몰입, 나다–내면의 소리; 우주적인 소리

모든 감각 기관의 주인은 마음이고, 마음의 주인은 프라나이며, 프라나의 주인은 마음 작용이 소멸된 상태인 라야이다. 그리고 라야는 나다에 의존한다.

4.30

सोऽयमेवास्तु मोक्षाख्यो मास्तु वापि मतान्तरे ।
मनःप्राणलये कश्चिदानन्दः संप्रवर्तते ॥ ३० ॥

soayamevāstu mokṣhākhyo māstu vāpi matāntare

manaḥ prāṇalaye kaśchidānandaḥ sampravartate

소아야메바스투 목샤크요 마스투 바피 마탄타레 |

마나흐프라날라예 카스치다난다흐 삼프라바르타테 || 30 ||

목샤–해탈, 마나스–마음, 프라나–에너지;기(氣), 카스치–어떤, 아난다–지복; 희열, 삼프라바르타–자아내다

프라나와 마음 작용의 소멸인 라야를 해탈이라고 할 수 있다.

다만 다른 학파에서는 그렇게 설명하지 않는다. 마음과 프라나가 소멸될 때 말할 수 없는 일종의 쾌감이 나타난다.

4.31

प्रनष्टश्वासनिश्वासः प्रध्वस्तविषयग्रहः ।
निश्चेष्टो निर्विकारश्च लयति जयति योगिनाम् ॥ ३१ ॥

praṇaṣhṭa śvāsa niśvāsaḥ pradhvasta viṣhaya ghrahaḥ

niścheṣhṭo nirvikāraścha layo jayati yoghinām

프라나쉬타스바사니스바사흐 프라드바스타비샤야그라하흐 |

니스체쉬토 니르비카라스차 라요 자야티 요기남 || 31 ||

프라나-호흡, 스바사-움직임, 니스바사-호흡 멈춤, 프라드바-긴, 비사야-영역, 그라하-멈추다, 니스체쉬타-움직임이 없는, 니르비카라-변하지 않는, 라야-멈춤, 자야타-이루다, 요기-요가 수행자

호흡이 멈춰지고 감각의 즐거움이 사라지고 마음이 움직이지 않을 때, 요가 수행자에게 마음이 소멸되는 라야 요가의 상태가 성취된다.

[해석] 명상 비전인 비그야나바이라바 탄트라 138절에 이러한 구절이 있다. "오, 친애하는 존재여! 마음, 이지, 생명 에너지, 개인적인 자아, 이러한 네 가지가 소멸되면, 절대인 바이라바의 상태가 나타난다."

4.32

उीच्छन्नसर्वसङ्कल्पो निःशेषचेष्टितः ।
स्वावगम्यो लवः कोऽपि जायते वागगोचरः ॥ ३२ ॥

ucchinna sarva sangkalpo niḥśeṣhāṣeṣhacheṣhṭitaḥ
svāvaghamyo layaḥ koapi jāyate vāgh aghocharaḥ
우찐나사르바상칼포 니흐세샤세샤체쉬티타흐 |
스바바감요 라야흐 코아피 자야테 바가고차라흐 || 32 ||

우찐나–잃어버림, 사르바–모든, 상칼파–상념, 니흐세샤–전체, 세샤–머물다, 체쉬타–노력, 스바–자신, 바감–언어, 라야–사라진, 자야테–정복하다, 바가–언어, 아고차–도달할 수 없는

모든 상념이 일어나지 않고 육체의 움직임이 완전히 멈췄을 때, 자기 자신은 알 수 있으나 언어를 초월한 형용하기 어려운 라야가 생긴다.

4.33

यत्र दृष्टिर्लयस्तत्र ूतेन्द्रियसनातनी ।
सा शकितर्जीवभूतानां द्वे अलक्ष्ये लयं गते ॥ ३३ ॥

yatra dṛṣhṭirlayastatra bhūtendriya sanātanī
sā śaktirjīva bhūtānāṁ dve alakṣhye layaṁ ghate
야트라 드리쉬티를라야스타트라 부텐드리야사나타니 |

사 삭티르지바부타남 데바 알락셰 라얌 가테 || 33 ||

야트라-장소, 드리쉬티-바라보다; 관조하는, 부타스-물질 원소, 인드리야스-감각과 운동 기관, 삭티-에너지, 지바-살아 있는 존재, 데바-신성한, 라얌 가테-절대존재로 융해되다

내면을 바라보는 곳에 몰입하는 라야가 있다. 무지 속에서는 물질 원소와 10개의 지각 기관과 운동 기관이 존재하며, 모든 살아 있는 것 속에는 삭티가 있다. 이 둘은 정의할 수 없는 절대존재 속으로 융해된다.

4.34

लयो लय इति प्राहुः कीदृशं लय लक्षणम् ।
अपुनर्वासनोत्थानाल्लयो विषयविस्मृतिः ॥ ३४ ॥

layo laya iti prāhuḥ kīdṛśaṁ laya lakṣhaṇam

apunar vāsanotthānāllayo viṣhaya vismṛtiḥ

라요 라야 이티 프라후흐 키드리삼 라야락샤남 |

아푸나르바사노트타날라요 비샤야비스므르티흐 || 34 ||

라야-몰입, 프라후-주다, 키드르사-어떻게, 락샤나-특성, 아푸나-다시 하지 않는, 바사나-인상, 비샤야-영역, 비스므르티-기억이 없는

사람들은 쉽게 라야 라야 하는데 라야의 특성이 무엇인가? 라

야는 잠재된 기억이 다시 나타나지 않음으로써 감각 대상에 대한 분별 작용이 없는 것이다.

삼바비 무드라(Śambhavi Mudrā)
미간 응시법

4.35

वेदशास्त्रपुराणानि सामान्यगणिका इव ।
एकैव शाम्भवी मुद्रा गुप्ता कुलवधूरिव ॥ ३५ ॥

veda śātra purāṇāni sāmānya ghaṁikā iva

ekaiva śāmbhavī mudrā ghuptā kula vadhūriva

베다사스트라푸라나니 사만야가니카 이바 |

에카이바 삼바비 무드라 구프타 쿨라바두리바 || 35 ||

베다–인도의 가장 오래된 경전, 사스트라–경전들, 푸라나–신화적인 경전, 사만야–사회적인, 가니카–매춘부, 이바–~과 같다, 에카–이런, 삼바비 무드라–미간 응시 무드라, 쿨라바두타–양갓집 숙녀, 구프타–감추어진

베다와 모든 경전은 사회가 공유하는 매춘부와 같다. 그러나 미간 응시 무드라만은 양갓집의 숙녀처럼 비밀로 감춰져 있다.

[해석] 쿨라(Kula)는 탄트라 학파 중의 하나이다.

4.36

अन्तर्लक्ष्यं वहिर्दृष्टिर्निमेषोन्मेषवर्जिता ।
एषा सा शाम्भवी मुद्रा वेदशास्त्रेषु गोपिता ॥ ३६ ॥

antarlakṣhyaṁ bahirdṝṣhṭirnimeṣhonmeṣha varjitā
eṣhā sā śāmbhavī mudrā veda śāstreṣhu ghopitā
안타를락샴 바히르드리쉬티르니메숀메샤바르지타 |
에샤 사 삼바비 무드라 베다사스트레슈 고피타 || 36 ||

안타–내면, 락샤–대상, 드르쉬티–보는; 미간, 니메샤–순간, 바르지타–제외한, 사–그, 삼바비 무드라–미간 응시 무드라, 베다 사스트라–베다 경전, 고피타–비밀

마음을 내부의 대상인 미간 차크라에 두고서 외부의 보이는 대상에 눈을 깜박이지 않는다. 이것이 삼바비 무드라인 미간 응시 무드라로서 베다와 경전들에 비밀로 간직되어 있다.

[해석] 미간 응시법인 삼바비 무드라의 실천을 행함으로써 일어나는 우수성이 경전보다 더 중요하다는 것을 강조하는 것이다.

4.37

अन्तर्लक्ष्यविलीनचित्तपवनो योगी यदा वर्तते
दृष्ट्या निश्चलतारया बहिरधः पश्यन्नपश्यन्नपि ।
मुद्रेयं खलु शाम्भवी भवति सा लब्धा प्रसादाद्गुरोः
शून्यशून्यविलक्षणं स्फुरति तत्तत्त्वं परं शाम्भवम् ॥ ३७ ॥

antarlakṣhya vilīna chitta pavano yoghī yadā vartate
dṝṣhṭyā niśchala tārayā bahiradhaḥ paśyannapaśyannapi
mudreyaṁ khalu śāmbhavī bhavati sā labdhā prasā dādghuroḥ
śūnyāśūnya vilakṣhaṇaṁ sphurati tattattvaṁ padaṁ śāmbhavam

안타를락샤빌리나치따파바노 요기 야다 바르타테
드리쉬트야 니스찰라타라야 바히라다흐 파샨나파샨나피 |
무드레얌 칼루 삼바비 바바티 사 라브다 프라사다드구로흐
순야순야빌락샤남 스푸라티 타따뜨밤 파람 삼바밤 || 37 ||

안타-내면, 락샤-대상, 빌리나-사라진, 치따-마음, 파바나-프라나 에너지, 요기-요가 수행자, 바르타테-보여지다, 드리쉬트야-보는, 니스찰라-확고한, 파스야-보다, 무드라-무드라, 삼바비-미간 응시, 라브다-받아들이다, 프라사다-은총, 구루-스승, 순야순야-텅 비어 있는 곳에 드러남, 빌락샤-바라보는, 스푸라티-사라지다, 타뜨바-모든 것, 파람-지고의; 삼부(절대인 시바)의 드러남

요가 수행자가 내부의 대상에, 마음과 프라나에 몰입시켜 몸을 움직이지 않고 눈을 뜨고도 보지 않는다면 이것이 미간 응시 무드라이다. 이 무드라는 스승의 은총에 의해 얻어진다. 그때에는 텅 빔의 상태를 떠난 지고의 미간 응시 무드라의 실체가 나타난다.

[해석] 삼바비 무드라라는 것은 절대인 시바가 상대적으로 드러나는 것이다. 그래서 순야순야(Sunyasunya), 즉 텅 빈 가운데 텅 비어 있

지 않는 실체가 드러난다는 것이다.

4.38

श्रीशाम्भव्याश्च खेचर्या अवस्थाधामभेदतः ।
भवेच्चित्त लयानन्दः शून्ये चित्सुखरूपिणि ॥ ३८ ॥

śrī śāmbhavyāścha khecharyā avasthā dhāma bhedataḥ

bhavechchitta layānandaḥ śūnye chit sukha rūpiṇi

스리 삼바브야스차 케차르야 아바스타다마베다타흐 |

바베치땰라야난다흐 순예 치트수카루피니 || 38 ||

스리-성스러운, 삼바브야-삼바비 무드라(미간 응시 무드라), 케차르야-케차리 무드라(공중 비행 무드라), 아바스타-상태, 다마-방법, 치트-의식, 수카-기쁨, 루파-본성

삼바비 무드라인 미간 응시 무드라와 케차리 무드라인 공중 비행 무드라는 그 상태와 위치가 각각 다르나, 그 방법에 의해 참나의 본성인 텅 빈 속에 의식이 몰입되는 기쁨이 일어난다.

운마니(Unmani)
내면의 집중 상태

4.39

तारे ज्योतिषि संयो किंचिदुन्नमयेद्भ्रुवौ ।

पूर्वं योगो युञ्जन्नुन्मनीकारकः क्षणात् ॥ ३९ ॥

tāre jyotiṣhi saṁyojya kiṁchidunnamayedbhruvau

pūrva yoghaṁ mano yuñjannunmanī kārakaḥ kṣhaṇāt

타레 죠티쉬 삼요즈야 킴치둔나마예드브루바우 |

푸르바요감 마노 윤잔눈마니카라카흐 크샤나트 || 39 ||

타라-눈으로, 조티쉬-빛, 삼요즈야-고정시키고, 킴치-조금, 운나마야티-올리다, 브루바-정상적으로, 푸르바-전에, 요감-방법, 마노-마음, 윤자나-집중하다, 운마니-내면의 집중 상태, 카라카-행하다, 크샤나트-즉각적으로

두 눈동자를 코끝에 나타나는 빛에 모으고, 눈썹을 조금 추켜 올려야 한다. 그리고 앞에서 말한 방법대로 마음을 집중하면 수행자는 곧 운마니 아바스타인 운마니 상태에 도달한다.

[해석] 운마니 아바스타는 삼바비 무드라를 행하면서 외부를 보고 있지만 내면으로는 절대인 브라흐만을 생각하면서 수행하는 방법이다.

타라카(Tāraka)
응시법

4.40

केचिदागमजालेन केचिन्निगमसङ्कुलैः ।
केचित्तर्केण मुह्यन्ति नैव जानन्ति तारकम् ॥ ४० ॥

kechidāghama jālena kechinnighama sangkulaiḥ

kechittarkeṁa muhyanti naiva jānanti tārakam

케치다가마잘레나 케친니가마상쿨라이흐 |

케치따르케나 무흐얀티 나이바 자난티 타라캄 || 40 ||

케치-어떠한 사람, 아가마-베다 경전, 잘라-그물망, 니가마-제식 규정, 케마-논증, 무흐야티-혼란된, 나이바-아닌, 자난티-그들은 안다, 타라카-넘어서는

어떤 사람들은 베다 경전의 그물에 걸려 현혹되고, 어떤 사람들은 번잡스러운 제식 규정에 현혹되며, 어떤 사람들은 철학의 논증에 현혹되어 있다. 누구도 무드라의 가치를 모르며, 어느쪽도 생사를 넘어서는 방법을 모른다.

4.41

अर्धोन्मीलितलोचनः स्थिरमना नासाग्रदत्तेक्षणश्
चन्द्रार्कावपि लीनतामुपनयन्निस्पन्दभावेन यः ।
ज्योतीरूपमशेषवीजमखिलं देदीप्यमानं परं
तत्वं तत्पदमेति वस्तु परमं वाच्यं किमत्राधिकम् ॥ ४१ ॥

ardhonmīlita lochanaḥ sthira manā nāsāghra dattekṣhaṇaś

chandrārkāvapi līnatāmupanayannispanda bhāvena yaḥ

jyotī rūpamaśeṣha bījamakhilaṁ dedīpyamānaṁ paraṁ

tattvaṁ tat padameti vastu paramaṁ vāchyaṁ kimatrādhikam

아르돈밀리탈로차나흐 스티라마나 나사그라다떼크샤나스

타라카(Tāraka)
응시법

찬드라르카바파피 리나타무파나얀니스판다바베나 야흐 |
쟈티루파마세샤비자마킬람 데디프야마남 파람
타뜨밤 타트파다메티 바스투 파라맘 바츠얌 키마트라딤캄 || 41 ||

로차나–눈, 스티라–고정된, 마나–마음, 나사그라–코끝, 찬드라–달, 리나타–보완적인, 우파나야–획득하다, 니스판다–움직이지 않는, 바베나–전환하는, 조티루파–빛의 형상, 바스투–만물의 근원, 파라–초월적인, 비자–근원적인, 데디프야마나–빛나는, 타뜨밤–물질, 파다–단계, 바스투–근원, 파라맘–초월적인, 바츠야–직접적인

눈을 반쯤 감고 마음을 확고하게 하며 코끝에 시선을 두어 움직이지 않게 한다. 수슘나로 나디를 흐르게 하여 이다인 달과 핑갈라인 해를 멈출 수 있는 사람은 빛의 형상으로 빛나는 만물의 근원인 초월적인 진리의 경지에 이른다. 그 이상 무엇을 말할 필요가 있겠는가?

[해석] 코끝에 시선을 두어 응시하는 이 무드라를 나시카라 무드라(Nasikara Mudra)라고 한다.

4.42
दिवा न पूजयेल्लिङ्गं रात्रौ चैव न पूजयेत् ।
सर्वदा पूजयेल्लिङ्गं दिवारात्रिनिरोधतः ॥ ४२ ॥

divā na pūjayellinggharṁ rātrau chaiva na pūjayet
sarvadā pūjayellinggharṁ divārātri nirodhataḥ

디바 나 푸자옐링감 라트라우 차이바 나 푸자예트 |

사르바다 푸자옐링감 디바라트리니로다타흐 || 42 ||

디바–낮, 나–아닌, 푸자–예배, 링감–시바 신의 형상; 절대적인 상징, 차이바–또한, 푸자예트–예배하는, 사르바다–언제나, 디바라트리–낮과 밤, 니로다–통제하다

낮에는 링가를 예배해서는 안 된다. 밤에 또한 링가를 예배해서는 안 된다. 언제나 낮과 밤을 통제한 후에 링가를 예배해야만 한다.

[해석] 링감에 예배한다는 것은 참나인 아트만에 집중한다는 뜻이며, 높은 의식으로 이끈다는 의미이다.

케차리 무드라(Khecharī Mudrā)
공중 비행 무드라

4.43

सव्यदक्षिणनाडीस्थो मध्ये चरति मारुतः ।
तिष्ठते खेचरी मुद्रा तस्मिन्स्थाने न संशयः ॥ ४३ ॥

savya dakṣhiṇa nāḍī stho madhye charati mārutaḥ

tiṣhṭhate khecharī mudrā tasminsthāne na saṁśayaḥ

사브야 닥쉬나 나디 스토 마드예 차라티 마루타흐 |

티쉬타테 케차리 무드라 타스민스타네 나 삼사야흐 || 43 ||

사브야-오른쪽, 닥쉬나-왼쪽, 나디-에너지선, 마드예-중간, 차라티-행하다, 마루타-공기, 케차리 무드라-공중 비행 무드라, 타스민-그것은, 나-아닌, 삼사야-의심

좌우에 있는 나디가 중심 나디인 수슘나로 흘러 들어가면 케차리 무드라인 공중 비행 무드라가 성립된다. 이것은 의심할 여지가 없다.

4.44

इडा षपिङ्गलयोर्मध्ये शून्यं चैवानिलं ग्रसेत् ।
तिष्टते खेचरी मुद्रा तत्र सत्यं पुनः पुनः ॥ ४४ ॥

iḍā pingghalayormadhye śūnyaṁ chaivānilaṁ ghraset
tiṣhṭhate khecharī mudrā tatra satyaṁ punaḥ punaḥ

이다핑갈라요르마드예 순얌 차이바닐람 그라세트 |
티쉬타테 케차리 무드라 타트라 사트얌 푸나흐 푸나흐 || 44 ||

이다-음 에너지, 핑갈라-양 에너지, 마드야-중간, 순얌-텅 빈(空), 차이바-그리고, 닐라-지역, 케차리 무드라-공중 비행 무드라, 사트얌-진리, 푸나흐-틀림없는

이다와 핑갈라 나디의 중앙에 있는 수슘나 나디의 텅 빔이 프라나를 모두 마셔 버렸을 때 케차리 무드라인 공중 비행 무드라가 확립된다. 이것은 틀림없는 진실이다.

4.45

सूर्च्याचन्द्रमसोर्मध्ये निरालम्बान्तरं पुनः ।
संस्थिता व्योमचक्रे या सा मुद्रा नाम खेचरी ॥ ४५ ॥

sūrchyāchandramasormadhye nirālambāntare punaḥ

saṁsthitā vyoma chakre yā sā mudrā nāma khecharī

수르츠야찬드라마소르마드예 니랄람반타람 푸나흐 |

삼스티타 브요마차크레 야 사 무드라 나마 케차리 || 45 ||

수르츠야–태양; 핑갈라, 찬드라–; 이다, 마드야–중간, 니라–머무는, 푸나흐–틀림 없는, 삼스티타–머무는, 브요마 차크라–허공 차크라, 사–그것, 무드라–무드라, 나마–부르는 이름, 케차리–공중 비행

핑갈라와 이다 나디의 중간에 받침이 없는 텅 빔 속에 브요마 차크라인 허공 차크라가 있다. 여기에 이루어지는 무드라를 케차리, 즉 공중 비행이라고 한다.

4.46

सोमाद्यत्रोदिता धारा साक्षात्सा शिववल्लभा ।
पूरयेदतुलां दिव्यां सुषुम्णां पश्चिमे मुखे ॥ ४६ ॥

somādyatroditā dhārā sākṣhātsā śiva vallabhā

pūrayedatulāṁ divyāṁ suṣhumṇāṁ paśchime mukhe

소마드야트로디타 다라 삭샤트사 시바발라바 |

푸라예다툴람 디브얌 수슘남 파스치메 무케 || 46 ||

소마(Soma)–달의 에너지이며 리그 베다에 나오는 성스러운 주스, 다라–방향, 삭샤트사–직접적으로, 시바–시바 신, 발라–좋아하는, 다툴라–가득 찬, 디브야–신성한, 수슘나–중앙 에너지, 파스치마–막다, 무케–입

이 케차리 무드라를 실천하면 시바 신이 좋아하는 달에서 흐르는 감로인 소마가 생긴다. 비교할 수 없는 이 신성한 수슘나 나디의 입구를 혀를 가지고 막아야 한다.

4.47

पुरस्ताच्चैव पूर्येत निश्चिता खेचरी भवेत् ।
अभ्यस्ता खेचरी मुद्राप्युन्मनी संप्रजायते ॥ ४७ ॥

purastācchaiva pūryeta niśchitā khecharī bhavet
abhyastā khecharī mudrāpyunmanī samprajāyate

푸라스타차이바 푸르예타 니스치타 케차리 바베트 |
아브야스타 케차리 무드라퓨마니 삼프라자야테 || 47 ||

푸라스타–처음으로, 푸라야–가득 찬, 니스치타–확실한, 케차리–공중 비행, 아브야사–수행, 케차리 무드라–공중 비행 무드라, 운마니–초월적인, 삼프라자야테–존재의 상태

멈춤 호흡으로 프라나를 멈추게 하여 수슘나 나디를 막아야 한다. 이것이 진정한 공중 비행인 케차리이다. 이 케차리 무드라를 수행하면 초월적인 운마니 삼매 상태가 된다.

4.48

भ्रुवोर्मध्ये शिवस्थानं मनस्तत्र विलीयते ।
ज्ञातव्यं तत्पदं तुर्यं तत्र कालो न विद्यते ॥ ४८ ॥

bhruvormadhye śiva sthānaṁ manastatra vilīyate
jñātavyaṁ tat padaṁ turyaṁ tatra kālo na vidyate
브루보르마드예 시바스타남 마나스타라 빌리야테 |
그야나브얌 타트파담 투르얌 타트라 칼로 나 비드야테 || 48 ||

부르바-말하다, 마드예-중간의, 시바-시바 신, 스타남-머물다, 마나스-마음, 타라-흐름, 빌리야테-몰입되다, 그야나-지혜, 타트-그, 파다-방향, 투르야-제4의, 타트라-그곳; 거기, 칼라-시간, 나-아닌, 비드야테-죽음

눈썹과 눈썹의 사이에 시바 신이 머물고 있다. 그쪽으로 의식이 몰입된다. 이 상태가 바로 제4의 삼매 상태임을 알아야 한다. 거기에는 죽음이 없다.

4.49

अभ्यसेत्खेचरीं तावद्यावत्स्याद्योगनिद्रितः ।
संप्राप्तयोगनिद्रस्य कालो नास्ति कदाचन ॥ ४९ ॥

abhyasetkhecharīṁ tāvadyāvatsyādyogha nidritaḥ
samprāpta yogha nidrasya kālo nāsti kadāchana
아브야세트케차림 타바드야바트스야드요가니드리타흐 |

삼프라프타요가니드라스야 칼로 나스티 카다차나 || 49 ||

아브야사–수행, 케차리–공중 비행 무드라, 요가니드라–요가의 잠, 삼프라프타–획득한, 요가니드라–요가의 잠, 칼라–죽음, 나스티–존재하지 않는, 카다차–결코

요가 니드라인 요가의 잠에 들 때까지 케차리 무드라를 수행해야 한다. 수행자가 요가 니드라에 들어갔다면 죽음은 존재하지 않는다.

4.50

निरालम्वं मनः कृत्वा न किंचिदपि चिन्तयेत् ।
स वाह्माभ्यन्तरे व्योम्नि घटवत्तिष्ठति ध्रुवम् ॥ ५० ॥

nirālambaṁ manaḥ kṟtvā na kiṁchidapi chintayet
sa bāhyābhyantaraṁ vyomni ghaṭavattiṣhṭhati dhruvam
니랄람밤 마나흐 크르트바 나 킴치다피 친타예트 |
사 바흐야브얀타레 브욤니 가타바띠쉬타티 드루밤 || 50 ||

니랄람밤–독립적인, 마나스–마음, 크르트바–행하다, 나–아닌, 킴치드–어떤, 친타–생각, 사–그, 바흐야–외부, 안타르–내부, 브욤–텅 빈, 가타–항아리

요가 수행자의 마음이 대상을 떠나 아무것도 생각하지 않는다면 그는 안과 밖이 텅 빈 항아리처럼 태연하게 버티고 설 수 있을 것이다.

4.51

बाह्यवायुर्यथा लीनस्तथा मध्यो न संशयः ।
स्वस्थाने स्थिरतामेति पवनो मनसा सह ॥ ५१ ॥

bāhya vāyuryathā līnastathā madhyo na saṁśayaḥ

sva sthāne sthiratāmeti pavano manasā saha

바흐야바유르야타 리나스타타 마드요 나 삼샤흐 |

스바스타네 스티라타메티 파바노 마나사 사하 || 51 ||

바흐야-외부, 바유-호흡, 스티라-움직이지 않는, 마드야-중간, 나-아닌, 삼사야-의심, 스바-자신, 스타-자기 본래, 스티라-확고한, 파바나-순수한, 마나사-마음, 사하-같이

외부의 호흡이 멈추어지면 내부의 호흡도 멈춰진다. 이때 프라나는 마음과 더불어 자기 본래 자리인 브라흐만의 동굴에서 움직이지 않게 된다.

4.52

एवमभ्यस्यतस्य वायुमार्गे दिवानिशम् ।
अण्यासाज्जीर्यते वायुर्मनस्तत्रैव लीयते ॥ ५२ ॥

evamabhyasyatastasya vāyu mārghe divāniśam

abhyāsājjīryate vāyurmanastatraiva līyate

에바마브야스야타스타스야 바유마르게 디바니삼 |

아브야사찌르야테 바유르마나스타트라이바 리야테 || 52 ||

이렇게 수슘나로 호흡을 밤낮없이 수행하면 호흡이 사라지는 곳으로 마음도 사라져 간다.

4.53

अमृतैः प्लावयेद्देहमापादतलमस्तकम् ।
सिद्ध्यत्येव महाकायो महाबलपराक्रमः ॥ ५३ ॥

amṛtaiḥ plāvayeddehamāpāda tala mastakam

siddhyatyeva mahā kāyo mahā bala parākramaḥ

암리타이흐 플라바예떼하마파다 탈라 마스타캄 |

시뜨야트예바 마하카요 마하발라 파라크라마흐 || 53 ||

암리타–불멸의 감로, 플라바야–제거하다, 데하마–몸, 파다–발, 탈라–밑바닥, 마스타카–머리, 시띠–초능력적인, 마하카야–강한 몸, 마하발라–강한 힘, 파라크라마–에너지

달에서 흘러나온 감로인 암리타로 머리에서 발끝까지 채워야 한다. 그렇게 되면 초능력적으로 몸은 강한 힘과 에너지를 얻을 수 있다.

4.54

शक्तिमध्ये मनः कृत्वा शक्तिं मानसमध्यगाम् ।

मनसा मन आलोक्य धारयेत्परमं पदम् ॥ ५४ ॥

śakti madhye manaḥ kṛtvā śaktiṁ mānasa madhyaghām

manasā mana ālokya dhārayetparamaṁ padam

사크티마드예 마나흐 크리트바 삭팀 마나사마드야감 |

마나사 마나 알로캬 다라예트파라맘 파담 || 54 ||

삭티–에너지의 상태, 마드야–중간, 마나흐–마음, 크리트바–행하다, 마나스–마음, 알로카–바라보다, 다라나–집중, 파람–지고의, 파담–단계

마음을 삭티(쿤달리니) 안에 두고, 마음의 중심 안에 삭티를 붙잡아 명상의 수단에 의해 하나로 합친다. 삭티를 마음속에 두고서 마음을 집중하여 지고의 상태를 유지해야 한다.

4.55

ख मध्ये कुरु चात्मानमात्ममध्ये च खं कुरु ।
सर्वं च खमयं कृत्वा किंचिदपि चिन्तयेत् ॥ ५५ ॥

kha madhye kuru chātmānamātma-madhye cha khaṁ kuru

sarvaṁ cha kha mayaṁ kṛtvā na kiṁchidapi chintayet

카 마드예 쿠루 차트마나마트마마드예 차 캄 쿠루 |

사르밤 차 카 마얌 크리트바 나 킴치다피 친타예트 || 55 ||

카–브라흐마인 창조주, 마드야–중간, 아트마–참나, 사르바–모든, 마얌–허상, 크리트바–~행하다, 나–아닌, 킴–무엇, 치다–의식하다, 친다–생각

창조주 브라흐마(카) 속에 참나인 아트만을 두고, 참나 속에 브라흐마를 둔다. 모든 것이 창조주로 이루어졌음을 깨닫고 아무것도 생각하지 않는다.

4.56

अनतः शून्यो बहिः शून्यः शून्यः कुम्भ इवाम्बरे ।
अनतः पूर्णो बहिः पूर्णः पूर्णः कुम्भ इवार्णवे ॥ ५६ ॥

antaḥ śūnyo bahiḥ śūnyaḥ śūnyaḥ kumbha ivāmbare

antaḥ pūrṇo bahiḥ pūrṇaḥ pūrṇaḥ kumbha ivārṇave

안타흐 순요 바히흐 순야흐 순야흐 쿰바 이밤바레 |

안타흐 푸르노 바히흐 푸르나흐 푸르나흐 쿰바 이바르나베 || 56 ||

안타–안에, 순야–텅 빈, 푸르나–가득 찬, 쿰바–항아리

삼매에 들었을 때 수행자의 상태는 안도 텅 비어 있고 밖도 텅 비어 있어서 마치 텅 비어 있는 곳에 있는 항아리와 같다. 또한 안도 가득 차 있고 밖도 가득 차 있어서 마치 바닷속에 있는 항아리와 같은 것이다.

[해석] 삼매의 뜻이 안과 밖이 비어 있고 가득 차 있다는 것은 상대와 절대를 다 포함하여 하나로 체험된다는 것이다. 그것은 우파니샤드의 가르침인, 프루나미담 푸루남다흐(Prunamidam Purunamdah)인 절대도 가득 차 있고 상대도 가득 차 있고 또한 비어 있다는 뜻도 되는 것

이다.

4.57

बाह्यचिन्ता न कर्तव्या तथैवान्तर चिन्तनम् ।
सर्वचिन्तां परित्यज्य न किंचिदपि चिन्तयेत् ॥ ५७ ॥

bāhya chintā na kartavyā tathaivāntara chintanam
sarva chintāṁ parityajya na kiṁchidapi chintayet

바흐야 친타 나 카르타브야 타타이반타라 친타남 |
사르바 친탐 파리트야즈야 나 킴치다피 친타예트 || 57 ||

바흐야-외부, 친타-마음; 생각, 나-아닌, 카르타브야-행함, 사르바-모든, 파리트야-사라짐, 킴-그리고, 치다-의식

삼매에 들어가고자 하는 수행자는 외부와 내부를 생각하지 않는다. 모든 생각을 떠난다. 그는 아무것도 생각하지 않는다.

4.58

सङ्कल्पमात्रकलनैव जगत्समग्रं
सङ्कल्पमात्रकलनैव मोविलासः ।
सङ्कल्पमात्रनतिमुत्सृज निर्विकल्पम्
आश्रित्य निश्चयमवाप्नुहि राम शान्तिम् ॥ ५८ ॥

sangkalpa mātra kalanaiva jaghatsamaghraṁ

sangkalpa mātra kalanaiva mano vilāsaḥ

sangkalpa mātra matimutsṝja nirvikalpam

āśritya niśchayamavāpnuhi rāma śāntim

상칼파 마트라 칼라나이바 자가트사마그람

상칼파 마트라 칼라나이바 마노 빌라사흐 |

상칼파 마트라 마티무트스리자 니르비칼팜

아스리트야 니스차야마바프투히 라마 산팀 || 58 ||

상칼파-생각; 인상, 마트라-산물, 칼라-시간, 나이바-아닌, 자가트-세상, 사마그라-모든, 마노-마음, 니르비칼파-무분별지, 니스차-불변; 우주 의식, 라마-인도의 왕이며 비쉬누 신의 7번째 화신, 산티-평온함

세상은 모든 생각의 산물이다. 라마여! 생각에 지나지 않는 모든 견해를 버리고, 니르비칼파인 무분별지(無分別智)에 의해서 평온함을 얻으라.

4.59

कर्पूरमनले यद्वत्सैन्धवं सलिले यथा ।
तथा सन्धीयमान च मनस्त्त्वे विलीयते ॥ ५९ ॥

karpūramanale yadvatsaindhavaṁ salile yathā

tathā sandhīyamānaṁ cha manastattve vilīyate

카르푸라마날레 야드바츠사인다밤 살릴레 야타 |

타타 산디야마남 차 마나스타뜨베 빌리야테 || 59 ||

카르푸라–장뇌, 마나라–타다, 사인다바–소금, 야드바–마음, 사릴라–스며들다, 타타–그, 산다–바다, 마나스–마음, 타뜨바–본질, 빌리야테–용해되다

장뇌(樟腦)가 불에 녹고, 소금이 바닷물에 녹듯이 마음은 참된 실체와 결합하여 그 속으로 용해되어 버린다.

4.60

ज्ञेयं सर्वं प्रतीतं च ज्ञानं च उच्यते ।
ज्ञानं ज्ञेयं समं नष्टं नान्यः पन्था द्वितीयंकः ॥ ६० ॥

jñeyaṁ sarvaṁ pratītaṁ cha jñānaṁ cha mana uchyate
jñānaṁ jñeyaṁ samaṁ naṣhṭaṁ nānyaḥ panthā dvitīyakaḥ
그예얌 사르밤 프라티남 차 그야남 차 마나 우챠테 |
그야남 그예얌 사맘 나쉬탐 난야흐 판타 드비티얌카흐 || 60 ||

그예남–아는 것, 사르바–모든, 프라티탐–아는 대상, 차–그리고, 그야남–아는, 마나–마음, 우차테–높이다, 그야남–아는; 지식, 그예얌–아는 것, 사맘–하나, 나쉬타–소용 없는, 판타–방법, 드비티야–둘의

아는 것과 모든 아는 대상 둘 다가 사라지고, 알려진 것(지식)과 알 수 있는 것이 평등하게 하나로 되면 그밖의 다른 방법은 필요없다.

4.61

मनोदृश्यमिदं सर्वं यत्किंचित्सचराचरम् ।
मनसो ह्युन्मनीभावाद्द्वैतं नैवोपलभ्यते ॥ ६१ ॥

mano dṝśyamidaṁ sarva yatkiṁ chitsa charācharam

manaso hyunman bhāvāddvaitaṁ naivopalabhyate

마노 드르스야미담 사르밤 야트킴 치트사차라차람 |

마나소 흐윤마니바바뜨바이탐 나이보팔라브야야테 || 61 ||

마노–마음, 드르스야–보다, 사르바–모든, 아드바이타–불이일원성(不二一元性); 둘이 아닌 하나, 나이바–아닌, 팔라–결과

움직이는 것이든 움직이지 않는 것이든 이 세상의 모든 것들은 모두 마음에 의해서 나타난다. 마음이 삼매의 상태에 들어가면 분명히 이원성은 성립되지 않는다.

4.62

ज्ञेयवस्तु परित्यागाद्विलयं याति मानसम् ।
मनसो विलये जाते कैवाल्यमवशिष्यते ॥ ६२ ॥

jyeya vastu parityāghādvilayaṁ yāti mānasam

manaso vilaye jāte kaivalyamavaśiṣhyate

그예야바스투파리트야가드빌라얌 야티 마나삼 |

마나소 빌라예 자테 카이발야마바시쉬야테 || 62 ||

그예야–인식, 바스투–대상, 파리트야–사라지다, 마나사–마음, 카이발야–독존; 해탈

인식 대상을 완전히 버려야 마음도 소멸한다. 마음이 소멸될 때 참자아가 독존(獨尊)하는 상태가 된다.

4.63

**एवं नानाविधोपायाः सम्यक् स्वानुभवान्विताः ।
समाधिमार्गाः कीथताः पूर्वाचार्यैर्महात्मभिः ॥ ६३ ॥**

evaṁ nānā vidhopāyāḥ samyaksvānubhavānvitāḥ

samādhi mārghāḥ kathitāḥ pūrvāchāryairmahātmabhiḥ

에밤 나나 비도파야흐 삼약스바누바반비타흐 |

사마디 마르가흐 카티타흐 푸르바차르야이르마하트마비흐 || 63 ||

아차르야-스승

이상과 같이 삼매에 관해서는 자신의 풍부한 체험을 근거로 갖고 있는 위대한 옛 스승들에 의해서 다양한 방법들이 설해졌다.

4.64

**सुषुम्नायै कुण्डलिन्यै सुधायै चद्रजन्मने ।
मनोन्मन्यै न्मस्तुभ्यं महाशक्त्यै चिदात्मने ॥ ६४ ॥**

suṣhumṇāyai kuṇḍalinyai sudhāyai chandra janmane

manonmanyai namastubhyaṁ mahā śaktyai chid ātmane

수슘나야이 쿤달린야이 수다야이 찬드라 잔마네 |

마논만얀야이 나마스투브얌 마하삭트야이 치다트마네 || 64 ||

수슘나-중앙 통로 에너지, 쿤달리니-에너지, 수다야-편안한, 찬드라-달, 잔마-존재, 마논마니-초월적인, 나마스투브-귀의하다, 마하삭티-위대한 삭티, 치다-의식, 아트만-참나; 순수 의식

수슘나 에너지, 쿤달리니, 달에서 흐르는 감로, 마논마니 삼매, 순수 의식을 본질로 하는 위대한 삭티에 귀의합니다.

4.65

अशक्यतत्त्वबोधानां मूढानामपि सम्मतम् ।
प्रों गोरक्षनायेन नादोपासनमुच्यते ॥ ६५ ॥

aśakya tattva bodhānāṁ mūḍhānāmapi saṁmatam

proktaṁ ghorakṣha nāthena nādopāsanamuchyate

아사캬 타뜨바 보다남 무다나마피 삼마탐 |

프록탐 고락샤 나테나 나도파사나무츠야테 || 65 ||

아사크야-불가능한, 타뜨바-실체, 보다나-깨닫다, 무다-무지한, 삼마탐-권위 있는, 프록타-말하다, 고락샤-고락샤 성자, 나다-내면의 소리, 무츠야테-벗어나는

실체를 깨닫지 못하는 어리석은 이도 실천할 수 있는 고락샤 나타께서 가르치신 내면의 소리인 나다의 수행법을 말하겠다.

4.66

श्रीआदिनाथेन समादकोटिलयप्रकाराः कथिता जयन्ति ।
नादानुसन्धानकमेकमेव मन्यामहे मुख्यतमं लयानाम् ॥ ६६ ॥

śrī ādināthena sa pāda koṭi laya prakārāḥ kathitā jayanti
nādānusandhānakamekameva manyāmahe mukhyatamaṁ layā nām

스리 아디나테나 사 파다 코틸라야 프라카라흐 카티타 자얀티 |
나다누삼다나카메카메바 만야마헤 무캬타맘 라야남 || 66 ||

스리 아디나타-성스러운 시바 신, 사-그, 파다-발 아래, 코티-훌륭한, 라야-에너지 또는 쿤달리니 요가라고도 한다, 프라카라-머물다, 카티타-말하다, 자얀티-넘어서다, 나다-내면의 소리, 만야마-생각하다, 무캬-으뜸, 라야-라야 수행법

성스런 시바 신이 가르친 천만 가지의 라야 수행법은 모두 훌륭한 것이다. 그러나 그 라야 수행법 중에서 내면의 소리인 나다에 헌신하는 수행법이 으뜸이라고 생각한다.

4.67

मासने स्थितो योगी मुद्रां सन्धाय शांभवीम् ।
क्षृणुयाद्दक्षिणे कर्णे नादमन्तस्थमेकधीः ॥

muktāsane sthito yoghī mudrāṁ sandhāya śāmbhavīm
śṝṇuyāddakṣhiṣe karṣe nādamantāsthamekadhīḥ

묵타사네 스티토 요기 무드람 삼다야 삼바빔 |

스리누야딱쉬네 카르네 나다만타스타메카디흐 || 67 ||

묵타 아사나-해탈좌, 스티타-확고한, 요기-요가 수행자, 무드라-무드라, 산다야-같이, 삼바비-미간 응시, 스리누-듣는, 닥쉬나-오른쪽으로, 나다-내면의 소리

해탈좌인 묵타 아사나로 앉아 삼바비 무드라인 미간 응시 무드라를 하고, 오른쪽 귀로 내면에서 나는 소리를 집중해서 들어라.

4.68

श्रयाणपुटनयनयुगलघ्राणमुखानां निरोधनं कार्यम् ।
शुद्धासुषुम्नासरणौ स्फुटममलः श्रूयते नादः ॥ ६८ ॥

śravaṇa puṭa nayana yughala ghrāṇa mukhānāṁ nirodhanaṁ kār yam
śuddha suṣhumṇā-saraṇau sphuṭamamalaḥ śrūyate nādaḥ

스라바나 푸타 나야나 유갈라 그라나 무카남 니로다남 카르얌 |

수따 수슘나사라나우 스푸타마말라 스루야테 나다흐 || 68 ||

스라바나-청각, 푸타-막다, 나야나-눈, 유갈라-둘의, 그라나-코, 무카-입, 니로다-통제, 카르야-행하다, 수따-정화, 수슘나-중앙 통제 에너지관, 사라나-벗어난, 스푸타-맑은, 스루야테-듣다, 나다-내면의 소리; 우주적인 소리

귀 · 눈 · 코 · 입을 손가락으로 막아야 한다. 그렇게 하면 모든 비순수한 것이 정화된 수슘나를 통하여 맑고 분명한 내면의 우주적인 소리가 들린다.

4.69

आरम्भश्च घटश्चैव तथा परिचयोऽपि च ।
निष्पत्तिः सर्वयोगेषु सयादवस्थाचतुष्टयम् ॥ ६९ ॥

ārambhaścha ghaṭaśchaiva tathā parichayoapi cha
niṣhpattiḥ sarva yogheṣhu syādavasthā chatuṣhḥayam

아람바스차 가타스차이바 타타 파리차요아피 차 |
니쉬파띠흐 사르바 요게슈 스야다바스타 차투쉬타얌 || 69 ||

아람바–시작, 가타–노력, 파리차야–숙련; 아는, 니쉬파티–성취, 사르바–모든, 요게–요가, 차투스–4단계

첫째 시작의 단계, 둘째 노력의 단계, 셋째 숙련의 단계, 넷째 성취 단계, 즉 요가에는 이 모든 네 가지의 단계가 있다.

아람바 아바스타(Ārambha Avasthā)
시작 단계

4.70

ब्रह्मग्रन्थेर्भवेद्भेदोत्द्यानन्दः शून्यसम्भवः ।

विचित्रः क्वणको देहेऽनाहतः श्रूयते ध्वनिः ॥ ७० ॥

brahma ghrantherbhavedbhedo hyānandaḥ śūnya sambhavaḥ

vichitraḥ kvaṇako dehe anāhataḥ śrūyate dhvaniḥ

브라흐마그란테르바베드베도 흐야난다흐 순얌삼바바흐 |

비치트라흐 크바나코 데헤아나하타흐 스루야테 드바니흐 || 70 ||

브라흐마그란티–가슴 부위, 아난다–지복, 순야–텅 빔, 비치트라–매력적인, 크바나–소리, 데하–몸, 아나하타–가슴 차크라, 스루야테–듣다, 드바니–울리다

시작 단계는 브라흐마의 부분인 가슴 부위가 호흡에 의해서 열릴 때 심장의 텅 빔 속에서 지복이 일어난다. 그것은 여러 장신구가 부딪치는 소리가 가슴 차크라인 아나하타에서 들려온다.

4.71

दिव्यदेहश्च तेजस्वी दिव्यगन्धस्त्वरोगवान् ।
सम्पुर्णहृदयः शून्य आरम्भे योगवान्भवेत् ॥ ७१ ॥

divya dehaścha tejasvī divya ghandhastvaroghavān

sampūrṇa hṛdayaḥ śūnya ārambhe yoghavānbhavet

디브야데하스차 테자스비 디브야간다스트바로가바트 |

삼푸르나흐리다야흐 순야 아람보 요가반바베트 || 71 ||

디브야–성스러운, 데하–몸, 테자스–빛나다; 간다; 향기나다, 삼푸르나–전체적으

로, 흐리다야–가슴, 순야–텅 빈, 아람바–시작의 단계

시작의 단계에서 심장의 텅 빈 곳에서 내면의 소리인 나다가 들리기 시작하면 수행자는 밝아지고, 성스러워지며, 건강해지고, 천상의 향기가 난다.

가타 아바스타(Ghaṭa Avasthā)
노력 단계

4.72
द्वितीयायां घटीकृत्य वायुर्भवति मध्यगः ।
दृढासनो भवेद्योगी ज्ञानी देवसमस्तदा ॥ ७२ ॥

dvitīyāyāṁ ghaṭīkṛtya vāyurbhavati madhyagaḥ
dṛḍhāsano bhavedyoghī jñānī devasamastadā

드비티야얌 가티크리트야 바유르바바티 마드야가흐 |

드르다사노 바베드요기 그야니 데바사마스타다 || 72 ||

드비티야–두번째, 가타 그리트야–노력의 단계, 바유르–공기, 마드야–중간의, 드르다사–확고한, 그야나–지혜, 데바 사마스타–성스러워지다

두번째의 노력 단계에서는 프라나가 하나로 되어 중간 차크라이자 비슈다 차크라인 목 차크라로 들어간다. 그때 수행자는 아사나인 좌법이 확고해지고 지혜롭고 신성해진다.

4.73

विष्णुग्रन्थेस्ततो चात्परमानन्दसूचकः ।
अतिशून्ये विमर्दश्च रीशब्दस्तदा वेत् ॥ ७३ ॥

vișhņu ghranthestato bhedātparamānanda sūchakaḥ
atiśūnye vimardaścha bherī śabdastadā bhavet

비쉬누그란테스타토 베다트파라마난다수차카흐 |
아티순예 비마르다스차 베리사브다스타다 바베트 || 73 ||

비쉬누 그란테–목 부위; 목 차크라, 그란테–상태, 베다트–개인적으로, 수차카–표현하다, 순야–텅 빈, 비마르다–접촉하다, 파라마난다–지고의 지복, 베리–작은북, 사브다–소리

비쉬누의 부분인 목 차크라가 쿰바카 프라나에 의해 소멸되면 지고의 지복 상태를 체험한다. 이때 목 차크라의 텅 빈 공간에서 작은북 소리가 일어난다.

파리차야 아바스타(Parichaya Avasthā)
숙련 단계

4.74

तृतीयायां तु विज्ञेयो विहायोमर्दलध्वनिः ।
महाशून्यं तदा याति सर्वसिद्धिसमाश्रयम् ॥ ७४ ॥

tṛtīyāyāṁ tu vijñeyo vihāyo mardala dhvaniḥ

mahā śūnyaṁ tadā yāti sarva siddhi samāśrayam

트리티야얌 투 비그예요 비하요마르달라드바니흐 |

마하순얌 타다 야티 사르바시띠사마스라얌 || 74 ||

트리티야–세번째, 비그예야–인식하다, 비하–하늘, 마르달라–북소리, 드바니–음, 마하순얌–거대한 텅 빔, 사르바시띠–모든 초능력, 사마스라야–접촉하는

세번째의 숙련 단계에서는 미간의 텅 빈 곳에서 북소리와 같은 음이 들린다. 그때 프라나는 모든 초능력이 시작되는 미간의 거대한 텅 빔에 도달한다.

4.75

चित्तानन्दं तदा जित्वा सहजानन्दसंभवः ।
दोषदुःखजराव्याधिक्षुधशशानिद्राविवर्जितः ॥ ७५ ॥

chittānandaṁ tadā jitvā sahajānanda sambhavaḥ

doṣha duḥkha jarā vyādhi kṣhudhā nidrā vivarjitaḥ

치따난담 타다 지트바 사하자난다삼바바흐 |

데샤두흐카자라브야딕슈다니드라비바르지타흐 || 75 ||

치따난담–마음의 지복, 지트바–참나, 사하자난다–진정한 지복, 도사–세 가지의 특성, 두흐카–고통, 자라–늙음, 브야디–질병, 쿠슈다나–배고픔, 니드라–잠, 지타–자유로운

그대가 듣는 마음의 지복을 넘어서서 참나의 진정한 지복이 나타나고, 수행자는 세 가지의 특성, 고통, 늙음, 질병, 배고픔, 잠으로부터 자유로워진다.

니스파티 아바스타(Nishpatti Avasthā)
성취 단계

4.76

रुद्रग्रन्थिं यदा भित्त्वा शर्वपीठगतोऽनिलः ।
निष्पत्तौ वैणवः शव्दः क्वणद्वीणाक्वणो भवेत् ॥ ७६ ॥

rudra ghranthiṁ yadā bhittvā śarva pīṭha ghato anilaḥ

niṣhpattau vaiṇavaḥ śabdaḥ kvaṇad vīṇā kvaṇo bhavet

루드라그란팀 야다 비뜨바 사르바피타가토아닐라흐 |

니쉬파따우 바이나바흐 사브다흐 크바나드비낙바노 바베트 || 76 ||

루드라그란티-시바 신의 위치, 니쉬파티-성취 단계, 바이나바-플루트, 사브다-듣다, 크바나-소리, 비나-인도의 현악기

마지막의 성취 단계에서는 나디가 미간에 있는 루드라 신의 위치를 소멸하고 시바 신의 장소에 도달한다. 그때에 플루트 소리나 비나 소리가 들린다.

4.77

एकीभूतं तदा चित्तं राजयोगाभिधानकम् ।
सृष्टिसंहारकर्तासौ योगीश्वरसमो भवेत् ॥ ७७ ॥

ekībhūtaṁ tadā chittaṁ raja yoghābhidhānakam

sṝṣhṭi saṁhḥra kartāsau yoghīśvara samo bhavet

에키부탐 타다 치땀 라자요가비다나캄 |

스리쉬티삼하라카르타사우 요기스바라사모 바베트 || 77 ||

에카-하나, 라자요가-명상 요가, 스리쉬티-창조, 삼하라-파괴, 요기스바라-요가의 주신(主神) 시바

이원성이 사라져 하나가 된 마음을 라자 요가라고 한다. 진정한 요가 수행자는 세계의 창조와 파괴를 담당하기 때문에 요가의 주신(主神)인 시바와 같은 존재가 된다.

4.78

अस्तु वा मुक्तिरत्रैवाखण्डितं सुखम् ।
लयोद्भवमिदं सौख्यं राजयोगादवाप्यते ॥ ७८ ॥

astu vā māstu vā muktiratraivākhaṇḍitaṁ sukham

layodbhavamidaṁ saukhyaṁ raja yoghādavāpyate

아스투 바 마스투 바 묵티라트라이바칸디탐 수캄 |

라요드바바미담 사우캼 라자요가다바프야테 || 78 ||

묵티–해탈, 수카–기쁨, 라야–마음의 몰입, 사우캬–편안한, 라자요가–왕(王) 요가; 최고의 요가

해탈이 있든 없든 여기에는 완전한 기쁨이 있다. 라야에서 생기는 이 기쁨은 라자 요가를 통해 얻을 수 있다.

4.79

राजयोगमजानन्तः केवलं हठकर्मिणः ।
एतानभ्यासिनो मन्ये प्रयासफलवर्जितान् ॥ ७९ ॥

raja yoghamajānantaḥ kevalaṁ haṭha karmiṇaḥ
etānabhyāsino manye prayāsa phala varjitān

라자요가마자난타흐 케발람 하타키르미나흐 |
에타나브야시노 만예 프라야사팔라바르지탄 || 79 ||

라자요가–라자 요가, 케발람–다만; 오로지, 하타–하타 요가, 카르민–수행, 아브야사–실천, 만예–마음, 프라야사–노력하다, 팔라–결과, 바르지타–벗어난

라자 요가를 알지 못하고, 다만 하타 요가만을 수행하는 사람들은 내가 고찰하기로는 노력의 결과를 얻지 못하는 수행자들이라 한다.

4.80

उन्मन्यवाप्तये शीघ्रूधयानं मम संमतम् ।

राजयोगपदं प्राप्तुं सुखोपायोऽल्पचेतसाम् ।
सद्यः प्रत्ययसंधशयी जायते नादजो लयः ॥ ८० ॥

unmany avāptaye śīghraṁ bhrū dhyānaṁ mama saṁmatam

raja yogha padaṁ prāptuṁ sukhopāyo alpa chetasām

sadyaḥ pratyaya sandhāyī jāyate nādajo layaḥ

운만야바프타예 시그람 브루드야남 마마 삼마탐 |

라자요가파담 프라프툼 수케파요알라파체타삼 |

사드야흐 프라트야야산다이 자야테 나다조 라야흐 || 80 ||

운마니 삼매-하타 요가를 통해 일어나는 삼매, 시그라-빠른, 브루-전하다, 드야나-명상, 마마-나의, 삼마탐-생각하다, 라자요가-라자 요가, 파담-도달, 프라프툼-획득하다, 수카-편안한, 체타-마음, 사드야-획득하다, 프라트야-직접적인, 산다이-붙잡은, 자야티-이기다, 나다-내면의 소리, 라야-마음의 몰입

나의 견해로는 미간에 집중하는 방법은 신속하게 운마니 삼매를 얻을 수 있게 한다. 라자 요가의 경지에 도달하기 위한 방법 중에서 이것은 지혜가 부족한 사람에게도 쉬운 방법이다. 내면의 소리인 나다를 통한 라야는 빠르게 나타난다.

[해석] 이 절은 훌륭한 절이지만 꼭 지켜야 할 것이 있다. 이 절에서 가르치는 미간에 집중하는 방법이 효과적이기는 하나 반드시 제대로 가르칠 수 있는 스승에게 배워야만 한다. 내면의 소리를 듣는 나다 수행 또한 마찬가지이다. 수많은 수행들이 이 고대의 수행법에 의거

하여 응용한 다양한 방법들이 많다.

4.81

नादानुसंधानसमाधिभाजां योगीश्वराणां हृदि वर्धमानम् ।
आनन्दमेकं वचसामगम्यं जानाति तं श्रीगुरुनाथ एकः ॥ ८१ ॥

nādānusandhāna samādhi bhājāṁ yoghīśvarāṇāṁ hṝdi vardha mānam
ānandamekaṁ vachasāmaghamyaṁ jānāti taṁ śrī ghurunātha ekaḥ

나다누삼다나사마디바잠 요기스차라남 흐리다 바르다마남 |
아난다메캄 바차사마감얌 자나티 탐 스리구루나타 에카흐 || 81 ||

나다-내면의 소리, 아누삼다나-집중; 관찰, 사마디-삼매(三昧), 요기스차라남-훌륭한 수행자, 흐리다-가슴, 바르다마나-가득 찬, 아난다-지복, 바차사마가-표현할 수 없는, 자나티-아는, 스리구루-위대한 스승, 에카-그대만이

내면의 소리인 나다 집중법에 의해 삼매를 체험한 훌륭한 수행자들의 심장 속에 충만하며 표현할 수 없는 지복을 오직 위대한 스승이며 성스러운 시바 신만이 스스로 안다.

4.82

कर्णौ पिधशाय हस्ताभ्यां यं शृणेति ध्वनिं मुनिः ।

तत्र चित्तं स्थि रीकुर्याद्यावत्स्थिर पदं ब्रजेत् ॥ ८२ ॥

karṇau pidhāya hastābhyāṁ yaḥ śṛṇoti dhvaniṁ muniḥ

tatra chittaṁ sthirīkuryādyāvatsthira padaṁ vrajet

카르나우 피다야 하스타브얌 얌 스리노티 드바님 무니흐 |

타트라 치땀 스티리쿠르야드야바트스티라파담 브라제트 || 82 ||

카르나-귀와 연결되어, 피다야-막는다, 하스타브야-손으로, 얌-막는다, 스르노티-듣는다, 드바니-소리, 무니-수행자; 성자, 타트라-그렇게, 치땀-마음, 브라제트-움직이다

명상 수행자는 양손으로 양귀를 막을 때 들리는 심장 소리에 마음을 집중하여 마음이 움직이지 않은 경지에 도달할 때까지 집중해야 한다.

[해석] 내면의 소리를 듣는 비전(秘傳)된 나다(Nada) 수행법을 하기 위해서 히말라야의 오지 동굴에서 소리를 차단하고 수행하는 수행자들이 있다. 내면의 끝까지 파고 들어가 마치 물리학에서 가장 섬세한 입자와 파동이 일어나는 수준까지 파고들기 위해서 하는 수행자들이 있다. 이 내면의 소리를 듣는 많은 수행법들이 나름 자신의 수행 체계를 통하여 전승되어 내려온다.

4.83

अभ्यस्यमानो नादोऽयं बाह्यमावृणुते ध्वनिम् ।

पक्षाद्विक्षेपमखिलं चित्वा योगी सखी भवेत् ॥ ८३ ॥

abhyasyamāno nādo ayaṁ bāhyamāvṝṇute dhvanim

pakṣhādvikṣhepamakhilaṁ jitvā yoghī sukhī bhavet

아브야스야마노 나도아얌 바흐야마브리누테 드바님 |

팍샤드빅셰파마킬람 지트바 요기 수키 바베트 || 83 ||

아브야사-수행, 마노-마음, 나도-내면의 소리, 드바니-소리, 팍샤-생각, 지트바-넘어서는, 요기-요가 수행자, 수키-기쁜

이 소리에 대한 명상 수행을 쌓으면 내부의 소리가 외부의 소리를 압도하게 된다. 이 수행자는 15일 만에 모든 불안정한 마음을 극복하고 안락해진다.

4.84

श्रूयते प्रथमाभ्यासे नादो नानाविधो महान् ।
ततोऽभ्यासे वर्धमाने श्रूयते सूक्ष्मसूक्ष्मकः ॥ ८४ ॥

śrūyate prathamābhyāse nādo nana vidho mahān

tato abhyāse vardhamāne śrūyate sūkṣhma sūkṣhmakaḥ

스루야테 프라타마브야세 나도 나나비도 마한 |

타토아브야세 바르다마네 스루야테 숙쉬마숙쉬마카흐 || 84 ||

스루야테-듣는, 아브야사-수행 실천, 나다-내면의 소리, 나나-많은, 비다-종류, 마하-큰, 바르다마나-증가하다, 스루야타-듣다, 숙쉬마숙쉬마-점점 더 미세한

초기의 수행중에는 다양한 여러 큰 소리가 들리지만 수행이 발전됨에 따라서 점점 더 미세한 소리가 들린다.

4.85

आदौ जलधिजीमूतभेरीझर्झरसंभवाः ।
मध्ये मर्दलशङ्खोत्था घण्टाकाहलजास्तथ ॥ ८५ ॥

ādau jaladhi jīmūta bherī jharjhara sambhavāḥ
madhye mardala śangkhotthā ghaṇṭā kāhalajāstathā

아다우 잘라디지무타베리자르자라삼바바흐 |
마드예 마르달라상코따 간타카할라자스타타 || 85 ||

아다우–초기; 처음, 잘라디–바다, 지무타–천둥, 베리–큰북, 마드야–중간, 마르달라–북, 상카–소라고둥 나팔, 간타–종, 카할라–소리

초기에는 바다, 천둥, 큰북, 심벌즈 등의 소리가 들린다. 중기에는 마르달라 북, 소라고둥, 종 등의 소리가 들린다.

4.86

अनते तु किङ्किणीवंशवीणभ्रमरनिःस्वनाः ।
इति नानाविधा नादाः श्रूयन्ते देहमध्यगाः ॥ ८६ ॥

ante tu kingkiṇī vaṁśa vīṇā bhramara niḥsvanāḥ
iti nānāvidhā nādāḥ śrūyante deha madhyaghāḥ

안테 투 킹키니밤사비나브라마라니흐스바나흐 |

이티 나나비다 나다흐 스루얀테 데하마드야가흐 || 86 ||

안테–말기; 끝에, 킹키니–작은종, 밤–꿀벌, 비나–인도 현악기, 브라마라–꿀벌 소리, 나나비다–다양한, 나다–내면의 소리

말기에는 작은종, 비나 현악기, 꿀벌 소리 등이 들린다. 이와 같이 다양한 소리가 몸의 내부에서 들려 온다.

4.87

महति श्रूयमाणेऽपि मेघभेर्यादिके ध्वनौ ।
तत्र सूक्ष्मात्सूक्ष्मतरं नादमेव परामृशेत् ॥ ८७ ॥

mahati śrūyamāṇe api megha bhery ādike dhvanau

tatra sūkṣhmātsūkṣhmataraṁ nādameva parāmṛśet

마하티 스루야마네아피 메가베르야디케 드바나우 |

타트라 숙쉬마트숙쉬마타람 나다메바 파람리세트 || 87 ||

마하티–큰, 스루야테–들리다, 메가–구름, 숙쉬마트숙쉬마–작고 미세한, 나다–소리

구름의 천둥 소리나 큰북 소리와 같은 것이 들리더라도 될 수 있으면 작고 미세한 소리에 마음을 집중해야 한다.

4.88

घनमुत्सृज्य वा सूक्ष्मे सूक्ष्ममुत्सृज्य वा घने ।
रममाणमपि क्षिप्तं मनो नान्यत्र चालयेत् ॥ ८८ ॥

ghanamutsṝjya vā sūkṣhme sūkṣhmamutsṝjya vā ghane

ramamāṇamapi kṣhiptaṁ mano nānyatra chālayet

가나무트스리자 바 숙쉬메 숙쉬마무트스리자 바 가네 |

라마마나마피 크쉬프탐 마노 난야트라 찰라예트 || 88 ||

가나-거친, 숙쉬마-섬세한, 크쉬프타-마음의 부재, 마노-마음, 난야트라-제외한, 찰라야-움직이다

크고 거친 소리를 떠나서 작고 섬세한 소리로, 또는 작고 미묘한 소리를 떠나서 거칠고 큰 소리에 의해 마음이 안정되지 않더라도 이 내면의 소리 이외의 것에 마음이 끌려서는 안 된다.

[해석] 내면의 소리인 나다(Nada)에 집중하여 점점 내면의 소리에 몰입될 수 있어야만 계속 수련할 수가 있다. 그러한 과정을 스승은 내면의 소리의 길로 안내해 들어간다.

4.89

यत्रकुत्रापि वा नादे लगति प्रथमं मनः ।
तत्रैव सुस्थिरीभूय तेन सार्धं विलीयते ॥ ८९ ॥

yatra kutrāpi vā nāde laghati prathamaṁ manaḥ

tatraiva susthirībhūya tena sārdhaṁ vilīyate

야트라쿠트라피 바 나데 라가티 프라타맘 마나흐 |

타트라바 수스티리부야 테나 사르담 빌리야테 || 89 ||

야트라–여행하다, 쿠트라–어디, 아피–또한, 나다–내면의 소리, 라가티–지나가다, 프라타마–처음으로, 마나–마음, 타트라–그것, 수스트라–안정된, 사르다–같이

처음에는 위의 내면의 소리 중에서 어느 한 소리에 마음이 끌리지만 점차 마음은 그 한 소리에 고정되고, 그 소리와 함께 사라지게 된다.

[해석] 내면의 소리의 과정들은 하나에서 다른 하나로 넘어가면서 그 소리가 완전히 몰입되면 그 소리는 이미 자신과 체화되고 다른 섬세한 소리에 집중하게 된다.

4.90

मकरन्दं पिवन्भृङ्गो गन्धं नापेश्रते यथा ।
नादासक्तं तथा चित्तं विषयान्नहि काङ्क्षते ॥ ९० ॥

makarandaṁ pibanbhṝngghī ghandhaṁ nāpekṣhate yathā

nādāsaktaṁ tathā chittaṁ viṣhayānnahi kāngkṣhate

마카란담 피반브링고 간담 나펙샤테 야타 |

나다삭탐 타타 치땀 비샤얀나히 캉크샤테 || 90 ||

마카라–꿀벌, 피반–마시다, 브링기–꽃, 간다–향기, 나펙샤–어떤 것이 아닌, 나다–내면의 소리, 삭타–끌리다, 타타–그, 치따–마음, 비사야–영역

꽃에서 꿀을 마시는 벌이 꽃의 향기에 마음을 두지 않은 것처럼 내면의 미세한 나다 소리에 이끌린 마음은 그밖의 외부 대상에 빠지지 않는다.

4.91

मनोमत्तगजेन्द्रस्य विषयोद्यानचारिणः ।
समर्थोऽयं नियमने निनादनिशिताङ्कुशः ॥ ९१ ॥

mano matta ghajendrasya viṣhayodyāna chāriṇaḥ
samartho ayaṁ niyamane nināda niśitāngkuśaḥ

마노마따가젠드라스야 비샤요드야나차리나흐 |
사마르토아얌 니야마네 니나다니시탕쿠사흐 || 91 ||

마노–마음, 마타–미친, 가즈–날뛰는 코끼리, 인드라스야–감각 기관, 니야마–통제, 나다–내면의 소리, 니시타–독립된

감각 기관이란 정원에서 날뛰는 발정한 코끼리 같은 마음을 효과적으로 제어할 수 있는 것은 내면의 소리인 나다라는 날카로운 갈고리밖에 없다.

4.92

बद्धं तु नादबन्धेन मनः संत्यक्तचापलम् ।
प्रयाति सुतरां स्थैर्यंछिन्नपक्षः खगो यथा ॥ ९२ ॥

baddhaṁ tu nāda bandhena manaḥ samtyakta chāpalam

prayāti sutarāṁ sthairyaṁ china pakṣhaḥ khagho yathā

바땀 투 나다반데나 마나흐 삼트약타차팔람 |

프라야티 수타람 스타이르얌친나팍샤흐 카고 야타 || 92 ||

바따–묶이다, 나다–내면의 소리, 반데나–연결하다, 마나–마음, 삼트약타–벗어난, 차팔라–빠른, 프라야티–노력하다; 쉽게 넘어가는, 스타이르–확고한, 친나–마음, 팍샤–새의 날개, 카가–새

마음이 이 내면의 소리의 줄에 묶여서 움직이지 못하게 만들어 버릴 때, 그것은 마치 날개를 잃은 새와 같이 마음은 움직이지 않고 잠잠해진다.

4.93

सर्वंचिन्तां परित्यज्य सावधानेन चेतसा ।
नाद एवानुसन्धेयो योगसाम्राज्यमिच्छता ॥ ९३ ॥

sarva chintāṁ parityajya sāvadhānena chetasā

nāda evānusandheyo yogha sāmrājyamicchatā

사르바친탐 파리트야즈야 사바다네나 체타사 |

나다 에바투삼데요 요가삼라즈야미짜타 || 93 ||

사르바-모든, 친타-마음, 파리트야-친밀하게, 사바다나-마음적으로, 체타-마음, 나다-내면의 소리, 산드야-집중하다, 요가-하나됨, 삼라즈-지배하다

요가의 왕인 삼매를 바라는 사람은 모든 상념들을 버리고 완전하게 마음을 집중하여 오직 내면의 소리인 나다를 명상해야 한다.

4.94

नादोऽन्तरङ्गसारङ्गबन्धने वागुरायते ।
अनतरङ्गकुरङ्गस्य वधे व्याधायतेऽपि ॥ ९४ ॥

nādo antaranggha sāranggha bandhane vāghurāyate

antaranggha kurangghasya vadhe vyādhāyate api cha

나도안타랑가사랑가반다네 바구라야테 |

안타랑가쿠랑가스야 바데 브야다야테아피 차 || 94 ||

나다-내면의 소리, 안타랑가-내면으로, 사랑가-사슴, 반다네-붙잡다, 바구라-올가미, 쿠랑가-사슴, 바다-죽이는, 브야다-사냥꾼

내면의 소리인 나다는 마음이라는 사슴을 잡는 올가미와 같고, 또한 그 내면의 사슴을 죽이는 사냥꾼과도 같다.

[해석] 내면의 소리인 나다는 마음의 깊숙한 의식으로 몰입하여 모든 마음의 상념들을 잡아 내면으로 끌고 들어가는 방편이다.

4.95

अनतरङ्गस्य यमिनो वाजिनः परिधायते ।
नदोपास्तिरतो नित्यमवधार्या हि योगिना ॥ ९५ ॥

antarangghasya yamino vājinaḥ parighāyate

nādopāsti rato nityamavadhāryā hi yoghinā

안타랑가스야 야미노 바지나흐 파리가야테 |

나도파스티라토 니트야마바다르야 히 요기나 || 95 ||

안타랑가–내면의, 바진–강하게, 파리가–연결되다, 나다–내면의 소리, 니트야–언제나, 마바테–고정하다, 요기나–요가 수행자

요가 수행자에게 내면의 소리인 나다는 마음이라는 마굿간을 잠그게 하는 빗장 역할을 한다. 그래서 수행자는 내면의 소리를 듣는 나다를 계속해서 해야 한다.

4.96

बद्धं विमुक्तचाञ्चल्यं नादगन्धकजारणात् ।
मनः पारदमाप्नोति निरालम्बाख्यखेऽटनम् ॥ ९६ ॥

baddhaṁ vimukta chāñchalyaṁ nāda ghandhaka jāraṇāt

manaḥ pāradamāpnoti nirālambākhya kheaṭanam

바땀 비묵타찬찰얌 나다간다카자라나트 |

마나흐 파라다마프노티 니랄람바캬케아타남 || 96 ||

바따–연결되다, 비묵타–사라지다, 찬찰야–확고하지 않은, 나다–내면의 소리, 간다카–유황, 자라나트–태워지다, 마나스–마음, 파라다마–확고한, 니랄람바–독립적인, 케아타나–장소

마치 수은이 유황의 작용으로 태워져서 굳어지고 기체로 되는 것처럼 내면의 소리에 의해 마음은 확고해지고, 모든 곳에 편재(偏在)하게 된다.

4.97

नादश्रवणतः क्षिप्रमन्तरङ्गभुजङ्गमम् ।
विस्मृतय सर्वमेकाग्रः कुत्रचिन्नहि धावति ॥ ९७ ॥

nāda śravaṇataḥ kṣhipramantaranggha bhujangghamam
vismṝtaya sarvamekāghraḥ kutrachinnahi dhāvati

나다스라바나타흐 크쉬프라만타랑가부장가맘 |
비스므리타야 사르바메카그라흐 쿠트라친나히 다바 티 || 97 ||

나다–내면의 소리, 스라바나–듣는 것, 크쉬프라–빠르게, 안타랑가–내면의, 부장가–뱀, 비스므리타야–기억이 없는, 사르바메카–모든 것, 쿠트라–어디에, 친나–마음; 도망치다

마음이라는 뱀은 내면의 소리인 나다를 듣는 즉시 모든 것을 잊고 그 소리에 몰입되어 어디로도 도망치려고 하지 않는다.

4.98

काष्ठे प्रवर्तितो वह्निः काष्ठेन सह शाम्यति ।
नादे प्रवर्तितं चित्तं नादेन सह लीयते ॥ ९८ ॥

kāṣhṭhe pravartito vahniḥ kāṣhṭhena saha śāmyati

nāde pravartitaṁ chittaṁ nādena saha līyate

카쉬테 프라바르티토 바흐니흐 카쉬테나 사하 삼야티 |

나데 프라바르티탐 치땀 나데나 사하 리야테 || 98 ||

카쉬타–나무, 프라바르티–일어나다, 바흐니–불; 나무, 사하–같이, 삼야티–사라지다, 나다–내면의 소리, 프라바르티–일어나다, 치따–마음, 리야테–사라지다

나무에서 생긴 불은 나무와 더불어서 꺼진다. 이처럼 내면의 소리인 나다로 향한 마음은 내면의 소리인 나다와 함께 사라진다.

4.99

घण्टादिनादसक्तस्तब्धान्तःकरणहरिणस्य ।
प्रहरणमपि सुकरं शरसंधानप्रवीणश्चेत् ॥ ९९ ॥

ghaṇṭādināda sakta stabdhāntaḥ karaṇa hariṇasya

praharaṇamapi sukaraṁ sarasandhāna pravīṇaśchet

간타디나다다삭타스타브단타흐카라나하리나스야 |

프라하라나마피 수카람 사라삼다나프라비나스체트 || 99 ||

간타-방울, 나다-내면의 소리, 삭타-에너지, 스타브다-확고한, 안타카라나-내면의 마음, 하리나-사슴, 프라하라나-제거하다, 아피-또한, 수카라-쉽게 당하다, 사라삼다나-화살에 목표가 되어

마치 사슴이 방울 소리에 이끌려 능숙한 사냥꾼에 의해 죽임을 당하듯이 안타카라나, 즉 마음은 내면의 소리에 의해 고요함을 찾는다.

4.100

अनाहतस्य शब्दस्य ध्वनिर्य उपलभ्यते ।
ध्वनेरन्तर्गतं ज्ञेयं ज्ञेयस्यान्तर्गतं मनः ।
मनस्तत्र लयं याति तद्विष्णो परमं पदम् ॥ १०० ॥

anāhatasya śabdasya dhvanirya upalabhyate
dhvanerantarghataṁ jñeyaṁ jñeyasyāntarghataṁ manaḥ
manastatra layaṁ yāti tadviṣhṇoḥ paramaṁ padam
아나하타스야 사브다스야 드바니르야 우팔라브야테 |
드바네란타르가탐 그예얌 그예야스얀타르가탐 마나흐 |
마나스타트라 라얌 야티 타드비쉬노흐 파라맘 파담 || 100 ||

아나하타 사브다-심장에서 오는 소리, 사브다-소리, 드반-울림, 우팔라브야테-인지하다, 드바네-울림, 그예야-인식, 그예야스얀타르-인식 대상, 마나-마음, 마나스타트라-마음의 대상, 라야-녹아든, 타트-그, 비쉬누-유지의 신인 비쉬누, 파람-지고의, 파담-상태

심장에서 들려 오는 울리지 않는 소리를 듣는다. 그 고요한 소리는 지고의 의식의 대상이다. 마음은 그 인식의 대상과 하나가 되고, 마음은 그 대상 속에서 사라진다. 이것이 비쉬누 신의 지고의 상태이다.

4.101

तावदाकाशसङ्कल्पो यावच्छब्दः प्रवर्तते ।
निःशब्दं तत्परं ब्रह्म परमात्मेति गीयते ॥ १०१ ॥

tāvadākāśa sangkalpo yāvacchabdaḥ pravartate

niḥśabdaṁ tatparaṁ brahma paramāteti ghīyate

타바다카사상칼포 야바차브다흐 프라바르타테 |

니흐사브담 타트파람 브라흐마 파라마트메티 기야테 || 101 ||

아카샤–공간 요소, 상칼파–생각, 사브다–소리, 프라바르타–발전된, 니사브다–소리가 없는, 타트파라–지고의, 브라흐마–절대, 파라–지고의, 아트만–참나

소리가 있는 동안에는 공간 요소인 아카샤가 존재한다. 그 소리가 사라질 때 그 경지가 지고의 절대인 브라흐만이며, 지고의 참나인 아트만이라고 불리어진다.

4.102

यत्किंचिन्नादरूपेण श्रूयते शक्तिरेव सा ।
यस्तत्त्वान्तो निराकारः स एव परमेश्वरः ॥ १०२ ॥

yatkiṁchinnāda rūpeṇa śrūyate śaktireva sā

yastattvānto nirākāraḥ sa eva parameśvaraḥ

야트킴친나다루페나 스루야테 삭티레바 사 |

야스타뜨반토 니라카라흐 사 에바 파라메스바라흐 || 102 ||

나다–소리, 루파–형태, 스루야테–듣는, 삭티–에너지, 타뜨바–본질, 니라카라–신, 파라메스바라–지고의 초월적인 신성

내면의 소리인 나다로 들리는 모든 것이 바로 삭티이다. 그것은 형태도 없고, 가장 본질적인 궁극의 상태이다. 이것이 바로 최고의 신성인 파라메스바라이다.

4.103

सर्वे हठलयोपाया राजयोगस्य सिद्धये ।
राजयोगसमारूढः पुरुषः कालवञ्जकः ॥ १०३ ॥

sarve haṭha layopāyā rājayoghasya siddhaye

raja yogha samārūḍhaḥ purṣhaḥ kāla vañchakaḥ

사르베 하타라요파야 라자요가스야 시따예 |

라자요가사마루다흐 푸르샤흐 칼라반차카흐 || 103 ||

사르바–모든, 하타–하타 요가, 라야–에너지 요가, 라자요가–최상의 명상 요가, 시따–완성, 사마루다–완전한, 푸르샤–참나, 칼라–죽음

하타 요가와 라야 요가의 과정은 모두 라자 요가를 완성하기 위한 수단에 불과하다. 라자 요가에 통달한 사람은 죽음을 극복한다.

4.104

तत्त्वं वीजं हठः क्षेवमौदासीन्यं जलं त्रिभिः ।
उन्मनी कल्पलतिका सद्य एव प्रवर्तते ॥ १०४ ॥

tattvaṁ bījaṁ haṭhaḥ kṣhetramaudāsīnyaṁ jalaṁ tribhiḥ
unmanī kalpa latikā sadya eva pravartate

타뜨밤 비잠 하타흐 크쉐트라마우다신얌 잘람 트리비흐 |
운마니 칼팔라티카 사드야 에바 프라바르타테 || 104 ||

타트밤-마음, 비잠-씨앗, 하타-하타 요가, 크쉐트라-밭, 우다시나-놓아 버린; 무심한, 잘라-물, 운마니-삼매의 상태, 칼팔라티카-소원을 이루어 주는, 사드야-바로; 즉시, 에바-이미, 프라바르타테-일어나다; 나오다

마음은 씨앗이고, 하타 요가는 밭이며, 욕심을 놓아 버린 것은 물이다. 이 세 가지에 의해서 초월적인 운마니 상태이며 모든 소원을 들어 주는 나무인 칼파브리크샤의 싹이 튼다.

4.105

सदा नादानुसन्धानात्क्षीयन्ते पापसंचयाः ।
निरञ्जने विलीयेते निस्चितं चित्ततमारुतौ ॥ १०५ ॥

sadā nādānusandhānātkṣhīyante papa saṁchayāḥ

nirañjane vilīyete niśchitaṁ chitta mārutau

사다 나다누삼다나특쉬얀테 파파삼차야흐 |

니란자네 빌리예테 니스치탐 치따마루타우 || 105 ||

사다–항상, 나다–내면의 소리, 파팜–죄; 악, 삼차–원인, 니란자나–청정한 지성, 빌리예테–소멸하다, 니스치따–마음이 없는, 치따–마음, 마루타–신성한; 공기

매일 쉬임없이 내면의 소리에 집중하면 죄는 사라지게 된다. 마음은 모든 구나, 또는 요소들이 없는 청정한 지성인 니란자나에 몰입된다.

4.106

शङ्ख दुन्धुभि नादं च न शृणोति कदाचन ।

काष्ठवज्जायते देह उन्मन्यावस्थया ध्रुवम् ॥ १०६ ॥

śangkha dundhubhi nādaṁ cha na śṛṇoti kadāchana

kāṣhṭhavajjāyate deha unmanyāvasthayā dhruvam

상카둔두비나담 나담 차 나 스리노티 카다차나 |

카쉬타바짜야테 데하 운만야바스타야 드루밤 || 106 ||

상카–소라고둥, 두비나–큰북, 나다–내면의 소리, 스리노티–듣는, 카쉬타–나무, 자야테–만들다, 데하–몸, 운마니–초월적인 삼매, 아바스타–상태, 드루바–몰입되는

운마니 삼매의 상태에 들어가서 육체가 나무처럼 움직이지 않을 때에는 소라고둥과 큰북 소리는 전혀 들리지 않는다.

4.107

सर्वावस्थाविनिर्मुक्तः सर्वचिन्ताविवर्जितः ।
मृतवत्तिष्ठते योगी स मुक्तो नात्र संशयः ॥ १०७ ॥

sarvāvasthā vinirmuktaḥ sarva chintā vivarjitaḥ

mṟtavattiṣhṭhate yoghī sa mukto nātra saṁśayaḥ

사르바바스타비니르묵타흐 사르바친타비바르지타흐 |

므르타바띠쉬타테 요기 사 묵토 나트라 삼사야흐 || 107 ||

사르바-모든, 아바스타-상태, 비니르묵타-자유로운, 친타-마음, 비바라-열어 주는, 치타-획득하다, 므르타-죽은, 바띠쉬타-머무는, 요기-요가 수행자, 묵타-해탈; 자유로운, 나트라-결코, 삼사야-의심

요가 수행자로서 모든 심리적인 상황을 넘어서고, 모든 상념들을 떨쳐 버려서 마치 죽은 사람처럼 된다면 그는 틀림없이 살아 있는 채로 해탈한 사람이다.

[해석] 다섯 가지의 아바스타(Avastha) 즉 상태가 있는데 첫번째는 자그라트(Jagrat)인 깨어 있는 의식 상태, 두번째는 스바프나(Svapna)인 꿈꾸는 의식 상태, 세번째는 수슈프티(Sushpti)인 깊은 잠의 의식 상태, 네번째는 무르차(Moorcha)인 초월 의식 상태, 다섯번째는 마라

나(Marana)인 죽은 의식 상태이다.

4.108

खाद्यते न च कालेन वाध्यते न च कर्मणा ।
साध्यते न स केनापि योगी युक्तः समाधिना ॥ १०८ ॥

khādyate na cha kālena bādhyate na cha karmaṇā

sādhyate na sa kenāpi yoghī yuktaḥ samādhinā

카드야테 나 차 칼레나 바드야테 나 차 카르마나 |

사드야테 나 사 케나피 요기 육타흐 사마디나 || 108 ||

카다–결코, 나–아닌, 차–그리고, 칼레나–시간; 죽음, 바드야테–문제, 카르마–행위, 사드야타–결과, 사–그것, 케나피–어떠한, 요기–요가 수행자, 육타–몰입된, 사마디–삼매

삼매에 들어간 요가 수행자는 죽음에 굴복되지 않고, 행위의 결과에 영향받지 않으며, 무엇에 의해서도 굴복되지 않는다.

4.109

न गन्धं न रसं रूपं न च स्पर्शं न निःस्वनम् ।
नात्मानं न परं वेत्ति योगी युक्तः समाधिना ॥ १०९ ॥

na ghandhaṁ na rasaṁ rūpaṁ na cha sparśaṁ na niḥsvanam

nātmānaṁ na paraṁ vetti yoghī yuktaḥ samādhinā

나 간담 나 라삼 루팜 나 차 스파르사 나 니흐스바남 |

나트마남 나 파람 베띠 요기 육타흐 사마디나 || 109 ||

나–아닌, 간다–냄새, 라사–맛, 차–그리고, 스파르사–감촉, 니흐스바–소리, 아트마–나, 파람–넘어선, 베띠–마음, 요기–요가 수행자, 육타–몰입된, 사마디–삼매

삼매에 몰입한 요가 수행자는 냄새며 맛, 형태나 색, 감촉, 소리 등을 지각하지 못한다. 뿐만 아니라 자신이나 타인도 의식하지 못한다.

4.110

चित्तं न सुप्तं नो जाग्रत्स्मृतिविस्मृतिवर्जितम् ।
न चास्तमेति नोदेदि यस्यासौ मुक्त एव सः ॥ ११० ॥

chittaṁ na suptaṁ nojāghratsmṝti vismṝti varjitam

na chāstameti nodeti yasyāsau mukta eva saḥ

치땀 나 수프탐 노 자그라트스므르티 비스므르티 바르지탐 |

나 차스타메티 노데티 야스야사우 묵타 에바 사흐 || 110 ||

치따–마음, 나–아닌, 수프타–잠, 자그라트–깨어 있는, 스므르티–기억, 비스므르티–망각, 차–그리고, 야스야–확실히, 묵타–해탈, 에바–그리고, 사–그것

요가 수행자로서 마음이 잠들지도 않고 깨어 있지도 않으며, 기억과 망각에서 자유로워서 사라지지도 않고 나타나지도 않

는다면 그는 분명하게 해탈한 사람이다.

4.111

न विजानाति शीतेष्णं न दुःखं न सुखं तथा ।
न मानं नोपमानं च योगी युक्तः समाधिना ॥ १११ ॥

na vijānāti śītoṣhṇaṁ na duḥkhaṁ na sukhaṁ tathā

na mānaṁ nopamānaṁ cha yoghī yuktaḥ samādhinā

나 비자나티 시토쉬남 나 두흐캄 나 수캄 타타 |

나 마남 노파마남 차 요기 육타흐 사마디나 || 111 ||

나–아닌, 비자나티–표현된, 시토쉬나–춥고 더운 것, 두카–고통, 수카–즐거운, 마나–마음, 파마–불명예; 사악, 차–그리고, 요기–요가 수행자, 육타–몰입된, 사마디–삼매

삼매에 몰입한 요가 수행자는 추운 것과 더운 것, 즐거움과 고통, 명예로움과 불명예에 대하여 영향을 받지 않는다.

4.112

स्वस्थो जाग्रदवस्थायां सुप्तवद्योऽवतिष्ठते ।
निःश्वासोच्छ्वासहीनश्च निश्चितं मुक्त एव सः ॥ ११२ ॥

svastho jāghradavasthāyāṁ suptavadyo avatiṣhṭhate

niḥśvāsocchvāsa hīnaścha niśchitaṁ mukta eva saḥ

스바스토 자그라다바스타얌 수프타바드요아바티쉬타테 |

니흐스바소츠바사히나스차 니스치탐 묵타 에바 사흐 || 112 ||

스바스타–편안한, 자그라트–깨어 있는, 아바스타–상태, 수프타–잠, 니흐스바–내쉬는, 니스치타–확실히, 묵타–해탈, 에바–그리고, 사흐–그는

수행자가 의식은 분명히 깨어 있는 상태인데도 잠자는 사람과 같은 상태이며, 호흡이 멈추어 들이쉬고 내쉬는 호흡이 없다면 그는 해탈한 사람이다.

4.113

अवध्यः सर्व शस्त्राणमशक्यः सर्वदेहिनाम् ।
ग्राह्यो मन्त्रयन्त्राणं योगी युक्तः समाधिना ॥ ११२ ॥

avadhyaḥ sarva śastrāṇāmaśakyaḥ sarva dehinām

aghrāhyo mantra yantrāṇāṁ yoghī yuktaḥ samādhinā

아바드야흐 사르바 사스트라나마스캬흐 사르바데히남 |

아그라흐요 만트라얀트라남 요기 육타흐 사마디나 || 112 ||

아바드야–해를 입히다, 사르바–모든, 데히–몸, 만트라–신성한 소리, 얀트라–신성한 도형, 요기–요가 수행자, 육타–몰입된, 사마디–삼매

삼매에 몰입한 요가 수행자는 어떤 무기로도 죽임을 당하지 않으며, 어떤 것에도 통제당하지 않고, 만트라와 얀트라로도

굴복시킬 수 없다.

4.114

यावन्नैव प्रविशति चरन्मारुतो मध्यमार्गे
यावद्बिन्दुर्न भवति दृढः प्राणवातप्रबन्धात् ।
यावद्ध्याने सहजसदृशंजायते नैव तत्त्वं
तावज्ज्ञानं वदति तदिदं दम्भ मिध्याप्रलाप ॥ ११४ ॥

yavanaiva praviśati charanmāruto madyamārge
yāvadbidurna bhavati dṛḍhaḥ prāṇa vāta prabandhāt
yāvaddhyāne sahaja sadṛśaṁ jāyate naiva tattvaṁ
tāvajgyānaṁ vadati tadidaṁ dambha mithyā pralāpaḥ

야반나이바 프라비사티 차란마루토 마드야마르게
야바드빈두르나 바바티 드르다흐 프라나바타프라반다트 |
야바뜨야네 사하자사드르삼 자야테 나이바 타뜨밤
타바즈그야남 바다티 타디담 담바 미트야프랄라파흐 || 114 ||

야바–확실히, 나이바–아닌, 프라비사티–들어가다, 차라나–움직이다, 마루타–호흡, 마드야마르가–중앙 지역, 빈두–중심점, 바바티–줄어드는, 드르다흐–강한, 프라나–호흡 에너지, 프라반다–적용되는, 사하자–자연스러운, 사드르사–유사하게, 자야테–일어나다, 나이바–아닌, 타뜨바–본질, 그야나–지식, 타디타–속이다, 담바–위선, 미트야–공허한, 프랄라파–말

프라나가 중앙의 수슘나 통로를 통해 브라흐마렌드라인 브라

흐만의 동굴 입구로 흘러 들어가지 않거나, 또는 호흡의 억제로 중심점인 빈두가 고정되지 않거나, 또는 명상 속에서 마음이 자연스럽게 자기 본래의 참모습이 되지 않는 자가 어떤 지식을 설명한다고 해도 그것은 다만 허풍이고 거짓말이고 잔소리에 지나지 않는다.

इति हठप्रदीपिकायां चतुर्थोपदेशः ॥

iti haṭhapradīpikāyāṁ chaturthopadeśaḥ

이티 하타프라디피카얌 차루르토파데사흐 ||

이로써 하타요가 프라디피카 제4장인 사마디에 대한 서술을 마친다.

기초 지식편

백승철

도덕경 / 베다

하타요가 프라디피카에 나오는

탄트라 섹스 무드라

아사나 정리

프라나야마 정리

반다와 무드라 정리

라자 요가 명상법 정리

하타요가 프라디피카를 제대로 이해하기 위해서 중국의 도덕경(道德經)과 인도의 베다(Veda) 경전을 소개하고자 한다. 그 이유는 노자의 도덕경은 종교 · 문화 · 연령을 초월하는 자연의 원리를 설명하고 있기 때문이며, 같은 이유로 인도의 베다 경전은 인도의 근간을 이루는 자연철학과 카스트 제도의 뿌리의 근원이기에 하타요가 프라디피카를 읽기 전에 알아두는 것이 유익하기 때문이다.

도덕경(道德經)

[76章] 人之生也柔弱, 其死也堅强, 萬物草木之生也柔脆, 其死也枯槁, 故堅强者死之徒, 柔弱者生之徒, 是以兵强則不勝, 木强則兵, 强大處下, 柔弱處上.

[해설] 사람이 태어날 때는 부드럽고 약하지만, 죽으면 굳고 강해진다. 초목도 살아 있을 때는 부드럽고 약하지만, 죽으면 말라서 부서지기 쉽다. 그러므로 굳고 강한 것은 죽음으로 가는 것이고, 부드럽고 약한 것은 삶으로 가는 것이다. 그런 까닭에 군대가 지나치게 강하면 이기지 못하고 나무도 강하면 부러지니, 강대한 것은 아래에 있고 부드럽고 연한 것은 위에 있는 것이다.

이 장에서 설명한 것처럼 굳고 강한 것은 죽음으로 가는 것이고, 부드럽고 약한 것은 삶으로 가는 것이다. 많은 현대 운동법들이 기구를 사용해 기구에 의존을 하고 중량과 무게를 올려 근육을 키우는 데 집중을 하고 있다. 물론 보기에 좋은 근육과 육체는 미관상 좋으나 과연 이러한 운동법에 도덕경에서 말하는 자연 원리, 즉 부드럽고 연하면 생명으로 가는 길이고 굳고 딱딱하면 죽음으로 가는 길이라는 이러한 자연 원리가 있는가?

도구나 기구에 의존하지 않고 자연 법칙이 있는 운동법과 수련법이야말로 최고 경지의 수련법이다. 무거운 것은 내려가고 가벼운 것은 위로 가는 원리는 누구나 아는 물리학 법칙이며 과학이다. 이것을 최고로 발전시킨 수련법은 중국의 태극권(太極拳)이다. 아기가 태어나면 몸이 아주 부드럽고 연하다는 것을 모르는 이는 없으며, 죽은 시체는 아주 뻣뻣하고 굳는 것을 모르는 이는 없다. 아기처럼 부드럽고 연해지는 최고의 수련법은 하타 요가의 아사나이다. 척추를 전후좌우로 호흡과 함께 움직여 척추 중추신경계를 다스려 몸을 최상의 상태에 이르게 하는 것이다.

[78章] 天下莫柔弱於水, 而功堅强者, 莫之能勝, 以其無以易之, 弱之勝强, 柔之勝剛, 天下莫不知, 莫能行, 是以聖人云, 受國之垢, 是謂社稷主, 受國不祥, 是謂天下王, 正言若反.

[해설] 세상에 물보다 더 부드럽고 약한 것은 없다. 그러나 단단하고 강한 것을 공격하는 데는 물보다 나은 것이 없다. 어떤 것도 그것

을 대신할 만한 것이 없기 때문이다. 약한 것이 강한 것을 이기고 부드러운 것이 단단한 것을 이긴다는 것을 세상에 모르는 사람이 없지만 이것을 실행할 줄 아는 사람은 없다. 그런 까닭에 성인이 말하기를 나라의 온갖 더러움과 욕됨을 한 몸에 지는 사람을 사직의 주인이라 하고, 나라의 온갖 불상사를 한 몸에 떠맡는 사람을 세상의 왕이라 한 것이다. 바른말은 바르지 않은 것처럼 들리는 것이다.

도덕경 76장과 연결되는 내용으로 물보다 부드럽고 약한 것이 없다고 설명하고 있다. 인체의 70퍼센트는 수분으로 이루어져 있고, 피도 결국은 물의 성질을 가지고 있다. 대부분의 질병은 혈액순환 문제로 발생하며, 노화가 진행될수록 몸은 더욱 뻣뻣해지고 근육의 수분율은 감소한다. 단단하게 굳은 몸을 요가 아사나로 척추를 부드럽게 하여 중추신경계를 회복시키는 것이야말로 아사나의 비법이다. 척추가 중요한 이유를 예로 들어 보자. 손과 발이 잘려 나가도 봉합 수술만 잘하면 사람은 충분히 살 수 있으나, 척추가 부러지거나 한 마디라도 상하면 중추신경계가 손상이 되어 불구가 되는 경우를 볼 수 있다. 당신이 정말 똑똑한 사람이라면 이런 원리로 팔다리의 근육을 키우는 것보다 척추 중추신경계를 다스리는 것이 건강의 지름길이라는 것을 알 것이다. 스스로 '나는 척추를 운동시킬 수 있는가?' 라고 물어보라. 노자 또한 이렇게 설명한다. "약한 것이 강한 것을 이기고 부드러운 것이 단단한 것을 이긴다는 것을 세상에 모르는 사람이 없지만 이것을 실행할 줄 아는 사람은 없다." 이 책을 읽는 독자들은 이것을 실행할 줄 알기를 원하는 바이다. 세상에 알려진 것처럼 도덕경은 중국 도가 사상과 도교의 제일 중요한 경전으로 알려져 있다. 하지만 76장과 78장을 보면 단순히 자연 원리를 설명하고 있고, 병법의 군대와 군주 또는 왕에 대한 조언이 나올 뿐이다.

베다(Veda)

베다는 인도에 존재하는 제일 오래된 경전 중의 하나로 리그 베다(Rig Veda), 사마 베다(Sama Veda), 야주르 베다(Yajur Veda), 아타르바 베다(Atharva Veda), 이렇게 총 4편의 베다(지식)로 구성되어 있다. 보통 힌두교 경전으로 알려져 있으나 개인적으로 이것에 반대하는 이유는 베다는 자연을 명상하고 노래하는 시집이다. 이것을 힌두교 자체로 치부하는 것은 옳지 않다. 자연에서 볼 수 있는 불 · 물 · 태양 · 바람 · 새벽과 같은 자연 현상에 대해 인간의 입장에서 놀라운 경탄이 담긴 자연을 노래하는 시를 담았다고 보는 것이 제일 정확한 해석이다. 단지 각각의 자연의 성질에 인격을 추가해 '신(神)'적으로 묘사하였는데, 불의 신 '아그니(Agni)', 비의 신 '인드라(Indra)', 태양의 신 '수리야(Suriya)', 물의 신 '바루나(Varuna)', 바람의 신 '바유(Vayu)', 달의 신 '소마(Soma)', 새벽의 신 '우사스(Ushas)' 등을 찬양하고 존경하는 시집이 베다 경전인 것이다. 이것을 현대에 이르러 '힌두교-Hinduism'라는 종교로 정의를 하고 있다. 그 이유는 자연의 성질에 '신성(神性)'을 부여하기 때문이다. 서문에서 밝힌 것처럼 독자들이 본인의 종교와 신념에 맞지 않으면 간단한 인도 문학서로 받아들이는 것이 제일 깨끗하다. 다시 한 번 인도 '카레'를 생각하라. 내가 수없이 이렇게 강조하는 이유는 여러 종교인들에게 수십 년 동안 요가의 정의에 대해 설명하는 것이 참으로 피곤하고 지치기 때문이다.

베다는 인도 문화와 배경을 알면 알수록 흥미롭게 구성된 일종의 시집이자 철학서이다. 여기에 하타요가 프라디피카를 더욱 잘 이해하기 위해 간단히 몇 구절을 소개하고자 한다.

아그니-불의 신

리그 베다: 제1만달라: 제1숙타: 제1절

최고의 사제 불의 신을 찬양하도다!

희생의 성스러운 의식을 관장하며 최고의 보물을 주는 이를.

박지명 구루의 '리그 베다' 원전주해에도 나와 있듯이 불은 매우 중요한 요소로 사람이 살아가기 위해 음식을 만들 때 꼭 필요하며, 어둠을 밝히는 불로, 추운 것을 이기는 불로 전 세계의 많은 문학과 종교 의식에서도 불은 항상 언급되며 사용되어 왔다. 하타요가 프라나야마의 '아그니 사라(Agni Sara)'와 '바스트리카(Bhastrika)'는 이 리그 베다 구절에서 발전된 것이다.

수리야(혹은 수르야)-태양의 신

리그 베다: 제1만달라: 제35숙타: 제7절

태양빛인 수파르노(Sparno)는 강하게 흔들리는, 삶을 부여하는, 바른 방향의, 이렇게 세 가지의 영역이 있나니, 어디에 태양인 수리야가 있는지, 어떻게 빛이 확장되는지 누가 알겠는가?

태양빛, 수파르노에 대한 언급이 나오고, 태양의 신 수리야에 의한 태양빛은 수파르노가 세 가지의 방향을 가져다 준다고 설명한다. 세 가지 영역에서 제1영역은 강하게 흔들림이 오는 것, 즉 에너지의 흐름이자 프라나(Prana)와 아파나(Apana)의 결합은 쿤달리니(Kundalini) 각성을 의미하며, 제2영역은 생명(삶) 에너지를 주고, 제3영역은 올바른 방향으로 삶을 이끌어 간다고 설명하고 있다. 이 절은 바로 수리야 나마스카(Suriya Namaska), 즉 태양 예배 체조의 근원이 되는 절이다.

리그 베다: 제1만달라: 제35숙타: 제9절

사비타(Savita−빛의 여신)의 황금 손은 전체를 껴안고, 천상과 지상을 여행하며, 질병을 없애고, 태양에게 다가가 어둠의 창공을 빛으로 대신한다.

사비타, 즉 빛의 여신으로 표현되는 것은 태양의 신인 수리야에서 파생된 모습으로 표현이 되며, 빛은 결국 태양에게 귀속되고 태양빛이 어둠을 밝힌다는 구절이다. 간단히 풀이하면 태양에서 나온 빛이 어둠을 밝힌다는 내용인데, 어둠은 곧 사람들의 무지함 · 질병 · 나태함 등을 베다에서는 기록하고 있다. 앞의 7절과 마찬가지로 태양의 힘, 즉 수리야를 찬송하는 내용으로서 태양 예배 체조의 근원이 되는 구절이다.

리그 베다: 제7만달라: 제63숙타: 제1절

경이로운 수리야가 떠올라 피부를 통해 어둠을 흩어지게 하나니, 당신은 바루나와 미트라의 성스러운 눈이며, 인간의 조상이며, 모든 것이 눈이도다.

리그 베다: 제7만달라: 제63숙타: 제2절

인간에게 생기를 주는 이여, 당신은 일어나 우주의 수레바퀴를 돌려 수리야의 깃발 아래 위대한 비를 내리나니, 그의 전차는 흰 말에 묶여 달리도다.

리그 베다: 제7만달라: 제63숙타: 제3절

예배자의 찬미로 밝아진 빛나는 태양은 여명의 골짜기로부터 떠오르나니, 성스러운 태양은 나의 열망을 만족시키고 모두에게 영광과 빛을 한계 없이 주도다.

리그 베다 제7만달라 제63숙타 전체는 태양의 신인 수리야에 대한 것으로 태양 자체를 에너지의 근원이자 생명의 근원으로 여기고 있다. 어쩌면 고대인들에게 태양은 정말 신비한 존재였을 것이며, 현대 천문과학에서도 '태양계'라는 용어를 쓰는 것처럼 지구는 태양을 공전하는 것은 진리이다. 불의 신인 아그니, 빛의 여신인 사비타(혹은 사비타르)는 리그 베다에서는 모두 다 태양의 신은 수리야에 속하는 것으로 많이 표현되고 있으며, 이것이 바로 요가의 태양 예배 체조의 제일 오래된 유래이다. 하지만 베다를 알지 못하는 요가 수련자들과 인도 철학자들은 태양 예배 체조의 근원을 알지 못한다.

소마-감로의 신, 혹은 달의 신

리그 베다: 제8만달라: 제48숙타: 제3절

우리는 소마를 마시며 불멸함이 되나니, 우리는 천상의 빛에 도달하며, 신성의 신들을 알도다. 적들은 이제 우리에게 무엇을 할 수 있을까? 아니면, 오 불멸함이여, 적들은 필멸하는 존재들이게 무엇을 할 수 있을까?

리그 베다: 제8만달라: 제48숙타: 제4절

오 소마야, 우리가 당신을 마시나니, 가슴에 희열이 넘치도다. 아버지가 아들에게, 또는 친구가 친구에게 관대한 것처럼, 오 소마여, 현명한 이는 당신을 널리 찬미하나니, 당신은 우리의 삶을 연장시키도다.

리그 베다: 제8만달라: 제48숙타: 제5절

소가 전차의 한 부분들을 이끌어 전체를 몰아가듯이, 소마의 흐름은 영광으로 보호하며 나의 사지와 결합되나니, 느슨하게 짜여진 예배로부터 우리를 지키고, 병으로부타 구하도다.

소마는 달의 신이며, 차가운 기운 혹은 음적인 에너지며, 감로(甘露), 즉 천상의 신들의 음료로 표현된다. 다른 의미로 찬드라(달)라고 표현되기도 한다. 앞서 설명한 수리야(태양의 신)와 반대되는 개념으로 생각하면 된다. 소마는 불멸함의 상징으로 삶을 연장시키고, 병으로부터 해방시켜주는 것으로 알려져 있다. 5절에 나타난 '느슨하게 짜여진 예배'의 의미는, 느슨하다는 것은 더욱 유연하게라는 이중적인 의미가 있으며 초승달과 같은 달의 변화를 나타낸다. 그리고 여기서 '예배'라는 것은 일종의 짜여진 형식의 동작과 형태를 말하는 것이다. 이것이 바로 달 예배 체조의 근원이 된다. 전통적인 베다의 가르침을 계승하는 인도의 베단타 철학의 맥이자 나의 라자 요가 스승이신 박지명 구루의 법맥인 '아드바이타 매트(Advaita Mat)'는 이 베다의 가르침을 이어받아서 전통적으로 '태양 예배 체조'와 '달 예배 체조'가 존재한다. 다시 말하면 태양(양)과 달(음)의 조화를 나타내며, 이것이 베다의 신들 중 제일 중요한 수리야와 소마의 합일이며, 다시 말하면 시바와 파르바티의 완전한 조화이다. 결국 이것은 하타요가, 즉 태양 '하'와 달 '타'를 나타내는 것이며, 진정한 하타 요가는 태양 예배 체조와 달 예배 체조가 존재하는 것이다.

베다와 우파니샤드의 연관성

베다는 어려운 경전처럼 보이지만 자연의 위대함을 노래한 시집으로 짜여진 것으로 이해하고, 자연에서 볼 수 있는 태양과 달, 바람과 물과 같은 것들에 신성을 부여한 것으로 이해한 후, 이것을 바탕으로 바가바드 기타와 우파니샤드를 읽으면 모든 것이 다 일맥상통하여 그 뜻이 관통하게 된다. 우선 베다에 나오는 신들을 간단히 열거해 보겠다.

아그니-불의 신, 인드라-비의 신, 수리야-태양의 신, 바루나와 미트라(Mitra)-물의 신, 우샤스-새벽의 여신, 바유-바람의 신, 소마-달의 신이자 감로의 신, 푸샨(Pushan)-태양의 신 수리야의 형제

자, 이제 우파니샤드 한 구절을 소개할 테니 여기 신들의 이름이 무엇을 나타내는지 보자.

타이띠리야 우파니샤드(Taittiriya Upanishad) 1장 1절

미트라여, 우리에게 은총을 내리소서. 바루나여, 우리에게 은총을 내리소서. 아르야만(Aryaman)이여, 우리에게 은총을 내리소서. 인드라와 브리하스파티(Brihaspati)여, 우리에게 은총을 내리소서. 모든 것에 퍼져 있는 비쉬누(Vishnu)여, 우리에게 은총을 내리소서. 나는 브라흐만에게 경배합니다. 당신은 진실로 브라흐만으로 알려졌나니 나는 당신을 브라흐만이라 부릅니다. 나는 당신의 진리를 선포합니다. 당신은 진리입니다. 당신은 나를 보호하고 선포하는 자를 보호합니다. 옴 평화, 평화, 평화.

이제 신들의 이름에 원래 의미를 대입해 보자.

물의 신이여, 우리에게 은총을 내리소서. 물의 신이여, 우리에게 은총을 내리소서.비의 신이여, 우리에게 은총을 내리소서. 비의 신과 비의 신이여, 우리에게 은총을 내리소서. 모든 것에 퍼져 있는 평화의 신이여, 우리에게 은총을 내리소서. 나는 참나에게 경배합니다. 당신은 진실로 참나로 알려졌나니 나는 당신을 참나라 부릅니다. 나는 당신의 진리를 선포합니다. 당신은 진리입니다. 당신은 나를 보호하고 선포하는 자를 보호합니다. 옴 평화, 평화, 평화

[참고] 아르야만, 브리하스파티–인드라, 즉 비의 신의 다른 형태, 비쉬누(혹은 비슈누)–평화의 신, 브라흐만–참나, 아트만

우파니샤드에 나오는 이러한 구절들은 만약 베다의 지식이 있다면 단순히 자연신들의 축복을 바라는 기도문과 같은 것이다. 혼동되는 부분은 인드라와 같은 비의 신이 아르야만과 브리하스파티와 같은 다른 신격으로 등장함과 비쉬누와 같은 힌두교의 신들이 등장함으로 현대 문학과 철학에서는 베다, 바가바드 기타, 우파니샤드와 같은 경전들은 모두 힌두교 경전들로 알려져 있다. 힌두교는 종교이다. 즉, 그것에서 말하는 신들을 실제로 신앙을 가지고 믿는다면 그것은 힌두교를 신봉하는 신자이지만, 요가를 공부하는 수련자로서 이러한 경전들을 문학 작품으로 접근하는 것은 아무런 문제가 없으며 신앙을 가지거나 믿을 필요는 없는 것이다.

카스트 제도의 근원인 베다

많은 이들이 인도의 카스트 제도에 대해 숱한 의문이 있을 것이다. 1940년대 말에 인도 정부가 공식적으로 카스트 제도 폐지를 선언하였으나 아직까지도 그 영향은 남아 있다. 카스트 제도의 뿌리를 베다 경전에서 찾을 수 있다.

리그 베다: 제10만달라: 제90숙타: 제12절

그의 입으로부터 브라흐만이, 그의 팔로부터 라잔야가, 그의 허벅지로부터 바이샤, 그의 두 발로부터 수드라가 나왔도다.

카스트 제도의 네 가지 계급, 즉 브라만-성직자 계급, 크샤트리야(라잔야)-무사 계급, 바이샤-상인 계급, 수드라-노동 계급으로 나누어지는데 이 뿌리도 베다에서 찾을 수 있다.

베다는 뇌세포를 말한다

다음에 보게 될 하타요가 프라디피카에는 머리로 서는 동작인 '시르시아사나(Sirshasana)'는 보이지 않지만, 사실 베다 경전 중의 사마베다를 보면 뇌에 대한 정보가 나와 있다. 이것은 머리를 관장하는 사하스라라 차크라(Sahasrara Chakra)의 중요성과 거꾸로서기 · 물구나무서기 · 머리로서기(Inversion) 동작들, 다시 말하면 머리를 심장보다 아래로 향하게 하는 수련법을 나타낸다.

사마 베다: 아그네야 칸다(Agneya Kanda): 제7절

아그니여! 그대는 감각 기관을 지배하고, 이성인 두뇌를 가로지른다고 말하나니, 아그니는 뇌세포를 성장하도록 도와주도다.

사마 베다: 아그네야 칸다: 제8절

뇌세포는 지고의 지성 안에서 어린아이와 같은 마음을 통제하나니, 아그니여! 두뇌인 언덕에 당신의 사랑이 깃들기를.

사마 베다: 아그네야 칸다: 제9절

아그니여! 당신은 정제된 우유처럼 모든 감각들을 풍요롭게 하나니, 우유를 빠르게 휘저어도 부드러워지고 이완되듯이, 헌신자들의 감각 기관을 통한 머리의 뇌 또한 그렇게 되도다.

베다는 약 기원전 1800년 전에 쓰여진 것인데, 이때 이미 뇌와 뇌세포를 이야기하고 있다. 이 베다를 연구한 인도 고대 요가 수행자들은 뇌를 통해 노화를 멈출 수 있는 수련법들을 연구하였고, 그것이 바로 명상과 하타요가의 '머리로 서기 자세'와 '쟁기 자세' 등의 머리를 심장보다 아래로 내리는 동작으로 혈류가 뇌에 직접적으로 도달하게 하는 방법들을 찾은 것이다.

자, 이제 독자들에게 물어보고 싶다. 도덕경과 베다는 종교 경전인가? 이것들을 이해하기 위해서 특정한 믿음이 필요한가? 모든 것이 사람들이 정의를 내리고, 그것을 통해 이해하기 위해 붙여진 이름들

일 뿐이다. 요가는 몸과 마음의 균형, 심신 조화를 이르는 대명사일 뿐이다. 도덕경에서 말하고 있는 자연의 원리와 현상, 그리고 베다에 나오는 자연 현상들에 인격이 부여된 이름을 가진 신들, 일명 힌두교라고 알려진 개념들이 다음에 소개할 하타요가 프라디피카에도 당연히 나타나는 것이다. 인도 카레를 먹는다고 힌두교의 정신을 숭배하는 것은 아니다. 마찬가지로 한국의 김치를 먹는다고 해서 한국의 토속신앙이나 유교사상을 숭배하는 것은 아니다. 단지 음식일 뿐이다. 요가는 인도의 문화이자 음식과 같다는 것을 알아야 하며, 요가에 종교적인 색채가 있는 것은 이미 순수한 요가가 아닌 것이다.

하타요가 프라디피카에 나오는 탄트라(Tantra) 섹스 무드라

3장 83절부터 103절까지는 바즈롤리(Vajroli) · 사하졸리(Sahajoli) · 아마롤리(Amaroli), 세 가지의 성교를 통한 무드라를 통해 쿤달리니를 일깨우는 방법들이 소개된다. 이것은 중국 중의학 고서인, 약 2200년 전에 쓰여진 '황제내경(黃帝內經)'의 〈소녀경내편(素女經內篇)〉에 나오는 섹스 방중술과 같은 내용이라고 보면 이해하기 쉽다.

소녀경의 내용의 핵심은 남녀 간의 성행위를 할 때에도 건강의 보존, 즉 장수의 목적을 가지고 해야 한다고 설명하는 것이 그 핵심인데, 하타요가 프라디피카에서는 주로 남성 수련자의 입장에서 정액을 보존하는 것이 중요하다고 강조하고 있다. 또한 여성의 입장에서도 남성 수련자의 에너지를 이용하여 여성의 에너지 레벨을 끌어올리는 것, 즉 쿤달리니 삭티(Kundalini Sakti)를 증가시키는 것을 설명하고 있다.

앞서 설명한 베다에서 탄트라 수련법도 발생되었는데, 탄트라 수련은 일반적으로 섹스를 통해 깨달음과 높은 경지의 감각 기관 능력을 얻을 수 있다고 믿고 수련하는 방식으로 불교의 좌도밀교(左道密敎)에도 영향을 끼쳤다. 하지만 이 탄트라 수련은 잘못된 해석들로 인해 많은 오해가 있는 것이 사실이다.

한 가지 반드시 알아야 할 것은 남녀 간의 육체적인 행위는 인간으로서 자연스러운 것이며, 소녀경과 하타요가 프라디피카의 공통점은 '현명한 섹스', 즉 과도하고 무리한 섹스를 통해 에너지를 소모하는 것이 아니라 섹스를 통해 남녀 간에 서로 심신에 도움이 되는 방법에 관한 것이 핵심적인 가르침이다.

바즈롤리 무드라(Vajroli Mudra) 3장 88절

정액을 소모하면 죽음이 있으며, 정액을 보존하면 삶이 있는 것이다.

이 구절에 나와 있듯이 고대 요가 수행자들과 중국 도가 수련자들은 남성의 정액을 생명 에너지로 보았다. 물론 현대의학에서는 증명되지 않는 것이지만 고대의 요기들은 정액을 분출하는 것을 생명 에너지를 내보내는 것으로 생각하였기 때문인데, 이것은 프라나야마에서 쿰바카(Kumbhaka-호흡을 멈추는 것) 수련과 의미가 같은 것이다. 이것을 이해하기 위해 간단한 예를 들어 보겠다.

예를 들어 어떤 한 사람의 수명이 80년이라 하고, 이 사람이 평생할 수 있는 호흡의 숫자가 100번이라고 가정해 보자(실제 사람은 하루 평균 약 21,600번의 호흡을 한다). 만약 이 사람이 요가의 호흡법인 쿰바카를 사용해서 호흡을 12번 이상 아낄 수 있으면 어떻게 될까? 그렇다, 호흡수를 줄이면 수명이 늘어날 수도 있다고 생각하는 것이다. 호흡은 생명이기 때문이다. 이와 같은 개념으로 요가에서는 프라나야마, 호흡 수련을 통해 에너지를 다스리고 정돈하는데 탄트라 요가에서는 정액의 보존을 호흡과 같은 생명 에너지로 취급한 것이다.

사하졸리 무드라(Sahajoli Mudra) 3장 93절

성교로 쾌감이 고조에 달할 때 성행위를 중단하고, 두 남녀는 행복한 기분으로 앉아서

요가 수트라를 이미 아는 수련자들은 이 구절을 감각 통제(프라트야하라–Pratyahara)와 내면 집중(다라나–Dharana)으로 충분히 이해할 수 있다. 성교의 쾌감이 극도로 오를 때 멈추려면 두 남녀 간에 이미 서로 준비가 이루어져야 하며, 쾌감이 있는 상태에서 성교를 멈추는 자제력이 있어야 하는 것인데, 이것은 완전한 감각 통제를 요구하는 것이다. 또한 '행복한 기분으로 앉아서'라는 이 구절은 내면 집중을 요구하는 것으로 행복한 감각을 본인이 찾아서 그것이 '행복'이라고 정의할 수 있는지를 관찰해야 하는 것이다.

아마롤리 무드라(Amaroli Mudra) 3장 96절

요료의 첫부분은 담즙을 증가시키므로 버리고, 마지막 부분 또한 정분이 부족하므로 버려서 냉정히 중간 부분만을 소중하게 사용한다.

이 구절은 요로(오줌) 요법을 설명하는 것인데, 현대의학으로 검증된 것이 아니기에 현재에도 특히 이 세 가지의 무드라에 대한 논란이 많다.

하타요가 프라디피카는 많은 라자 요가 수행자들에게는 '불완전한

경전'으로 취급되는 것이 사실이고, 4장 35절과 36절처럼 일관성이 없거나 대립되는 부분들도 분명히 존재한다.

4장 35절

베다와 모든 경전은 사회가 공유하는 매춘부와 같다. 그러나 미간 응시 무드라만은 양갓집의 숙녀처럼 비밀로 감춰져 있다.

4장 36절

마음을 내부의 대상인 미간 차크라에 두고서 외부의 보이는 대상에 눈을 깜박이지 않는다. 이것이 삼바비 무드라(Sambhavi Mudra)인 미간 응시 무드라로서 베다와 경전들에 비밀로 간직되어 있다.

4장 35절의 "베다의 모든 경전은 사회가 공유하는 매춘부와 같다"라고 하였으나, 바로 뒤의 36절을 보면 "베다와 경전들에 비밀로 간직되어 있다"라고 나온다. 이것은 은유적인 것으로 베다와 같은 경전들은 누구나 원하면 다 쉽게 구해서 찾아볼 수 있다는 것과 의미 없이 경전을 보는 것을 싸구려 '매춘부'로 표현하였다. 하지만 다시 36절은 "베다와 경전들에 비밀로 간직되어 있다"라고 해서 서로 의미가 상충된다. 다시 정리하면 '베다와 모든 경전=매춘부', 그리고 다시 '베다와 경전들=비밀'이 되는 것인데, 이것은 스승이 없이 혼자 경전을 읽고 해석하는 것을 싸구려 '매춘부'로 해석하는 것이 합당하며 베다와 경전들의 진짜 가르침은 '비밀'스럽다고 말하는 것이다. 내 개인적으로는 일부러 저자가 이렇게 상충되게 의도하여 하타 요가의 불완전성을 의미한 것으로 생각된다.

하타요가 프라디피카의 제일 중요한 점은 하타 요가는 라자 요가를 위한 수단임을 정확히 밝혔고, 정확히 제일 중요한 아사나, 프라나야마, 반다와 무드라, 그리고 사마디를 단계적으로 정리하였다. 자, 그럼 하타요가 프라디피카가 마지막까지 가르치고자 하는 것은 무엇인가? 마지막 4장의 마지막 구절을 보자.

4장 114절

또는 명상 속에서 마음이 자연스럽게 자기 본래의 참모습이 되지 않는 자가 어떤 지식을 설명한다고 해도 그것은 다만 허풍이고 거짓말이고 잔소리에 지나지 않는다.
이로써 하타요가 프라디피카 제4장인 사마디에 대한 서술을 마친다.

마지막까지 사마디(삼매)에 대해 서술하고 있고, 특히 명상을 모르는 사람, 즉 라자 요가를 모르는 사람에게 어떤 지식도 배우지 말라고 경고하고 있다. 결국 하타요가 프라디피카는 아이러니하게도 하타 요가의 경전이지만, 마지막까지 강조하는 것은 '라자 요가(Raja Yoga)' 즉 명상 요가를 강조하고 있다.

하타요가 프라디피카에 나오는 아사나 정리

하타요가 프라디피카 제1장에 나오는 아사나는 독립적인 15개 동작으로 구성되어 있다. 간단한 정리를 해보면 다음과 같다.

1. 스바스티카사나(Svastikaāsana)－길상좌(吉祥坐) 1장 18절
2. 고무카아사나(Gomukhāsana)－소 얼굴 자세 1장 20절
3. 비라사나(Vīrāsana)－영웅 자세 1장 21절
4. 쿠르마사나(Kūrmāsana)－거북 자세 1장 22절
5. 쿠쿠타사나(Kukuṭāsana)－닭 자세 1장 23절
6. 우따나 쿠르마사나(Uttāna Kūrma)－발전된 거북 자세 1장 24절
7. 다누라사나(Dhanurāsana)－활 자세 1장 25절
8. 마첸드라사나(Matsyendrāsana)－비틀기 자세 1장 26절
9. 파스치모타나사나(Paścimotānaāsana)
   －앞으로 숙이기 자세 1장 28절
10. 마유라사나(Mayūraāsana)－공작 자세 1장 30절
11. 사바사나(Savaāsana)－송장 자세 1장 32절
12. 시따사나(Siddhāsana)－성취좌 1장 35절
13. 파드마사나(Padmāsana)－연화좌 1장 44절
14. 심하사나(Simhāsana)－사자좌 1장 52절

15. 바드라사나(Bhadrāsana)－경이로운 자세 1장 54절

또 이것을 자세별로 나누어 보면 다음과 같다.

앉은 자세(**좌법 坐法－siting pose**), 즉 명상이나 호흡을 위한 자세들은 총 5개로 구성된다. 1)길상좌 2)비라사나 3)시따사나 4)파드마사나 5)바드라사나

앉아서 행하는 아사나들(**seated pose**)은 총 6개다. 1)고무카아사나 2)쿠르마사나 3)쿠쿠타사나 4)우따나 쿠르마사나 5)심하사나 6)사바사나

후굴 동작(**backbend**)은 단 하나이다. 1)다누라사나

척추비틀기(**twist**) **동작**도 단 하나이다. 1)마첸드라사나

앞으로 숙이는 동작(**forward bend**)도 단 하나이다. 1)파치모타나사나

팔 중심 동작(**armbalance**)도 단 하나이다. 1)마유라사나

좌법 5개, 앉아서 행하는 아사나 총 6개, 후굴 1개, 비틀기 1개, 앞으로 숙이기 1개, 팔 중심 1개.

이것이 원래 하타 요가 원전에 나오는 총 15개의 아사나이며, 파드마사나 · 파치모타나사나 · 마첸드라사나 · 다누라아사나의 변형까지 더하여 다섯 가지 동작을 추가시켜도 20개 동작이 넘지 않는다. 현재 전 세계적으로 유행하는 하타 요가 아사나들을 보면 한 연속 동작들인 시퀀스(Sequence)마다 70가지가 넘는 아사나 동작들이 있는데 이것은 오히려 하타요가 프라디피카, 즉 하타 요가의 원전에 오히려 충실하지 않은 것이다.

특히 저자인 스와미 스와트마라마는 쿰바카가 터득이 되면, 즉 호흡이 터득이 되면 아사나 동작이 굳이 많을 필요가 없다라고 정확히 서술하고 있다.

1장 41절

시따사나(Siddhasana)인 달인좌에 능숙하게 숙달되어 자연스럽고 주의 깊게 호흡을 통제하는 케발라 쿰바카를 실천할 수 있다면 다른 많은 아사나 자세가 필요할 것인가?

"다른 많은 아사나 자세가 굳이 필요가 있는가?"라고 되묻고 있다. 이것은 하타 요가 아사나에 대한 근본적인 것을 질문하는 것으로 요가 수트라 2절 46절과 일맥상통한다.

요가 수트라 2장 46절

자세는 안정되고 편안해야 한다.

이 구절은 요가 수트라에서 단 한번 아사나에 대해서 언급을 하고 있는 구절이다. 파탄잘리는 요가 아사나를 '유연하게 하라' 혹은 '많은 동작을 하라'라고 정의하지 않는다. 그리고 스와트마라마는 하타 요가 프라디피카 1장 76절에 라자 요가를 이루기 위해서 하타 요가가 필요하다고 강조하고 있다. 즉 라자 요가를 수행하는 사람들도 하타 요가가 필요하다는 것이다.

1장 67절

다양한 아사나나 호흡법 그밖의 훌륭한 행법 등 하타 요가의 모든 수행을 라자 요가의 결과인 삼매에 이를 때까지 계속해야 한다.

또한 3장 126절에 라자 요가가 없으면 호흡법과 무드라가 아무런 가치가 없다고 재차 강조한다.

3장 126절

라자 요가가 없으면 어떤 아름다운 대지인 자세도, 밤인 호흡도, 무드라도 쓸모가 없다.

하타요가 프라디피카의 1장 1절을 되새기면서 이 장을 마무리한다.

"하타 요가는 가장 높은 라자 요가에 이르게 하는 단계이다."

주) 위의 분류대로 아사나 명칭 뒤에 번호를 붙여 몇 번째 동작인지 알아볼 수 있도록 표시하였다.

하타요가 프라디피카에 나오는 프라나야마 정리

제2장에서 소개되는 호흡법(프라나야마-Pranayama)들과 정화법(크리야-Kriya)은 다음과 같다.

호흡법은 총 11가지로 1)나디쇼나다(Nāīiśodana) 2)카발라바티(Kapalabhati) 3)수리야 베다나(Sūryabhedana) 4)우짜이(Ujjāyī) 5)시트카리(Sītkārī) 6)시탈리(Sītalī) 7)바스트리카(Bhastrika) 8)브라흐마리(Bhrāmarī-브라마리) 9)무르짜(Mūrcchā) 10)프라비니(Plāvini-부상호흡) 11)케발라 쿰바카(Kevala Kumbhaka-완전한 멈춤 호흡) 등이 소개되며, 정화법은 총 5가지로 1)다우티 내장 정화법 2)바스티 관장법 3)네티 코 정화법 4)나우리 복부 정화법 1)가자 카라니 위장 정화법이 소개되며, 눈 집중법인 단 하나의 트라타카(트라탁)가 소개된다.

1. **나디쇼나다 프라나야마(Nāīiśodana Prāṇāyāma)**-교호흡 2장 6-20절
2. **다우티(Dhauti)**-내장 정화법 2장 23-25절
3. **바스티(Vasti)**-관장법 2장 26-28절
4. **네티(Neti)**-코 정화법 2장 29-30절
5. **트라타카(Trātaka)**-눈 집중법 2장 31-32절
6. **나우리(Nauli)**-복부 정화법 2장 33-34절

7. 카발라파티(Kapālabhāti)–두개골 정화법 2장 35절
8. 가자 카라니(Gaja Karaṇī)–코끼리 위장 정화법 2장 38절
9. 수리야 베다나 프라나야마(Sūrya Bhedana Prānāyāma)
–태양 관통 호흡법, 에너지 활성화 호흡법 2장 47절
10. 우짜이(Ujjāi Prānāyāma)–승리 호흡, 정신적인 호흡 2장 50절
11. 시트카리 프라나야마(Sītkārī Prānāyāma) 2장 53절
12. 시탈리 프라나야마(Śītālī Prānāyāma)
–냉각, 차갑게 하는 호흡법 2장 57절
13. 바스트리카 프라나야마(Bhastrikā Prānāyāma)
–풀무 호흡, 우렁차게 소리내는 호흡법 2장 61절
14. 브라흐마리 프라나야마(Bhrāmarī Prānāyāma)
–벌소리, 벌이 윙윙거리는 호흡 2장 68절
15. 무르짜(Mūrcchā Prānāyāma)–턱조임 호흡법 2장 68절
16. 프라비니 프라나야마(Plāvinī Prānāyāma)
–부상 호흡, 삼키는 호흡법 2장 70절
17. 케발라 쿰바카(Kevala Kumbhaka)
–무의식적인 완전한 쿰바카(멈춤 호흡) 2장 72절

제2장의 주목할 점은 다음과 같다.

제2장 42절은 '마노마니(Manomanī)–마음의 부동성'에 의해 설명하고 있는데 이것을 우마니 아바스타나(Umani Avastha), 다시 말하면 하타 요가를 통한 마음의 부동성, 즉 삼매를 설명하고 있으나 아사나(Asana–요가 동작)가 아닌 프라나야마(Pranayama–호흡법)를 통

해 성취된다고 설명하고 있다.

제2장 50절의 우짜이 호흡은 현대에 들어 많은 하타 요가 아사나 중에 변형된 방법으로 수련되고 있는데, 이것은 하타요가 프라디피카에서 벗어난 것이다. 정통 우짜이 호흡은 내쉴 때 왼쪽 콧구멍으로 숨을 내보낸다.

제2장 72절부터 마지막 78절까지는 프라나야마의 최고 경지인 무의식적이고 자연스러운 완전한 멈춤 호흡인 '케발라 쿰바카'에 대해 저술하고 있으며, 쿰바카를 통해 라자 요가의 단계로 진입할 수 있다고 설명하고 있다.

주) 위의 분류대로 프라나야마 명칭 뒤에 번호를 붙여 몇 번째 수련법인지 알아볼 수 있도록 표시하였다.

하타요가 프라디피카에 나오는 반다와 무드라 정리

하타요가 프라디피카 제3장에서 설명하는 반다와 무드라를 간단히 정리하였다.

1. 마하무드라(Mahāmudrā) 3장 10–18절
2. 마하반다(Mahābandha) 3장 19–25절
3. 마하베다(Mahāvedha) 3장 26–31절
4. 케차리 무드라(Kecharīmudrā) 3장 32–54절
5. 우디야나반디(Uḍḍīyānabandha) 3장 55–60절
6. 물라반다(Mūlabandha) 3장 61–69절
7. 잘란다라반다(Jālandharabandha) 3장 70–76절
8. 비파리타카라니(Viparitakaraṇī) 3장 77–82절
9. 바즈롤리(Vajrolī) 3장 83–90절
   사하졸리(Sahajolī) 3장 91–95절
   아마롤리(Amalolī) 3장 96–103절
10. 샤크티찰라나 샤크티(Śakticālana) 3장 104–130절

바즈롤리의 변형이 사하졸리와 아마롤리이므로 9번으로 분류하였는데 그 근거는 다음과 같다.

3장 6절

마하무드라, 마하반다, 마하베다, 케차리 무드라, 우디야나반다, 물라반다, 잘란다라반다

3장 7절

비파리타카라니, 바즈롤리, 샤크티찰라나 샤크티, 이 열 가지 무드라는 늙음과 죽음을 파괴한다.

6절과 7절에 나온 것처럼 10개의 무드라에 사하졸리오 아마졸리를 포함시키지 않았다.

제3장의 최고의 핵심적인 무드라는 케차리 무드라로 22절이 넘는 제일 긴 설명을 통해 강조하고 있다. 또한 제4장 '삼매'장에서도 케차리 무드라를 재차 강조한다. 일반적으로 알려진 하타 요가의 세 가지 반다는 잘란다라 반다, 우디야나 반다, 물라 반다이다.

앞서 설명한 것처럼 제3장 83절부터 103절은 현재까지도 논란이 되고 있는 탄트라 섹스 무드라를 설명하고 있는데, 이것은 프라트야하라와 다라나의 성취를 위해 인간의 성생활까지 요가의 수련을 돕는 도구로 활용한다는 것을 알아야 한다.

하타요가 프라디피카에 나오는 라자 요가 명상법 정리

제4장에서는 라자 요가 명상법을 소개하고, 라야 요가를 정의하고 있다. 제3장에서 반복되는 무드라는 표기하지 않았다.

1. **아자파자파(Ajapajapa)** 4장 1절
2. **라야 요가(Laya Yoga)** 4장 32절
3. **삼바비 무드라(Śambhavi Mudrā)**–미간응시법 4장 35절
4. **운마니(Unmani)** 4장 39절
5. **나다(Nada) 명상법** 4장 65–106절

하타요가 프라디피카는 마하리쉬 파탄잘리가 저술한 요가 수트라보다 후에 완성된 경전인데, 여기 하타요가 프라디피카 제4장의 삼매를 위한 라자 요가 명상법은 요가 수트라와 비교했을 때 초라할 정도로 명상법이 체계적이지 않다.

제3장에서 언급했던 케차리 무드라와 트라타카(Trātaka–미간 응시법)와 변형 무드라를 재차 강조하고 있다. 제일 핵심적인 명상법은 라자 요가에서 전통적으로 내면의 소리를 듣는 나다 명상인데, 사실 이 수련법은 요가 수트라의 기초 수련이 없으면 큰 결과를 얻을 수 없다. 예를 들어 초등학생이 대학생의 미적분 문제를 푼다고 생각해

보자. 과연 어떨 것인가? 많은 전문가들이 하타요가 프라디피카를 불완전한 경전으로 취급하는 것은 요가 수트라에서 제시된 체계적인 명상수련법이 아닌 초급에서 고급으로 갑자기 건너뛰는 수련법이 나오기 때문이다. 개인적으로는 저자가 일부러 하타 요가의 불완전성을 강조하고 라자 요가의 완전성을 부각시키기 위해서 의도적으로 이렇게 집필한 것으로 보인다.

부 록

박지명

소다나(Śodana)–정화법

아사나(Āsana)–자세

프라나야마(Prānāyāma)–호흡법

무드라(Mudrā)

드야나(Dhyāna)–명상

산스크리트 용어 정리

산스크리트 발음

소다나(Śodana)-정화법

종 류	하타프라디피카	게란다삼히타	시바삼히타
@다우티(Dhauti) 청소법	2장 24–25절	1장 13–44절	
안타르다우티(Antardhauti)–내장 청소		1장 14–24절	
단타다우티(Dantadhauti)–치아 청소		1장 25–34절	
흐리따우티(Hriddhauti)–목구멍 청소		1장 35–41절	
소단다우티(Śodandhauti)–항문 세척		1장 42–44절	
@바스티(Vasti) 관장법	2장 26–28절	1장 45–49절	
잘라바스티(Jalavasti)–물 관장법		1장 46–47절	
아스비니바스티(Aśvinivasti) –건조한 관장법		1장 48–49절	
@네티(Neti) 코 청소법	2장 29–30절	1장 50–51절	
@트라타카(Trātaka)	2장 31–32절	1장 53–54절	
@나우리(Nauli)	2장 33–34절	1장 52절	
@카팔라바티(kapālabhāti)	2장 35절	1장 55–60절	
바타카르마(Vātakarma)–호흡 방법		1장 56–57절	
브유트카르마(Vyutkarma) –코로 물 마시는 방법		1장 56절	
시타카르마(Śīttakarma) –입으로 물 마시는 방법		1장 59–60절	
@가자카라니(Gajakarani) 코끼리 동작	2장 35절		

아사나(Āsana)-자세

종 류	하타프라디피카	게란다삼히타	시바삼히타
1. 스바스티카(Svastika)-길상	1장 19절	2장 13절	3장 95-97절
2. 고무카(Gomuka)-소 얼굴	1장 20절	2장 16절	
3. 비라(Vira)-영웅	1장 21절	2장 12절	
4. 쿠르마(Kūrma)-거북	1장 22절	2장 31절	
5. 쿠쿠타(Kukuṭa)-닭	1장 23절	2장 30절	
6. 우타나쿠르마카(Uttānakūrmaka) -누운 거북	1장 24절	2장 32절	
7. 다누라(Dhanura)-활	1장 25절	2장 18절	
8. 마첸드라(Matsendra)-비틀기	1장 26-27절	2장 22-23절	
9. 파치모타나(Pachimottāna) -앞으로숙이기	1장 28-29절	2장 26절	3장 92-94절 (우크라사나)
10. 마유라(Mayūra)-공작	1장 30-31절	2장 29절	
11. 사바(Śava)-송장	1장 32-33절	2장 19절	
12. 시따(Siddha)-성취	1장 34-43절	2장 7절	3장 85-87절
13. 파드마(Padma)-연화	1장 46-49절	2장 8절	3장 88-91절
14. 심하(Simha)-사자	1장 50-52절	2장 14-15절	
15. 바드라(Bhadra)-행운	1장 53-54절	2장 9-10절	
16. 묵타(Mukta)-해탈		2장 11절	
17. 바즈라(Vajra)-금강		2장 12절	
18. 굽타(Gupta)-비밀		2장 20절	
19. 마츠야(Mātsya)-물고기		2장 21절	
20. 고락크사(Goraksa)-목동		2장 24-25절	

종 류	하타프라디피카	게란다삼히타	시바삼히타
21. 우트카타(Utkata)－의자		2장 27절	
22. 상카타(Sankata)－고난		2장 28절	
23. 만두캬(Mandukya)－개구리		2장 33절	
24. 우타나만두캬(Uttānamandukya) －누운 개구리		2장 34절	
25. 브릭사(Vṛkṣa)－나무		2장 35절	
26. 가루다(Garuḍa)－금시조(金翅鳥)		2장 36절	
27. 브르사(Vṛṣa)－황소		2장 37절	
28. 사라바(Śalabha)－메뚜기		2장 38절	
29. 마카라(Makara)－악어		2장 39절	
30. 우스트라(Uṣṭra)－낙타		2장 40절	
31. 부장가(Bhujaṅga)－뱀		2장 41절	
32. 요가사나(Yogāsana)－결합		2장 43절	

아사나는 84가지가 전승되었다고 하며, 하타프라디피카에 15, 게란다삼히타에 32, 시바삼히타에 4가지가 소개되어 있다.

프라나야마(Prānāyāma)-호흡법

종 류	하타프라디피카	게란다삼히타	시바삼히타
1. 나디소다나(Nāiīśodana)-나디 정화	2장 7-11절	5장 35-45절	3장 24-29절
2. 수리야베다(Sūryabheda)-태양 관통	2장 48-50절	5장 56-68절	
3. 우짜이(Ujjāyī)-승리	2장 51-55절	5장 69-72절	
4. 시트카리(Sītkārī)-싯소리	2장 54-56절		
5. 시탈리(Sītalī)-냉각	2장 57-58절	5장 73-74절	
6. 바스트리카(Bhastrika)-풀무	2장 59-67절	5장 75-77절	
7. 브라마리(Bhrāmarī)-벌소리	2장 68절	5장 78-82절	
8. 무르차(Mūrcchā)-황홀, 자아 상실	2장 69절	5장 83절	
9. 프라비니(Plāvini)-부상(浮上)	2장 70절		
10. 케발리(Kevali)-완전	2장 71-75절	5장 84-96절	
11. 사히타(Sahita)-결합		5장 47-57절	

무드라(Mudrā)

종 류	하타프라디피카	게란다삼히타	시바삼히타
1. 마하무드라(Mahāmudrā) -위대한 무드	3장 10-18절	3장 6-8절	4장 25-36절
2. 마하반다(Mahābandha) -위대한 반다(잠금)	3장 19-24절	3장 18-20절	4장 37-42절
3. 마하베다(Mahāvedha) -위대한 관통	3장 25-29절	5장 21-26절	4장 43-50절
4. 케차리(Kecharī)-공중 비행	3장 32-54절	3장 25-52절	4장 51-59절
5. 우디야나반다(uḍḍīyānabandha) -복부 반다	3장 55-60절	3장 10-11절	4장 72-77절
6. 물라반다(mūlabandha)-항문 반다	3장 61-69절	3장 14-17절	4장 64-68절
7. 잘란다라반다(Jālandharabandha) -목 반다	3장 70-73절	3장 12-13절	4장 60-63절
8. 비파리타카라니(Viparitakaraṇī) -역전(逆轉)	3장 77-82절	3장 33-36절	4장 69-71절
9. 바즈롤리(Vajrolī) -금강감로(金剛甘露)	3장 83-102절	3장 45-48절	4장 78-104절
10. 사하졸리(Sahajolī) -공생감로(共生甘露)	3장 91-94절		4장 97절
11. 아마롤리(Amalolī) -불멸감로(不滅甘露)	3장 95-97절		4장 96절
12. 삭티찰라나(Śakticālana)-삭티 자극	3장 103-122절	3장 49-60절	4장 105-110절
13. 나보무드라(Nabhomudrā)		3장 9절	

종 류	하타프라디피카	게란다삼히타	시바삼히타
–천공(穿孔)			
14. 요니무드라(Yonimudrā) –태궁(胎宮)		3장 37–44절	4장 1–19절
15. 타다기무드라(Tāḍāgīmudrā) –연못		3장 61절	
16. 만두캬무드라(Maṇḍūkīmudrā) –개구리		3장 62–63절	
17. 삼바비무드라(Śāmbhavīmudrā) –미간 응시		3장 64–67절	
18. 판차다라나(Pāñcadhāranā) –다섯 원소 응념		3장 68–81절	
19. 아스비니(Aśvinīmudrā)–말		3장 82–83절	
20. 파시니무드라(Pāśinīmudrā) –새끼줄		3장 84–85절	
21. 카키무드라(Kākīmudrā)–까마귀		3장 86–87절	
22. 마탕기무드라(Mātaṇgīmudrā) –코끼리		3장 88–91절	
23. 부장기니무드라(Bhujaṇginīmudrā) –뱀		3장 92–93절	

드야나(Dhyāna)-명상

종 류	하타프라디피카	게란다삼히타	시바삼히타
1. 삼바비무드라(Śāmbhavīmudrā) –미간 응시	4장 35–38절	3장 66–67절, 6장 18–22절	5장 64–65절, 129–158절
2. 운마니무드라(Unmanīmudrā) –코끝 응시	4장 39–42절	4장 10–13절, 7장 7절	5장 69절
3. 케차리무드라(Khecarīmudra) –공중 비행	3장 32–54절, 4장 43–49절	3장 25–32절	4장 51–59절
4. 나다우파사나(Nādaupāsana) –내면 소리 명상	4장 65–68절, 18–102절		5장 45–49절
5. 프라트야하라(Pratyāharā) –감각 통제		4장 1–16절	5장 39–41절
6. 드야나요가(Dhyānayoga) –명상 요가		6장 1–22절	
7. 사마디요가(Samādhiyoga) –삼매 요가		7장 7–23절	
8. 프라티카우파사라(Pratīkaupāsarā) –관조 명상			5장 32–38절
9. 다라나(Dhāranā)–집중; 응념(凝念)			5장 50–72절
10. 차크라드야나(Chakradhyāna)			5장 78–214절
11. 브라흐마렌드라드야나 (Brahmarandradhyāna)			5장 159–195절
12. 라자디라자요가(Rājādhirājayoga)			5장 215–224절
13. 만트라(Mantra)			5장 2절

산스크리트 용어 정리

A

아그야(Agya): 여섯번째 차크라, 미간에 있음

아난다(Ananda): 희열, 지복

아니마(Anima): 여덟 가지 초능력, 아주 작은

아드바이타(Advaita): 둘이 아닌 하나, 불이일원론(不二一元論)

아바타라(Avatara): 화신(化身)

아비니베사(Abhinivesa): 물질적인 집착

아비드야(Avidya): 무지, 무명(無明)

아사나(Asana): 아쉬탕가 요가의 여덟 가지 가운데 세번째

아삼프라그야(Asampragya): 무상 삼매, 분별이 없는 삼매

아수라(Asura): 악마

아쉬탕가(Ashtanga): 요가의 여덟 가지를 말하는 것

아쉬탕가 요가(Ashtanga Yoga): 라자 요가(Raja Yoga)를 말하며, 여덟 가지의 요가

아스미타(Asmita): 나, 자기 중심적인

아스테야(Asteya): 야마의 하나이며 훔치지 않는

아스티카(Astika): 신에 대한 믿음

아트만(Atman): 참나

아파리그라하(Aparigraha): 야마의 하나이며 탐욕이 없는

아함(Aham): 나

아함카라(Ahamkara): 나라는 생각

아힘사(Ahimsa): 해치지 않는

B

바가바드 기타(Bhagavad Gita): 인도의 가장 대중적인 경전. 크리쉬나 신과 제자인 아르주나의 700소절의 대화이며, 베다 브야사가 쓴 마하바라타라의 일부라고도 함

바드라아사나(Bhadrasana): 이 자세는 모든 병을 고치며, 요가 수행자나 초능력자인 시다들은 고락샤사나라고 한다.

바스트리카(Bhastrika): 풀무 호흡, 우렁차게 소리내는 호흡법

바스티(Basti): 6개 정화인 크리야 중의 하나이며, 끈을 내장에 넣어 청소하는 것

박티 요가(Bhakti Yoga): 헌신적인 수행

반다(Bandha): 하타 요가로서 묶고 조이는 것

보가(Bhoga): 즐거움, 쾌락

부띠(Buddhi): 이지, 지성, 분별력

브라흐마(Brahma): 창조주

브라흐마 그란티(Brhama Granthi): 수슘나의 첫번째 위치, 항문 위치인 물라다라 차크라

브라흐마란드라(Brahmarandra): 브라흐만의 에너지 통로인 수슘나 나디의 중심

브라흐마리(Brahmari): 다양한 호흡 방법 중의 하나이며, 윙윙거리는 소리를 듣는다.

브라흐마차리(Brahmachari): 청정함을 유지하는 학생

브라흐마차리야(Brahmacharya): 금욕, 자제, 성적인 에너지를 통제

브라흐만(Brahman): 절대 실체

비자 만트라(Bija Mantra): 씨앗 만트라

C

차크라(Chakra): 하타 요가에서 척추를 따라 있는 미세한 신경 센터. 일곱 개의 중심 센터가 있음

치트(Chit): 의식, 우주 지성

D

다라나(Dharana): 아쉬탕가 요가의 여섯번째

다르마(Dharma): 의무, 법칙, 정의, 자연의 법칙

다르사한(Darsahan): 통찰력, 신성한 존재의 경험, 여섯 수행 체계를 말함(니야야, 바이쉐시카, 삼키야, 요가, 미맘사, 베단타)

다누라사나(Dhanurasa): 활 자세

다우티(Dhauti): 여섯 정화법의 하나이며 복부 위쪽을 정화

다투스(Dhatus): 몸의 부분

드야나(Dhyana): 명상, 요가의 7번째 과정

E

에카(Eka): 하나

G

가리마(Garima): 여덟 가지 초능력 중의 하나이며 몸이 무거워지는 것

가야트리(Gayatri): 가장 성스러운 베다 만트라 중의 하나

가자카라니(Gajakarani): 물을 마시고 품어내는 방법이며 정화 요법, 쿤자 크리야라고도 함

간다라(Gandhara): 열 개의 나디 가운데 하나

고무크아사나(Gomukasana): 성자 고무크의 이름을 딴 소 얼굴 자세

구나(Guna): 자연의 속성(사트바, 라자스, 타마스를 말함)

구루(Guru): 영적인 스승, 어둠을 제거하는 이

그란티(Granti): 묶다, 세 위치가 있으며 수슘나를 보호하고 묶는 위치, 프라나의 흐름이 상승 하강하는 것을 묶어 보호함

그리하스타(Grhasta): 삶의 네 가지 단계에서 가정을 지키는 재가의 과정

그야나 요가(Gyana Yoga): 지혜의 요가

H

하타 요가(Hata Yoga): 육체적인 요가 수행이며 아사나, 프라나야마, 무드라, 반다, 크리야 등의 방법

흐리다야(Hridaya): 가슴

I

이다(Ida): 중추 에너지인 수슘나의 왼쪽에 위치하며, 여성 에너지이고 전체 · 정서 · 주관 · 직관 · 차가움의 성향을 지님
이스바라(Isvara): 최상의 영혼의 존재
이스타(Isita): 여덟 개 초능력의 하나이며 욕망을 성취하는 힘
인드리야스(Indriyas): 감각 기관

J

자가트(Jagat): 세계
자그라트(Jagrat): 깨어 있는 의식
자파(Japa): 만트라의 반복적인 수행
잘란다라 반다(Jalandhara Bhanda): 턱조임, 프라나를 하강시킴
죠티(Jyoti): 빛
지바(Jiva): 개인의 영혼
지반 묵타(Jivan Mukta): 참나를 깨달은 이

K

카르마(Karma): 행위와 행위의 반작용, 업(業)
카르마 요가(Karma Yoga): 이기적이지 않은 행위의 요가
카이발야(Kaivalya): 해탈
카팔라바티(Kapalabhati): 두개골 정화 호흡이며, 6개 정화 크리야 중의 하나
칸다(Kanda): 배꼽 주위에 위치하며 72000개의 나디가 존재한다.
칼라(Kala): 시간

케발라(Kevala): 제한이나 조건이 없는, 독립적인

케발라 니르비칼파 사마디(Kevala Nirvikalpa Samadhi): 발전된 우주 의식, 신 의식

케차리 무드라(Kechari Mudra): 케차리 무드라는 미간 부위까지 올라가는 공중 비행 무드라이다. 하타 요가의 최고의 비전된 방법이다.

켈사(Kelsa): 장애물, 고통, 통증

쿠쿠타사나(Kukutasana): 닭 자세

쿤달리니(Kunadalini): 감겨진 에너지이며 척추를 따라 흐르는 에너지 흐름

쿤자 크리야(Kunja Krya): 다우티의 일종이며 물을 마셨다가 토해내는 것

쿰바카(Kmbhaka): 호흡 멈춤

크리야(Kriya): 하타 요가에서의 정화 수행

L

라기마(Lagima): 요가 수행에서 일어나는 초능력 중의 하나이며, 몸의 가벼움이 일어남

라야(Laya): 마음의 몰입

M

마나스(Manas): 마음, 마음의 작용

마노마니 아바스타(Manomani Avasta): 수슘나 프라나에 도달될 때 일어나는 상태

마니푸라 차크라(Manipura Chakra): 세번째 차크라이며, 배꼽 중심 부위
마라(Mala): 마음의 비순수성
마야(Maya): 환영(幻影)
마유라사나(Mayurasan): 공작 자세
마첸드라아사나(Machendrasana): 비틀기 자세
마하무드라(Maha Mudra): 위대한 자세
마하 반다(Maha Bandha): 거대한 잠금 자세
마하 베다(Mahavedha): 위대한 관통 자세
마하트마(Mahatma): 위대한 성자
마하파타(Mahapatha): 수숨나의 위대한 길
마힘마(Mahima): 여덟 가지 초능력 중의 하나이며, 몸이 커지는 것
만트라(Mantra): 성스러운 소리이며 바깥으로 소리를 내어 하거나 내면으로 생각하는 소리
모크샤(Moksha): 자유의 상태, 해탈
무니(Muni): 수행자, 성자
무드라(Mudra): 하타 요가의 자세나 반다이며 프라나를 통제하는 것
무르차(Murcha): 호흡법 중의 하나
묵타(Mukta): 자유를 얻은
묵타사나(Muktasana): 해탈 아사나
물라다라 차크라(Muladhara Chakra): 항문 주위에 있는 첫번째 차크라
물라반다(Mulabandha): 항문 조이기, 아파나를 상승시킴

N

나다(Nada): 내면의 소리를 들음, 나다와 빈두는 시바와 삭티로 대표

나디(Nadi): 에너지선

나울리(Nauli): 여섯 가지의 정화 요법이며 복부 요동법

네티(Neti): 여섯가지의 정화 요법 중의 하나이며 끈으로 내장을 청소

니라람바(Niralamba): 도와주지 않는

니란자나(Niranjana): 순수 의식

니르비칼파 사마디(Nirvikalpa Samadhi): 생각이나 상상이 없는 삼매, 우주 의식

니야마(Niyama): 아쉬탕가 요가의 두번째이며 계율을 지키는 것

O

옴(OM): 모든 소리의 근원인 만트라이며 브라만을 나타냄

P

파드마사나(Padmasana): 연좌

파라마트마(Paramatma): 지고의 참나

파르바티(Parvati): 시바의 부인

파스치모타나사나(Paschimotanasana): 앞으로 숙이기 자세

파파(Papa): 죄

파탄잘리(Patanjali): 요가 수트라의 저자이자 위대한 수행자이며 요가의 원조이다. 그의 연대는 B.C 5000년에서 A.D 300년 사이라고

하며 정확하지가 않다.

푸루샤(Purusha): 참나이며 모든 존재의 실체

푼야(Punya): 미덕

프라나(Prana): 생명력

프라나바(Pranava): 우주적인 소리이며 옴(OM)을 말함

프라나야마(Pranayama): 아쉬탕가 요가의 네번째이며 프라나를 조절하는 호흡법

프라비니(Plavini): 가벼운 호흡법의 종류

프라캄야(Prakamya): 여덟 가지 초능력 중의 하나

프라크리티(Prakriti): 자연

프라프타(Prapti): 여덟 가지 초능력 중의 하나

프라트야하라(Pratyahara): 아쉬탕가 요가의 다섯번째이며 감각의 통제

핑갈라(Pingala): 수슘나의 오른쪽 에너지이며, 논리적, 공격적, 이성적, 뜨거움, 근육, 수학적, 대화가 많음, 연속적

R

라가(Raga): 좋아하는

라자스(Rajas): 세 가지 구나 중에서 활동성을 지닌 구나

라자 요가(Raja Yoga): 최고의 요가라고 하며, 명상을 위주로 하는 수행법

레차카(Rechaka): 날숨

루드라 그란티(Rudra Granthi): 수슘나의 세 부분 가운데 한 부분이

며, 아그야 차크라에 위치한다.

루팜(Rupam): 형태

리쉬(Rishi): 진리를 아는 이

리탐(Ritam): 진리

S

사다카(Sadhaka): 구도자

사드 크리야(Sad Kriya): 여섯 개의 정화법

사드하나(Sadhana): 영적인 수행

사르바(Sarva): 전체

사마나(Samana): 다섯 프라나 중의 하나이며, 소화기 계통에 연결되어 있다.

사마디(Samadhi): 아쉬탕가 요가의 여덟번째이며, 초월적인 상태를 말함

사바사나(Savasana): 송장 자세

사우차(Saucha): 청결함

사트바(Sattva): 순수한(세 구나 중의 하나)

사트얌(Satyam): 진실함

사트 치트 아난다(Sat Chit Ananda): 절대 지복 의식

사하스라라(Sahasrara): 천 개의 연꽃을 가진 머리 위에 있는 일곱번째 차크라

사하자(Sahaja): 자연스러운

삭티(Shakti): 힘, 에너지

산무키 무드라(Shanmuki Mudra): 요니 무드라로 알려져 있으며 엄지로 귀를 막고, 눈을 손가락으로 막고, 코를 장지로 막고, 입을 새끼손가락으로 막는다.

산야시(Sanyasi): 출가 수행자이며 모든 것을 넘어선 이

산티(Shanti): 평온함

삼바비(Shambhavi): 수슘나를 깨우는

삼사라(Samsara): 윤회

삼스카라(Samskara): 정신적으로 남은 잠재 인상

삼야마(Samyama): 대상에 대한 집중, 명상, 삼매를 동시적으로 하나로 수행함

삼칼파(Samkalpa): 생각, 인상

삼키야(Samkya): 카필라가 창시한 인도의 여섯 철학 체계 중의 하나

삼토사(Samtosa): 만족

삼프라그야타 사마디(Sampragyata Samadhi): 분별 있는 삼매

소마(Soma): 달의 감로, 성스러운 감로

수리야 베다(Surya Bheda): 몸에 열을 주는 진보적인 호흡법

수스프티(Sushupti): 깊은 잠

순야(Sunya): 텅 빔, 공(空)

스라바나(Sravana): 영적인 청각

스므르티(Smrti): 기억

스바드야야(Svadyaya): 니야야 중의 하나이며 경전 공부

스바루파(Svarupa): 본질적인

스바스티카사나(Svastikasana): 길상좌

스바프나(Svapna): 꿈

스와미 스와트마라마(Swami Swatmarama): 하타요가 프라디피카를 쓴 저자이며, 스와트마라마의 이름은 "참나인 아트만을 움직이는"이란 뜻이다.

시띠(Siddi): 성취, 초능력

시바(Siva): 시바 신, 위대한 신이며 파괴의 신

심아사나(Simhasana): 사자 자세

T

타뜨바(Tattva): 실체

타마스(Tamas): 어둠, 둔함(세 가지 구나 중의 하나)

타파스야(Tapasya): 니야마 중의 하나이며, 영적인 고행

탄마트라(Tanmatra): 미세한 요소

탄트라 요가(Tantra Yoga): 절대와 상대인 남성과 여성인 시바와 샥티를 결합하는 수행이며, 형상과 소리인 얀트라와 만트라를 수행하는 방법

탓트(Tat): 절대를 상징하는 그것

투리야(Turiya): 초의식 상태

트라탁(Tratak): 여섯 정화법 중의 하나이며, 한 점에 집중해서 응시하는 방법

U

우다나(Udana): 다섯 프라나 중의 하나이며, 목에 위치하고 음식을

먹는 것을 통제한다. 죽음이 왔을 때 영적으로 분리되는 힘을 가지고 있다.

우디야나 반다(Udditana Bandha): 반다의 종류이며, 복부 수축을 담당한다.

우따나 쿠루마사나(Uttana Kurmasana): 발전된 거북 자세

우짜이(Ujjayi): 진보된 호흡법

우파니샤드(Upanishad): 절대적인 경전인 수루티(Suruti)이며, 베다의 마지막 부분이고, 대중적으로 연결될 수 있게 200가지의 우파니샤드가 있다.

운마니 아바스타(Unmani Avastha): 하타 요가의 프라나 통제 방법

V

바사나(Vasana): 무의식적인 인상

바스투(Vastu): 대상, 땅

바이라그얌(Vairagyam): 무집착

바즈라사나(Vjrasana): 금강좌

베다(Veda): 인도의 가장 오래된 경전, 가장 권위를 가진 경전이다.

베단타(Vedanata): 베다의 최종적인 체험이며, 인도의 여섯 수행 체계 중의 하나

브리티(Vritti): 생각의 움직임, 변형

브야나(Vyana): 다섯 프라나의 하나이며, 혈액을 담당한다. 근육과 관절을 통제한다.

브요마 차크라(Vyoma Chakra): 케차리 무드라를 위한 다른 이름

비나(Veena): 인도의 전통 현악기

비데하(Videha): 몸이 없는

비드야(Vidya): 지식, 지혜

비베카(Viveka): 분별력

비세사(Vishesa): 특별한

비슈다 차크라(Visudha Chakra): 다섯번째 차크라이며, 목 부위에 위치한다.

비파리타 카라니(Viparita Karani): 거꾸로 서기 자세

Y

야마(Yama): 아쉬탕가 요가의 첫번째이며 절제

요가(Yoga): 절대와 개인을 결합한다는 것이며, 수행 방법도 포함된다. 여섯 철학 체계 가운데 하나

산스크리트 발음

	모음
अ	A
आ	Ā (길게)
इ	I
ई	Ī (길게)
उ	U
ऊ	Ū (길게)
ऋ	Ṛi
ॠ	Ṛī (길게)
ऌ	Ḷi
ए	E
ऐ	AI
ओ	O
औ	AU
अं	**AM** (주로 ㅁ 또는 ㄴ 받침)
अः	AH

자음

1. 후음	क ka	ख kha	ग ga	घ gha	ङ ṅa		
2. 구개음	च cha	छ chha	ज ja	झ jha	ञ ña	य ya	श śa
3. 반설음	ट ṭa	ठ ṭha	ड ḍa	ढ ḍha	र ra	ष sha	
4. 치음	त ta	थ tha	द da	ध dha	न na	ल la	स sa
5. 순음	प pa	फ pha	ब ba	भ bha	म ma	व va	
6. 기음	ह ha						

[참고]

이 책에 발음된 산스크리트어에서
모음 A와 Ā는 모두 '아'로,
I와 Ī는 모두 '이'로,
U와 Ū는 모두 '우'로,
Ṛi와 Ṛī는 모두 '리'로 표기하였으며,
자음 ka와 kha 발음은 모두 '카'로 표기하였으며
ga와 gha 발음은 모두 '가'로,
ja와 jha 발음은 모두 '자'로,
ta와 tha, ṭa와 ṭha 발음은 모두 '타'로,
cha와 chha 발음은 모두 '차'로,
da와 dha, ḍa와 ḍha 발음은 모두 '다'로,
pa와 pha 발음은 모두 '파'로,
ba와 bha와 va 발음은 모두 '바'로,
s와 śa 발음은 모두 '사'로,
sha 발음은 '샤'로 표기하였다.
그리고 Na와 ña 발음은 모두 '나'로,
ṅa 발음은 주로 'ㅇ' 받침으로 표기하였다.

박지명 Park, Ji Myoung

영남대 국문과를 졸업, 1974년부터 인도명상을 시작했다. 오랫동안 인도에 머물면서 상카라좌리야(Shankaracharya)와 아드바이트 마트(Advait Mat) 법맥인 스승 스와미 사르바다난드 마하라즈(Swami Sarvadanand Maharaj)에게 인도명상과 인도의 수행체계 및 산스크리트 경전을 공부하였다. 현재는 산스크리트 문화원(Sanskrit Cultural Institute)과 그 부설인 히말라야명상센터(Himalaya Meditation Center)를 세워 자아회귀명상(自我回歸冥想)인 〈스바 삼 비드야 드야나(Sva Sam Vidya Dhyana)〉를 가르치고, 또 산스크리트 경전들을 번역 보급하고 있다.

저서로《바가바드 기타》《요가수트라》《우파니샤드》《베다》《반야심경》(동문선 간행), 《불교진언집》《능엄주 진언》《관세음보살 진언》《인도호흡명상》(하남출판사 간행), 《요가수트라》《하타요가프라디피카》(아마존출판사 간행), 《양한방 자연요법 내몸건강백과》(웅진윙스 간행), 《호흡명상》(물병자리 간행), 《명상교전-비그야나바이라바 탄트라》(지혜의나무 간행) 등 다수가 있으며, 역서로는《모든 것은 내 안에 있다》《히말라야 성자들》《요가》《자연요법백과시리즈》《마음 밖에는 아무것도 없다》등 다수가 있다.

산스크리트문화원(Sanskrit Culture Institute)
히말라야명상센터(Himalaya Meditation Center)
서울 종로구 새문안로 5가길 11 옥빌딩 803
홈페이지 www.sanskrit.or.kr
전화번호 02-747-3351

히말라야명상센터 연계센터

에카탈라 요가(Ekatala Yoga) 엘에이(L.A.) 본원, 보스코(Bosco) 백승철 선생
http//ekatala.org
2724 Griffith Park Boulevard, Los Angeles, California 90027, United States 323) 345-8458

소함명상센터/브레싱 메디테이션, 이정훈 선생
www.breathingmeditation.org
https://m.blog.naver.com/sohamcenter
(전화번호) 010-2168-8864

제주웰빙요가명상아카데미, 남경언 정진희 원장
제주시 애월읍 신엄로 54 (전화번호) 064-756-1417
http://naver.me/F4edJMUu

에카탈라 요가 코리아(Ekatala Yoga Korea), 최재원 원장
부산광역시 북구 화명신도시로 12, 동영빌딩 503호
(전화번호) 051-361-3316

요가유즈(Yogayuj) 하민용 원장
경기도 고양시 일산동구 중앙로 1193 마두법조빌딩 10층
(전화번호) 010-8938-3609

요가 연구소 이음 이지민 소장
https://blog.naver.com/
mindfactory2um

KYF요가아카데미 최정심 선생
서울시 서초구 서초동 1362 서초동 두산위브 103~107호
(전화번호) 02-6369-1612

정송요가센터 김솔잎 원장
경기도 가평군 청평면 경춘로 539 2F
(전화번호) 010-8344-1422

요가바이오터스(YogabyOtters) 이미경(발라니) 원장
서울시 송파구 송파대로 410 송연빌딩 지하 1층
(전화번호) 02-417-6868

【東文選 文藝新書】

1	저주받은 詩人들	A. 뻬이르 / 최수철 · 김종호	개정 근간
2	민속문화론서설	沈雨晟	40,000원
3	인형극의 기술	A. 훼도토프 / 沈雨晟	8,000원
4	전위연극론	J. 로스 에반스 / 沈雨晟	12,000원
5	남사당패연구	沈雨晟	19,000원
6	현대영미희곡선(전4권)	N. 코워드 外 / 李辰洙	절판
7	행위예술	L. 골드버그 / 沈雨晟	절판
8	문예미학	蔡 儀 / 姜慶鎬	절판
9	神의 起源	何 新 / 洪 熹	16,000원
10	중국예술정신	徐復觀 / 權德周 外	24,000원
11	中國古代書史	錢存訓 / 金允子	14,000원
12	이미지—시각과 미디어	J. 버거 / 편집부	15,000원
13	연극의 역사	P. 하트놀 / 沈雨晟	절판
14	詩 論	朱光潛 / 鄭相泓	22,000원
15	탄트라	A. 무케르지 / 金龜山	16,000원
16	조선민족무용기본	최승희	15,000원
17	몽고문화사	D. 마이달 / 金龜山	8,000원
18	신화 미술 제사	張光直 / 李 徹	절판
19	아시아 무용의 인류학	宮尾慈良 / 沈雨晟	20,000원
20	아시아 민족음악순례	藤井知昭 / 沈雨晟	5,000원
21	華夏美學	李澤厚 / 權 瑚	20,000원
22	道	張立文 / 權 瑚	18,000원
23	朝鮮의 占卜과 豫言	村山智順 / 金禧慶	28,000원
24	원시미술	L. 아담 / 金仁煥	16,000원
25	朝鮮民俗誌	秋葉隆 / 沈雨晟	12,000원
26	타자로서 자기 자신	P. 리쾨르 / 김웅권	29,000원
27	原始佛教	中村元 / 鄭泰爀	8,000원
28	朝鮮女俗考	李能和 / 金尙憶	30,000원
29	朝鮮解語花史(조선기생사)	李能和 / 李在崑	25,000원
30	조선창극사	鄭魯湜	17,000원
31	동양회화미학	崔炳植	19,000원
32	性과 결혼의 민족학	和田正平 / 沈雨晟	9,000원
33	農漁俗談辭典	宋在璇	12,000원
34	朝鮮의 鬼神	村山智順 / 金禧慶	28,000원
35	道教와 中國文化	葛兆光 / 沈揆昊	15,000원
36	禪宗과 中國文化	葛兆光 / 鄭相泓 · 任炳權	8,000원
37	오페라의 역사	L. 오레이 / 류연희	절판
38	인도종교미술	A. 무케르지 / 崔炳植	14,000원
39	힌두교의 그림언어	안넬리제 外 / 全在星	22,000원
40	중국고대사회	許進雄 / 洪 熹	30,000원
41	중국문화개론	李宗桂 / 李宰碩	23,000원
42	龍鳳文化源流	王大有 / 林東錫	25,000원
43	甲骨學通論	王宇信 / 李宰碩	40,000원
44	朝鮮巫俗考	李能和 / 李在崑	20,000원

45	미술과 페미니즘	N. 부루드 外 / 扈承喜	9,000원
46	아프리카미술	P. 윌레뜨 / 崔炳植	절판
47	美의 歷程	李澤厚 / 尹壽榮	28,000원
48	曼茶羅의 神들	立川武藏 / 金龜山	19,000원
49	朝鮮歲時記	洪錫謨 外/李錫浩	30,000원
50	하 상	蘇曉康 外 / 洪 熹	절판
51	武藝圖譜通志 實技解題	正祖 / 沈雨晟 · 金光錫	15,000원
52	古文字學첫걸음	李學勤 / 河永三	14,000원
53	體育美學	胡小明 / 閔永淑	18,000원
54	아시아 美術의 再發見	崔炳植	9,000원
55	曆과 占의 科學	永田久 / 沈雨晟	14,000원
56	中國小學史	胡奇光 / 李宰碩	20,000원
57	中國甲骨學史	吳浩坤 外 / 梁東淑	35,000원
58	꿈의 철학	劉文英 / 河永三	22,000원
59	女神들의 인도	立川武藏 / 金龜山	19,000원
60	性의 역사	J. L. 플랑드렝 / 편집부	18,000원
61	쉬르섹슈얼리티	W. 챠드윅 / 편집부	10,000원
62	여성속담사전	宋在璇	18,000원
63	박재서희곡선	朴栽緖	10,000원
64	東北民族源流	孫進己 / 林東錫	13,000원
65	朝鮮巫俗의 硏究(상하)	赤松智城 · 秋葉隆 / 沈雨晟	28,000원
66	中國文學 속의 孤獨感	斯波六郎 / 尹壽榮	8,000원
67	한국사회주의 연극운동사	李康列	8,000원
68	스포츠인류학	K. 블랑챠드 外 / 박기동 外	12,000원
69	리조복식도감	리팔찬	20,000원
70	娼 婦	A. 꼬르벵 / 李宗旼	22,000원
71	조선민요연구	高晶玉	30,000원
72	楚文化史	張正明 / 南宗鎭	26,000원
73	시간, 욕망, 그리고 공포	A. 코르뱅 / 변기찬	18,000원
74	本國劍	金光錫	40,000원
75	노트와 반노트	E. 이오네스코 / 박형섭	20,000원
76	朝鮮美術史硏究	尹喜淳	7,000원
77	拳法要訣	金光錫	30,000원
78	艸衣選集	艸衣意恂 / 林鍾旭	20,000원
79	漢語音韻學講義	董少文 / 林東錫	10,000원
80	이오네스코 연극미학	C. 위베르 / 박형섭	9,000원
81	중국문자훈고학사전	全廣鎭 편역	23,000원
82	상말속담사전	宋在璇	10,000원
83	書法論叢	沈尹默 / 郭魯鳳	16,000원
84	침실의 문화사	P. 디비 / 편집부	9,000원
85	禮의 精神	柳 肅 / 洪 熹	20,000원
86	조선공예개관	沈雨晟 편역	30,000원
87	性愛의 社會史	J. 솔레 / 李宗旼	18,000원
88	러시아 미술사	A. I. 조토프 / 이건수	26,000원
89	中國書藝論文選	郭魯鳳 選譯	25,000원

90	朝鮮美術史	關野貞 / 沈雨晟	30,000원
91	美術版 탄트라	P. 로슨 / 편집부	8,000원
92	군달리니	A. 무케르지 / 편집부	9,000원
93	카마수트라	바짜야나 / 鄭泰爀	18,000원
94	중국언어학총론	J. 노먼 / 全廣鎭	28,000원
95	運氣學說	任應秋 / 李宰碩	15,000원
96	동물속담사전	宋在璇	20,000원
97	자본주의의 아비투스	P. 부르디외 / 최종철	10,000원
98	宗教學入門	F. 막스 뮐러 / 金龜山	10,000원
99	변 화	P. 바츨라빅크 外 / 박인철	10,000원
100	우리나라 민속놀이	沈雨晟	15,000원
101	歌訣(중국역대명언경구집)	李宰碩 편역	20,000원
102	아니마와 아니무스	A. 융 / 박해순	8,000원
103	나, 너, 우리	L. 이리가라이 / 박정오	12,000원
104	베케트연극론	M. 푸크레 / 박형섭	8,000원
105	포르노그래피	A. 드워킨 / 유혜련	12,000원
106	셸 링	M. 하이데거 / 최상욱	12,000원
107	프랑수아 비용	宋 勉	18,000원
108	중국서예 80제	郭魯鳳 편역	16,000원
109	性과 미디어	W. B. 키 / 박해순	12,000원
110	中國正史朝鮮列國傳(전2권)	金聲九 편역	120,000원
111	질병의 기원	T. 매큐언 / 서 일 · 박종연	12,000원
112	과학과 젠더	E. F. 켈러 / 민경숙 · 이현주	10,000원
113	물질문명·경제·자본주의	F. 브로델 / 이문숙 外	절판
114	이탈리아인 태고의 지혜	G. 비코 / 李源斗	8,000원
115	中國武俠史	陳 山 / 姜鳳求	18,000원
116	공포의 권력	J. 크리스테바 / 서민원	23,000원
117	주색잡기속담사전	宋在璇	15,000원
118	죽음 앞에 선 인간(상하)	P. 아리에스 / 劉仙子	각권 15,000원
119	철학에 대하여	L. 알튀세르 / 서관모 · 백승욱	12,000원
120	다른 곶	J. 데리다 / 김다은 · 이혜지	10,000원
121	문학비평방법론	D. 베르제 外 / 민혜숙	12,000원
122	자기의 테크놀로지	M. 푸코 / 이희원	16,000원
123	새로운 학문	G. 비코 / 李源斗	22,000원
124	천재와 광기	P. 브르노 / 김웅권	13,000원
125	중국은사문화	馬 華 · 陳正宏 / 강경범 · 천현경	12,000원
126	푸코와 페미니즘	C. 라마자노글루 外 / 최 영 外	16,000원
127	역사주의	P. 해밀턴 / 임옥희	12,000원
128	中國書藝美學	宋 民 / 郭魯鳳	16,000원
129	죽음의 역사	P. 아리에스 / 이종민	18,000원
130	돈속담사전	宋在璇 편	15,000원
131	동양극장과 연극인들	김영무	15,000원
132	生育神과 性巫術	宋兆麟 / 洪 熹	20,000원
133	미학의 핵심	M. M. 이턴 / 유호전	20,000원
134	전사와 농민	J. 뒤비 / 최생열	18,000원

135 여성의 상태	N. 에니크 / 서민원	22,000원
136 중세의 지식인들	J. 르 고프 / 최애리	18,000원
137 구조주의의 역사(전4권)	F. 도스 / 김웅권 外	I-IV 15-18,000원
138 글쓰기의 문제해결전략	L. 플라워 / 원진숙 · 황정현	20,000원
139 음식속담사전	宋在璇 편	16,000원
140 고전수필개론	權 瑚	16,000원
141 예술의 규칙	P. 부르디외 / 하태환	23,000원
142 《사회를 보호해야 한다》	M. 푸코 / 박정자	20,000원
143 페미니즘사전	L. 터틀 / 호승희 · 유혜련	26,000원
144 여성심벌사전	B. G. 워커 / 정소영	근간
145 모데르니테 모데르니테	H. 메쇼닉 / 김다은	20,000원
146 눈물의 역사	A. 벵상뷔포 / 이자경	18,000원
147 모더니티입문	H. 르페브르 / 이종민	24,000원
148 재생산	P. 부르디외 / 이상호	23,000원
149 종교철학의 핵심	W. J. 웨인라이트 / 김희수	18,000원
150 기호와 몽상	A. 시몽 / 박형섭	22,000원
151 융분석비평사전	A. 새뮤얼 外 / 민혜숙	16,000원
152 운보 김기창 예술론 연구	최병식	14,000원
153 시적 언어의 혁명	J. 크리스테바 / 김인환	20,000원
154 예술의 위기	Y. 미쇼 / 하태환	15,000원
155 프랑스사회사	G. 뒤프 / 박 단	16,000원
156 중국문예심리학사	劉偉林 / 沈揆昊	30,000원
157 무지카 프라티카	M. 캐넌 / 김혜중	25,000원
158 불교산책	鄭泰爀	20,000원
159 인간과 죽음	E. 모랭 / 김명숙	23,000원
160 地中海	F. 브로델 / 李宗旼	근간
161 漢語文字學史	黃德實 · 陳秉新 / 河永三	24,000원
162 글쓰기와 차이	J. 데리다 / 남수인	28,000원
163 朝鮮神事誌	李能和 / 李在崑	28,000원
164 영국제국주의	S. C. 스미스 / 이태숙 · 김종원	16,000원
165 영화서술학	A. 고드로 · F. 조스트 / 송지연	17,000원
166 美學辭典	사사키 겡이치 / 민주식	22,000원
167 하나이지 않은 성	L. 이리가라이 / 이은민	18,000원
168 中國歷代書論	郭魯鳳 譯註	25,000원
169 요가수트라	鄭泰爀	15,000원
170 비정상인들	M. 푸코 / 박정자	25,000원
171 미친 진실	J. 크리스테바 外 / 서민원	25,000원
172 玉樞經 研究	具重會	19,000원
173 세계의 비참(전3권)	P. 부르디외 外 / 김주경	각권 26,000원
174 수묵의 사상과 역사	崔炳植	24,000원
175 파스칼적 명상	P. 부르디외 / 김웅권	22,000원
176 지방의 계몽주의	D. 로슈 / 주명철	30,000원
177 이혼의 역사	R. 필립스 / 박범수	25,000원
178 사랑의 단상	R. 바르트 / 김희영	20,000원
179 中國書藝理論體系	熊秉明 / 郭魯鳳	23,000원

180 미술시장과 경영	崔炳植	16,000원
181 카프카	G. 들뢰즈 · F. 가타리 / 이진경	18,000원
182 이미지의 힘	A. 쿤 / 이형식	13,000원
183 공간의 시학	G. 바슐라르 / 곽광수	23,000원
184 랑데부	J. 버거 / 임옥희 · 이은경	18,000원
185 푸코와 문학	S. 듀링 / 오경심 · 홍유미	26,000원
186 각색, 연극에서 영화로	A. 엘보 / 이선형	16,000원
187 폭력과 여성들	C. 도펭 外 / 이은민	18,000원
188 하드 바디	S. 제퍼드 / 이형식	18,000원
189 영화의 환상성	J. -L. 뢰트라 / 김경온 · 오일환	18,000원
190 번역과 제국	D. 로빈슨 / 정혜욱	16,000원
191 그라마톨로지에 대하여	J. 데리다 / 김웅권	35,000원
192 보건 유토피아	R. 브로만 外 / 서민원	20,000원
193 현대의 신화	R. 바르트 / 이화여대기호학연구소	20,000원
194 회화백문백답	湯兆基 / 郭魯鳳	20,000원
195 고서화감정개론	徐邦達 / 郭魯鳳	30,000원
196 상상의 박물관	A. 말로 / 김웅권	26,000원
197 부빈의 일요일	J. 뒤비 / 최생열	22,000원
198 아인슈타인의 최대 실수	D. 골드스미스 / 박범수	16,000원
199 유인원, 사이보그, 그리고 여자	D. 해러웨이 / 민경숙	25,000원
200 공동 생활 속의 개인주의	F. 드 생글리 / 최은영	20,000원
201 기식자	M. 세르 / 김웅권	24,000원
202 연극미학	J. 셰레 外 / 홍지화	24,000원
203 철학자들의 신	W. 바이셰델 / 최상욱	34,000원
204 고대 세계의 정치	모제스 I. 핀레이 / 최생열	16,000원
205 프란츠 카프카의 고독	M. 로베르 / 이창실	18,000원
206 문화 학습	J. 자일스 · T. 미들턴 / 장성희	24,000원
207 호모 아카데미쿠스	P. 부르디외 / 임기대	29,000원
208 朝鮮槍棒教程	金光錫	40,000원
209 자유의 순간	P. M. 코헨 / 최하영	16,000원
210 밀교의 세계	鄭泰爀	16,000원
211 토탈 스크린	J. 보드리야르 / 배영달	19,000원
212 영화와 문학의 서술학	F. 바누아 / 송지연	22,000원
213 텍스트의 즐거움	R. 바르트 / 김희영	15,000원
214 영화의 직업들	B. 라트롱슈 / 김경온 · 오일환	16,000원
215 소설과 신화	이용주	15,000원
216 문화와 계급	홍성민 外	18,000원
217 작은 사건들	R. 바르트 / 김주경	14,000원
218 연극분석입문	J. -P. 링가르 / 박형섭	18,000원
219 푸코	G. 들뢰즈 / 허 경	17,000원
220 우리나라 도자기와 가마터	宋在璇	30,000원
221 보이는 것과 보이지 않는 것	M. 퐁티 / 남수인 · 최의영	30,000원
222 메두사의 웃음 / 출구	H. 식수 / 박혜영	19,000원
223 담화 속의 논증	R. 아모시 / 장인봉	20,000원
224 포켓의 형태	J. 버거 / 이영주	16,000원

225	이미지심벌사전	A. 드 브리스 / 이원두	근간
226	이데올로기	D. 호크스 / 고길환	16,000원
227	영화의 이론	B. 발라즈 / 이형식	20,000원
228	건축과 철학	J. 보드리야르 · J. 누벨 / 배영달	16,000원
229	폴 리쾨르 — 삶의 의미들	F. 도스 / 이봉지 外	38,000원
230	서양철학사	A. 케니 / 이영주	29,000원
231	근대성과 육체의 정치학	D. 르 브르통 / 홍성민	20,000원
232	허난설헌	金成南	16,000원
233	인터넷 철학	G. 그레이엄 / 이영주	15,000원
234	사회학의 문제들	P. 부르디외 / 신미경	23,000원
235	의학적 추론	A. 시쿠렐 / 서민원	20,000원
236	튜링 — 인공지능 창시자	J. 라세구 / 임기대	16,000원
237	이성의 역사	F. 샤틀레 / 심세광	16,000원
238	朝鮮演劇史	金在喆	22,000원
239	미학이란 무엇인가	M. 지므네즈 / 김웅권	23,000원
240	古文字類編	高 明	40,000원
241	부르디외 사회학 이론	L. 핀토 / 김용숙 · 김은희	20,000원
242	문학은 무슨 생각을 하는가?	P. 마슈레 / 서민원	23,000원
243	행복해지기 위해 무엇을 배워야 하는가?	A. 우지오 外 / 김교신	18,000원
244	영화와 회화: 탈배치	P. 보니체 / 홍지화	18,000원
245	영화 학습 — 실천적 지표들	F. 바누아 外 / 문신원	16,000원
246	회화 학습 — 실천적 지표들	F. 기블레 · M. 멩겔 바리오 / 고수현	14,000원
247	영화미학	J. 오몽 外 / 이용주	24,000원
248	시 — 형식과 기능	J. L. 주베르 / 김경온	근간
249	우리나라 옹기	宋在璇	40,000원
250	검은 태양	J. 크리스테바 / 김인환	27,000원
251	어떻게 더불어 살 것인가	R. 바르트 / 김웅권	28,000원
252	일반 교양 강좌	E. 코바 / 송대영	23,000원
253	나무의 철학	R. 뒤마 / 송형석	29,000원
254	영화에 대하여 — 에이리언과 영화철학	S. 멀할 / 이영주	18,000원
255	문학에 대하여 — 행동하는 지성	H. 밀러 / 최은주	16,000원
256	미학 연습 — 플라톤에서 에코까지	임우영 外 편역	18,000원
257	조희룡 평전	김영회 外	18,000원
258	역사철학	F. 도스 / 최생열	23,000원
259	철학자들의 동물원	A. L. 브라 쇼파르 / 문신원	22,000원
260	시각의 의미	J. 버거 / 이용은	24,000원
261	들뢰즈	A. 괄란디 / 임기대	13,000원
262	문학과 문화 읽기	김종갑	16,000원
263	과학에 대하여 — 행동하는 지성	B. 리들리 / 이영주	18,000원
264	장 지오노와 서술 이론	송지연	18,000원
265	영화의 목소리	M. 시옹 / 박선주	20,000원
266	사회보장의 발명	J. 동즐로 / 주형일	17,000원
267	이미지와 기호	M. 졸리 / 이선형	22,000원
268	위기의 식물	J. M. 펠트 / 이충건	18,000원
269	중국 소수민족의 원시종교	洪 熹	18,000원

270	영화감독들의 영화 이론	J. 오몽 / 곽동준	22,000원
271	중첩	J. 들뢰즈 · C. 베네 / 허희정	18,000원
272	대담 — 디디에 에리봉과의 자전적 인터뷰	J. 뒤메질 / 송대영	18,000원
273	중립	R. 바르트 / 김웅권	30,000원
274	알퐁스 도데의 문학과 프로방스 문화	이종민	16,000원
275	우리말 釋迦如來行蹟頌	高麗 無寄 / 金月雲	18,000원
276	金剛經講話	金月雲 講述	18,000원
277	자유와 결정론	O. 브르니피에 外 / 최은영	16,000원
278	도리스 레싱: 20세기 여성의 초상	민경숙	24,000원
279	기독교윤리학의 이론과 방법론	김희수	24,000원
280	과학에서 생각하는 주제 100가지	I. 스탕저 外 / 김웅권	21,000원
281	말로와 소설의 상징시학	김웅권	22,000원
282	키에르케고르	C. 블랑 / 이창실	14,000원
283	시나리오 쓰기의 이론과 실제	A. 로슈 外 / 이용주	25,000원
284	조선사회경제사	白南雲 / 沈雨晟	30,000원
285	이성과 감각	O. 브르니피에 外 / 이은민	16,000원
286	행복의 단상	C. 앙드레 / 김교신	20,000원
287	삶의 의미 — 행동하는 지성	J. 코팅햄 / 강혜원	16,000원
288	안티고네의 주장	J. 버틀러 / 조현순	14,000원
289	예술 영화 읽기	이선형	19,000원
290	달리는 꿈, 자동차의 역사	P. 치글러 / 조국현	17,000원
291	매스커뮤니케이션과 사회	현택수	17,000원
292	교육론	J. 피아제 / 이병애	22,000원
293	연극 입문	히라타 오리자 / 고정은	13,000원
294	역사는 계속된다	G. 뒤비 / 백인호 · 최생열	16,000원
295	에로티시즘을 즐기기 위한 100가지 기본 용어	마르탱 / 김웅권	19,000원
296	대화의 기술	A. 밀롱 / 공정아	17,000원
297	실천 이성	P. 부르디외 / 김웅권	19,000원
298	세미오티케	J. 크리스테바 / 서민원	28,000원
299	앙드레 말로의 문학 세계	김웅권	22,000원
300	20세기 독일철학	W. 슈나이더스 / 박중목	18,000원
301	횔덜린의 송가 〈이스터〉	M. 하이데거 / 최상욱	20,000원
302	아이러니와 모더니티 담론	E. 벨러 / 이강훈 · 신주철	16,000원
303	부알로의 시학	곽동준 편역 및 주석	20,000원
304	음악 녹음의 역사	M. 채넌 / 박기호	23,000원
305	시학 입문	G. 데송 / 조재룡	26,000원
306	정신에 대해서	J. 데리다 / 박찬국	20,000원
307	디알로그	G. 들뢰즈 · C. 파르네 / 허희정 · 전승화	20,000원
308	철학적 분과 학문	A. 피퍼 / 조국현	25,000원
309	영화와 시장	L. 크레통 / 홍지화	22,000원
310	진정성에 대하여	C. 귀논 / 강혜원	18,000원
311	언어학 이해를 위한 주제 100선	시우피 · 반람돈크 / 이선경 · 황원미	18,000원
312	영화를 생각하다	리앙드라 기그 · 뢰트라 / 김영모	20,000원
313	길모퉁이에서의 모험	브뤼크네르 · 팽키엘크로 / 이창실	12,000원
314	목소리의 結晶	R. 바르트 / 김웅권	24,000원

315	중세의 기사들	E. 부라생 / 임호경	20,000원
316	武德 — 武의 문화, 武의 정신	辛成大	13,000원
317	욕망의 땅	W. 리치 / 이은경 · 임옥희	23,000원
318	들뢰즈와 음악, 회화, 그리고 일반 예술	R. 보그 / 사공일	20,000원
319	S/Z	R. 바르트 / 김웅권	24,000원
320	시나리오 모델, 모델 시나리오	F. 바누아 / 유민희	24,000원
321	도미니크 이야기 — 아동 정신분석 치료의 실제	F. 돌토 / 김승철	18,000원
322	빠딴잘리의 요가쑤뜨라	S. S. 싸치다난다 / 김순금	18,000원
323	이마주 — 영화 · 사진 · 회화	J. 오몽 / 오정민	25,000원
324	들뢰즈와 문학	R. 보그 / 김승숙	20,000원
325	요가학개론	鄭泰爀	15,000원
326	밝은 방 — 사진에 관한 노트	R. 바르트 / 김웅권	15,000원
327	中國房內秘籍	朴淸正	35,000원
328	武藝圖譜通志註解	朴淸正	30,000원
329	들뢰즈와 시네마	R. 보그 / 정형철	20,000원
330	현대 프랑스 연극의 이론과 실제	이선형	20,000원
331	스리마드 바가바드 기타	S. 브야사 / 박지명	24,000원
332	宋詩概說	요시카와 고지로 / 호승희	18,000원
333	주체의 해석학	M. 푸코 / 심세광	29,000원
334	문학의 위상	J. 베시에르 / 주현진	20,000원
335	광고의 이해와 실제	현택수 · 홍장선	20,000원
336	외쿠메네 — 인간 환경에 대한 연구서설	A. 베르크 / 김웅권	24,000원
337	서양 연극의 무대 장식 기술	A. 쉬르제 / 송민숙	18,000원
338	百濟伎樂	백제기악보존회 편	18,000원
339	金剛經六祖解	無居 옮김	14,000원
340	몽상의 시학	G. 바슐라르 / 김웅권	19,000원
341	원전 주해 요가수트라	M. 파탄잘리 / 박지명 주해	28,000원
342	글쓰기의 영도	R. 바르트 / 김웅권	17,000원
343	전교조의 정체	정재학 지음	12,000원
344	영화배우	J. 나카시 / 박혜숙	20,000원
345	취고당검소	陸紹珩 / 강경범 · 천현경	25,000원
346	재생산에 대하여	L. 알튀세르 / 김웅권	23,000원
347	중국 탈의 역사	顧朴光 / 洪 熹	30,000원
348	조이스와 바흐친	이강훈	16,000원
349	신의 존재와 과학의 도전	C. 알레그르 / 송대영	13,000원
350	행동의 구조	M. 메를로 퐁티 / 김웅권	28,000원
351	미술시장과 아트딜러	최병식	30,000원
352	미술시장 트렌드와 투자	최병식	30,000원
353	문화전략과 순수예술	최병식	14,000원
354	들뢰즈와 창조성의 정치학	사공일	18,000원
355	꿈꿀 권리	G. 바슐라르 / 김웅권	22,000원
356	텔레비전 드라마	손햄 · 퍼비스 / 김소은 · 황정녀	22,000원
357	옷본	심우성	20,000원
358	촛불의 미학	G. 바슐라르 / 김웅권	18,000원
359	마조히즘	N. 맨스필드 / 이강훈	16,000원

360	민속문화 길잡이	심우성	19,000원
361	이론에 대한 저항	P. 드 만 / 황성필	22,000원
362	우리 시대의 위대한 피아니스트들이 말하는 나의 삶, 나의 음악	E. 마흐 / 박기호 · 김남희	15,000원
363	영화 장르	R. 무안 / 유민희	20,000원
364	몽타주의 미학	V. 아미엘 / 곽동준 · 한지선	20,000원
365	사랑의 길	L. 이리가레 / 정소영	18,000원
366	이미지와 해석	M. 졸리 / 김웅권	24,000원
367	마르셀 모스, 총체적인 사회적 사실	B. 카르센티 / 김웅권	13,000원
368	TV 드라마 시리즈물 어떻게 쓸 것인가	P. 더글러스 / 김소은	25,000원
369	영상예술미학	P. 소르랭 / 이선형	25,000원
370	우파니샤드	박지명 주해	49,000원
371	보드리야르의 아이러니	배영달	29,000원
372	서호인물전	徐相旭 · 高淑姬 평역	25,000원
373	은유와 감정	Z. 쾨벡세스 / 김동환 · 최영호	23,000원
374	修 行	權明大	30,000원
375	한국의 전통연희와 동아시아	서연호	18,000원
376	베 다	박지명 · 이서경 주해	30,000원
377	추(醜)와 문학	김충남 편	18,000원
378	《이상한 나라의 앨리스》 연구	이강훈	18,000원
379	반야심경	박지명 · 이서경 주해	10,000원
380	뉴 뮤지엄의 탄생	최병식	48,000원
381	박물관 경영과 전략	최병식	48,000원
382	기독교윤리학	김희수	18,000원
383	기독교사회윤리	김희수	20,000원
384	몸의 의미	마크 존슨 / 김동환 · 최영호	25,000원
385	대학총장	정범진	25,000원
386	완적집	심규호 역주	18,000원
387	오늘날의 프랑스 영화	르네 프레달 / 김길훈 외	22,000원
388	미술품감정학	최병식	48,000원
389	사유와 상상력	배영달	20,000원
390	철학편지	볼테르 / 이병애	14,000원
391	〈자유부인〉보다 뜨거운 한국영화	조희문	15,000원
392	문화운동, 정치의 경계 한국영화	조희문	18,000원
393	시중쉰	石杰 · 司志浩 / 심규호 · 유소영	25,000원
394	산책의 힘	신성대	19,000원
395	혼백과 귀신	신성대	19,000원
396	하타요가 프라디피카	박지명 원전주해	29,000원
1001	베토벤: 전원교향곡	D. W. 존스 / 김지순	15,000원
1002	모차르트: 하이든 현악4중주곡	J. 어빙 / 김지순	14,000원
1003	베토벤: 에로이카 교향곡	T. 시프 / 김지순	18,000원
1004	모차르트: 주피터 교향곡	E. 시스먼 / 김지순	18,000원
1005	바흐: 브란덴부르크 협주곡	M. 보이드 / 김지순	18,000원
1006	바흐: B단조 미사	J. 버트 / 김지순	18,000원
1007	하이든: 현악4중주곡 Op.50	W. 딘 주트클리페 / 김지순	18,000원

1008 헨델: 메시아 D. 버로우 / 김지순 18,000원
1009 비발디: 〈사계〉와 Op.8 P. 에버렛 / 김지순 18,000원
2001 우리 아이들에게 어떤 지표를 주어야 할까? 오베르 / 이창실 16,000원
2002 상처받은 아이들 N. 파브르 / 김주경 16,000원
2003 엄마 아빠, 꿈꿀 시간을 주세요! E. 부젱 / 박주원 16,000원
2004 부모가 알아야 할 유치원의 모든 것들 뒤 소수아 / 전재민 18,000원
2005 부모들이여, '안 돼'라고 말하라! P. 들라로슈 / 김주경 19,000원
2006 엄마 아빠, 전 못하겠어요! E. 리공 / 이창실 18,000원
2007 사랑, 아이, 일 사이에서 A. 가트셀 · C. 르누치 / 김교신 19,000원
2008 요람에서 학교까지 J.-L. 오베르 / 전재민 19,000원
2009 머리는 좋은데, 노력을 안해요 J.-L. 오베르 / 박선주 17,000원
2010 알아서 하라고요?
좋죠, 하지만 혼자는 싫어요! E. 부젱 / 김교신 17,000원
2011 영재아이 키우기 S. 코트 / 김경하 17,000원
2012 부모가 헤어진대요 M. 베르제 · I. 그라비용 / 공나리 17,000원
2013 아이들의 고민, 부모들의 근심 마르셀리 · 드 라 보리 / 김교신 19,000원
2014 헤어지기 싫어요! N. 파브르 / 공나리 15,000원
2015 아이들이 자라면서 겪는 짤막한 이야기들 S. 카르캥 / 박은영 19,000원
3001 《새》 C. 파글리아 / 이형식 13,000원
3002 《시민 케인》 L. 멀비 / 이형식 13,000원
3101 《제7의 봉인》 비평 연구 E. 그랑조르주 / 이은민 17,000원
3102 《쥘과 짐》 비평 연구 C. 르 베르 / 이은민 18,000원
3103 《시민 케인》 비평 연구 J. 루아 / 이용주 15,000원
3104 《센소》 비평 연구 M. 라니 / 이수원 18,000원
3105 《경멸》 비평 연구 M. 마리 / 이용주 18,000원

【東文選 現代新書】

1 21세기를 위한 새로운 엘리트 FORESEEN연구소 / 김경현 7,000원
2 의지, 의무, 자유 — 주제별 논술 L. 밀러 / 이대희 6,000원
3 사유의 패배 A. 핑켈크로트 / 주태환 7,000원
4 문학이론 J. 컬러 / 이은경·임옥희 7,000원
5 불교란 무엇인가 D. 키언 / 고길환 6,000원
6 유대교란 무엇인가 N. 솔로몬 / 최창모 6,000원
7 20세기 프랑스철학 E. 매슈스 / 김종갑 8,000원
8 강의에 대한 강의 P. 부르디외 / 현택수 6,000원
9 텔레비전에 대하여 P. 부르디외 / 현택수 10,000원
10 고고학이란 무엇인가 P. 반 / 박범수 8,000원
11 우리는 무엇을 아는가 T. 나겔 / 오영미 절판
12 에쁘롱 — 니체의 문체들 J. 데리다 / 김다은 7,000원
13 히스테리 사례분석 S. 프로이트 / 태혜숙 7,000원
14 사랑의 지혜 A. 핑켈크로트 / 권유현 6,000원
15 일반미학 R. 카이유와 / 이경자 6,000원
16 본다는 것의 의미 J. 버거 / 박범수 10,000원
17 일본영화사 M. 테시에 / 최은미 7,000원
18 청소년을 위한 철학교실 A. 자카르 / 장혜영 7,000원